AF231579

8° R
16/36

# LA FAILLITE

DE

## L'ENSEIGNEMENT GOUVERNEMENTAL

# OUVRAGES DU MÊME AUTEUR

L'ANNÉE SOCIALE : 1re *année* 1898 . . . . . . . 3.50

SOUVENIRS D'UN ABBÉ JOURNALISTE. Un vol. in-18. 3.50

AU SÉMINAIRE. — *Saint-Sulpice et les Sulpiciens*. Un vol. in-18 . . . . . . . . . . . . . . 3.50

LACORDAIRE JOURNALISTE. Un vol. in-18 jésus . 3.50

MORTES AU CHAMP D'HONNEUR (Bazar de la Charité, 4 mai 1897). Un vol. in-8 orné de nombreuses photogravures et portraits. . 5 fr.

ÉMILE COLIN, IMPRIMERIE DE LAGNY (S.-ET-M.)

# PAUL FESCH

# LA FAILLITE

DE

# L'Enseignement

gouvernemental

## L'ÉDUCATION

PARIS

LIBRAIRIE DELHOMME ET BRIGUET

J. BRIGUET, ÉDITEUR

83, RUE DE RENNES

1900

Dépôt à LYON, 3, avenue de l'Archevêché.

# PRÉFACE

---

## POURQUOI CE LIVRE?

Il est à craindre que nous n'assistions, une fois de plus, à ce lamentable mais instructif spectacle décrit, avec une profonde connaissance des hommes et des choses, par La Fontaine, dans les *Animaux malades de la Peste*. Ce n'est pas dans la Fable seule que l'innocent, parce qu'il est faible, paye pour les coupables qui sont puissants.

On n'a pas oublié qu'une Commission spéciale fut nommée par la Chambre des députés, pour faire une enquête sur la situation de l'Enseignement secondaire en France. Cette Commission, après avoir très activement fonctionné, a consigné le résultat de ses travaux en six ou sept gros volumes in-quarto à deux colonnes.

Tout ce que la France peut compter d'hommes ayant quelque compétence dans cette importante question de l'éducation et de l'instruction a comparu devant l'aréopage présidé par M. Ribot. Professeurs de facultés ou de lycées, recteurs d'académie et inspecteurs, proviseurs et principaux, maîtres répétiteurs ou pères de famille ont apporté le fruit d'une longue et impartiale expérience. Les Chambres de commerce et les Conseils généraux eux-mêmes ont été consultés ; tous ont été unanimes dans le blâme infligé à l'enseignement officiel tel qu'il est, en France, donné depuis plus d'un quart de siècle. « L'éducation, disent-ils, n'existe à aucun degré dans les lycées et collèges de l'État, l'instruction même n'a pas rendu ce que l'on était en droit d'attendre d'elle. Il faut tout renouveler de fond en comble, car l'État enseignant n'a pas tenu ses promesses : en un mot — cela a été dit, — il a fait faillite. »

En bonne logique, on devrait en conclure qu'il faut apporter rapidement des réformes dans les principes pédagogiques, dans les méthodes, et dans le personnel peut-être qui n'est pas à la hauteur de sa tâche. Eh bien ! non ; cela ne sera pas. Ils sont trop puissants. On se contentera de crier haro sur le baudet qui, dans l'espèce, est le baccalauréat. On le supprimera ou on le changera, et tout recommencera de mal en pis, jusqu'à la prochaine enquête. L'argent des contribuables continuera à être gaspillé, et les enfants seront, dans l'avenir comme dans le passé ou le présent, mal élevés, ou moralement abandonnés dans les établissements officiels.

Et le bon public, les pères et les mères n'élèveront pas la voix, parce qu'ils ne sauront pas.

Ce livre a pour but de les instruire. Il ne leur apporte pas de longues dissertations philosophiques ou des théories pédagogiques nouvelles. L'auteur s'est contenté de prendre la quintessence des dépositions faites devant la Commission parlementaire. Il les a groupées suivant les sujets, textuellement, impartialement, et il vient dire à ses lecteurs : « Ceux qui sont chargés d'élever vos enfants avouent humblement eux-mêmes qu'ils n'ont pas réussi, ou parce qu'ils sont incapables, ou parce qu'ils sont mal secondés. Forcez-les, par vos pétitions, vos votes et vos cris, à changer de méthode, et à faire de vos enfants des hommes et des Français. Forcez les législateurs, les députés, à édicter des lois d'enseignement d'où la politique soit exclue. *Cavete posteri, vestra res agitur.* »

Dans cette question d'enseignement, l'État (1) a fait faillite sur toute la ligne. Ce premier volume en donne la preuve concluante au point de vue de l'éducation; un second fera de même pour l'instruction.

Est-ce à dire que l'État doive fermer ses établissements, et mettre la clef sous la porte? Nullement. Ses créanciers, c'est-à-dire le public, les pères de famille veulent bien le faire bénéficier du concordat que l'on ne refuse pas aux commerçants malheureux, mais honnêtes. En retour ne devra-t-il pas, en changeant de conduite, montrer qu'il est digne de la confiance qu'on daigne lui continuer? En tout cas, et pour le moins, il devrait avoir la pudeur de ne pas chercher à renverser et à ruiner les établissements

(1) Nous parlons ici le langage convenu; nous dirons plus loin quelle signification il faut à notre époque attribuer à ce vocable.

d'en face, à savoir les établissements ecclésiastiques d'instruction, qui ont mieux réussi que
lui. S'il se montrait intelligent, au contraire, il
imiterait ses concurrents, étudierait leurs méthodes, et s'efforcerait, puisqu'il dispose de
moyens plus puissants, de les surpasser.

Cette noble et loyale émulation serait toute à
l'avantage de la jeunesse française, qui, des deux
côtés, aurait des maîtres aussi dévoués que
généreux et savants.

Voilà ce qu'a voulu montrer ce livre.

L'auteur croit avoir réussi. Comment en pour-
rait-il être autrement? Il ne s'est appuyé que
sur des documents et des témoignages officiels,
irréfragables, indéniables, que tout lecteur pourra
lui-même contrôler.

# LA FAILLITE

## DE

# L'ENSEIGNEMENT GOUVERNEMENTAL

## CHAPITRE PREMIER

### LE CRIME DE L'ENSEIGNEMENT GOUVERNEMENTAL

Tous les gouvernements, ou à peu près, qui se sont succédé en France depuis un siècle, ont voulu trouver dans l'enseignement une arme facile et sûre de domination politique. Faire de ces enfants, qu'ils prenaient ou qui leur étaient confiés, des hommes dont les forces intellectuelles, physiques et morales se tourneraient au bien de l'Humanité ou de la Nation, fut la moindre de leurs préoccupations; ils visaient, avant tout, à les pétrir, à les triturer pour qu'ils devinssent, dans la maturité, leurs défenseurs personnels et leurs partisans.

Il leur fallut, non pas des Français, mais, tour à tour, des impérialistes, des royalistes, des républicains. Dans ce but étroit ils ont conçu, édicté et appliqué les lois, décrets, règlements relatifs à l'enseignement. Ils ont ainsi amoindri, corrompu la grande et noble idée de l'éducation.

Tel est le crime impardonnable de l'enseignement gouvernemental.

La troisième République s'en est rendue coupable comme le premier Empire ; il est même accompagné, en ses mains, de circonstances aggravantes qui lui donnent un caractère particulièrement odieux.

« Dans l'établissement d'un corps enseignant, dit Napoléon, mon but principal est d'avoir un moyen de diriger les opinions politiques et morales (1). » Quelles opinions? Nous les trouvons toutes résumées et réduites à une seule dans le décret qui institue l'Université : « Toutes les écoles de l'Université prendront pour base de leur enseignement la fidélité à l'Empereur, à la monarchie impériale dépositaire du bonheur des peuples, à la dynastie napoléonienne conservatrice de l'unité de la France et de toutes les idées libérales proclamées par les Constitutions. »

C'est simple et compréhensible : Napoléon veut de bons soldats pour ses armées, de bons fonctionnaires pour ses administrations, de bons et zélés sujets pour son service, des êtres mécaniques, en somme, disposés de manière à crier fort et toujours: « Vive l'Empereur ! »

Il n'y a pas à se faire d'illusion. Si, dans le para-

(1) Pelet de la Lozère. *Opinions de Napoléon au Conseil d'État*, 161. Paroles de Napoléon le 11 mars 1806.

graphe précédant les lignes que nous venons de citer, le nouveau monarque inscrit de sa main, parmi « les bases de l'enseignement », « la religion catholique » il ne faut pas croire qu'il veuille aviver ou même préserver les croyances intimes. Il n'en a cure ; c'est pour lui-même qu'il travaille, pour lui seul. Il veut, en effet, que la religion catholique aide son Université a faire des *impérialistes* convaincus.

Ce n'est pas seulement le professeur qui, au lycée ou au collège, devra faire passer les esprits au laminoir de l'amour impérial obligatoire, c'est aussi le curé, dans l'église. L'ancien catéchisme gallican enseignait aux enfants qu'ils devaient « respecter tous supérieurs, pasteurs, rois, magistrats et autres. » Les rois s'étaient contentés de cette formule générale. Napoléon veut quelque chose de plus explicite, de plus particulier, de plus incisif. Portalis prit bien inutilement la peine de faire au Maître un rapport à ce sujet; le Maître en eut lui-même la pensée. Aussi, voyons-nous le catéchisme impérial ajouter à l'ancien catéchisme royal des développements significatifs, précis. « Nous devons en particulier à Napoléon I<sup>er</sup>, notre empereur, l'amour, le respect, l'obéissance, la fidélité, le service militaire, les tributs ordonnés pour la conservation et la défense de l'empire et de son trône... »

Chacun remarquera combien cette formule d'enseignement religieux ressemble à la formule d'enseignement littéraire. Toutes d'eux ravalent l'éducation à un enseignement politique et dynastique.

Sans doute cette machine devait produire de bons

résultats, puisque ceux qui en ont hérité ont toujours voulu s'en servir. Ils en ont conservé tous les
rouages ; ils l'ont seulement marquée d'une autre
étiquette. Ce qui attirait sur les lèvres de Montalembert cette virulente apostrophe :

« Ces hommes à qui la seule pensée de l'infaillibilité du Pape ferait hausser les épaules de pitié, ont
créé une infaillibilité bien autrement auguste et
bien autrement redoutable. Ils nous ont doté de
l'infaillibilité du Conseil royal de l'Instruction publique... Voici ce qu'a dit depuis quarante années
le Gouvernement, dont ce conseil est l'organe ser-
vile, au peuple de France : « Français, vous qui
n'êtes plus catholiques, nous allons vous dire quelle
est la foi du citoyen, de l'homme éclairé : vous
croirez avec Danton à l'unité sociale et domestique
de la république, proclamée par le bourreau et sanc-
tionnée par la guillotine ; avec le Directoire, vous
ne croirez qu'à la corruption et à l'argent ; avec
Napoléon et M. de Fontanes, vous croirez à l'impé-
rissable grandeur de l'Empire, dépositaire, selon le
décret de 1808, du bonheur des peuples et de toutes
les idées libérales du monde ; avec Louis XVIII et
M. Royer-Collard, vous croirez aux mystères sacrés
de la doctrine parlementaire ; avec M. de Corbière,
à la censure et aux fraudes électorales ; avec
M. Frayssinous, à ce qu'il y a de plus pur et de
plus subtil dans le gallicanisme ; avec M. de Vatimesnil aux arrêts des parlements et à la théologie
de M. de Montlosier ; avec MM. de Broglie, Barthe
et Mérilhou, à l'infaillibilité de M. de Vatimesnil et
de l'ordre légal ; enfin, avec M. de Montalivet, vous

croirez à la justice souveraine des forçats, vous croirez que les églises ne sont plus que des monuments publics, que la liberté du domicile, le secret des testaments, la pudeur publique ne sont que des mots, et qu'il est permis de tout profaner impunément dès qu'on a un télégraphe à ses ordres et un portefeuille sous le bras (1). »

On ne saurait peindre avec des couleurs plus vives à quel degré d'arbitraire et de despotisme en arrivent les gouvernements qui veulent conserver ou reconquérir le monopole de l'enseignement.

Peut-être quelqu'un de mes lecteurs a-t-il appliqué à notre temps ce que Montalembert reprochait au sien ; il n'a pas dû éprouver grande difficulté, car les rapprochements sont faciles. L'enseignement d'État a eu, à toutes les époques, les mêmes défauts.

Mais, au fait, on parle toujours de l' « État », du « Gouvernement. »

Qu'est-ce que l'État? Qu'est-ce que le Gouvernement?

« L'État, c'est moi ! » disait Louis XIV. Napoléon Ier aurait pu, avec autant de raison, faire sienne cette fière parole. Tous deux gouvernaient, savaient ce qu'ils voulaient, exécutaient ce que dans le seul et unique conseil de leur volonté — ou de leur bon plaisir — ils avaient décidé. Ils travaillaient pour eux personnellement, mais aussi pour leur dynastie dont l'intérêt se confondait avec celui

(1) *Procès de l'École libre*. Discours prononcé par le comte de Montalembert devant la Chambre des Pairs, le 19 septembre 1831.

de la nation. Le temps ne leur était pas mesuré ; l'avenir était à eux, ou, du moins ils le pensaient et agissaient en conséquence. Ils ne doutaient pas que leurs descendants ne continuassent ce qu'ils avaient commencé, et ne dussent conduire à maturité ce qu'ils avaient semé. Le Roi personnifiait la Royauté, comme l'Empereur voulait personnifier l'Empire, et tous deux la France. Ils étaient l' « État », le « Gouvernement ».

Sous la République, il n'en va plus de même.

. Le Président actuel de la Commission d'Enseignement, M. Ribot, le disait, il y a quelque vingt ans, en termes excellents :

« Personne, aujourd'hui, ne peut revendiquer la dictature morale que l'État a eue autrefois dans les mains et que de grands esprits ont voulu lui conserver ; on vous l'a dit avec éloquence, les gouvernements nouveaux ne ressemblent plus aux anciens gouvernements : ils ont perdu cette fixité que leur assuraient les institutions permanentes dont ils étaient entourés.

» La société démocratique, dans laquelle nous vivons et dont je reconnais les bienfaits, est soumise à certaines conditions, et au premier rang de ces conditions est l'instabilité ; non pas l'instabilité du principe de gouvernement, mais l'instabilité de ceux qui gouvernent. Comment voulez-vous parler de direction des esprits ? Comment voulez-vous parler de façonner les intelligences ? Comment pouvez-vous revendiquer le monopole, la dictature? Et je le dis, m'élevant au-dessus de la question qui vous est soumise, jamais la liberté n'a été plus nécessaire que dans notre société démocratique, car il n'y aurait pas de tyrannies pires que celles qui, se succédant au pouvoir, ne pourraient avoir le sentiment de leur durée (1). »

Or, depuis trente ans, ceux qui gouvernent, c'est-à-dire les ministres, ont parodié Louis XIV. « L'État, c'est nous ! » ont-ils dit. Ils ont voulu diriger les esprits ! Ils ont voulu façonner les intelligences ! Ils ont voulu revendiquer le monopole d'un enseignement d'État, d'un enseignement qui fût à eux. M. Spuller le disait : « L'État est, par excellence, l'instituteur public de la nation et il doit façonner la jeunesse par des lois conformes au principe de sa propre durée. »

Or, comme en République, l'État c'est le ministère, nous aurons autant de gouvernements que de ministères.

Si l'on veut bien réfléchir que nous sommes actuellement (ministère Waldeck-Rousseau) gouvernés par le QUARANTIÈME ministère depuis le 4 septembre 1870, nous aurons un aperçu des variations qu'a dû éprouver la direction de l'Instruction publique ! Étonnez-vous que les rouages se détraquent ! « L'enseignement secondaire, dit M. Lavisse, n'est plus gouverné d'en haut ; pour dire ma pensée d'un mot, il y a absence du ministre de l'instruction publique ; l'action ministérielle ne se fait pas sentir, d'abord parce que le ministre ne reste pas longtemps au pouvoir et ensuite parce

(1) M. Ribot. *Discours à la Chambre des députés.* Séance du 30 juin 1879.

que, exception faite pour deux ou trois ministres à qui nous devons une grande reconnaissance, il est fort occupé par d'autres affaires que les nôtres. La main qui fait jouer les ressorts se dérobant, les ressorts jouent mal et se détendent (1). »

M. Raymond Poincaré n'est pas moins affirmatif : « Il y a quelques ministres qui peuvent leur (aux inspecteurs) donner des instructions générales ; mais il faut bien reconnaître qu'avec l'instabilité ministérielle beaucoup de ministres ne sont pas à même de leur donner ces instructions suivies. Seulement, ici, ce n'est plus seulement à l'inspection que nous touchons, c'est aussi à la politique et à l'organisation parlementaire (2). »

Aussi qu'arrive-t-il ? « L'Université est victime des ministres étrangers à l'enseignement, qui lui imposent leurs programmes, et c'est ensuite sur elle qu'on fait tout retomber. » Ainsi gémit M. Fouillée (3).

Si M. de Coux pouvait appeler, avec quelque raison, Louis-Philippe « le roi provisoire des Français (4) », que ne dirions-nous pas de ces « gouvernements » dont le règne éphémère est à la merci d'une interpellation et qui tombent, non renversés par une Révolution, mais pour avoir glissé, suivant l'expression consacrée, sur « une pelure d'orange » ? Ils n'ont « aucune idée maîtresse d'enseigne-

____

(1) *Enquête*, t. I, p. 35.
(2) *Enquête*, t. II, p. 679.
(3) *Enquête*, t. I, p. 271.
(4) *Procès de l'École libre*. Discours prononcé devant la Chambre des Pairs, le 19 septembre 1831.

ment (1)»; et si l'un d'entre eux, par hasard, forme un projet, à peine en a-t-il esquissé les premiers linéaments qu'il voit entrer dans son bureau un successeur dont le premier soin sera de modifier, sinon d'effacer le tracé primitif.

Et quelle diversité dans ces plans, dans ces conceptions! Quelle application adéquate nous pourrions faire ici de la page de Montalembert! Quarante ministres de l'Instruction publique en trente ans! ce qui donne, pour chacun d'eux, un règne moyen de neuf mois. Vingt-trois ont vécu moins que cette moyenne, et dix-sept, seulement, davantage.

C'est peu que les ministres changent trop souvent; qu'ils soient étrangers aux choses de l'enseignement! Ils font plus et pire! Quand ils veulent s'immiscer dans ces questions d'un intérêt vital, ils les rabaissent au rang de questions politiques, de questions de parti.

Napoléon prétendait, par l'enseignement, se créer un peuple d'impérialistes; la République suit les mêmes errements; elle ne vise qu'à former des républicains. Napoléon agissait pour lui-même et pour sa dynastie; la République agit également, si l'on veut, pour elle-même, mais comme c'est un être impersonnel, elle n'a d'action que par ceux qui la représentent, à savoir les ministres. Ceux-ci, par suite de l'instabilité gouvernementale, nous l'avons vu, n'ont aucune idée maîtresse d'enseignement; ils vont comme les pousse le vent de la politique,

_______

(1) *Enquête*, t. I, p. 350.

1.

et ce vent est bien variable ! Ils soumettent cette grande machine de l'Université aux mouvements les plus contraires qui la désorganisent et la détraquent.

Mais ce qui a contribué le plus, depuis un quart de siècle, à la fausser complètement, c'est qu'ils ont voulu, circonstance aggravante, la transformer en machine de guerre contre une partie de la Nation.

Il suffit de se remettre en mémoire, pour se convaincre de la vérité de cette assertion, les discours prononcés par les chefs du parti, à différentes époques, et la campagne scolaire inaugurée, poursuivie sans trêve, dans cet esprit d'hostilité sectaire et de haine religieuse.

Tous les gouvernements républicains se sont plus ou moins nourris des doctrines de celui qu'ils regardent comme leur chef à tous, Gambetta.

Or, dans un discours qui eut un énorme retentissement, le fougueux tribun s'écriait : .

« ... Il y a cette immense entreprise, si nécessaire, si populaire, si fertile en résultats, si admirablement reproductrice de tous les trésors qu'on dépense pour elle : je veux parler de l'éducation. — Il faut que cette question soit la passion de tous les députés républicains. Il faut que vos sénateurs, vos députés, que votre pouvoir exécutif, que tous les rouages de l'Etat concourent, rivalisent à faire de ce pays-ci le plus instruit, le plus éclairé, le plus cultivé, le plus artiste du monde. Et pour cela, que faut-il faire?... »

Voilà bien un langage auquel chacun peut souscrire. Et l'on attend que l'orateur invite toutes les énergies, tous les efforts, quels qu'ils soient et d'où qu'ils viennent, à concourir à la réalisation de ces grandes pensées, dans l'union de tous les esprits et de tous les cœurs.

Ecoutez ; l'orateur continue :

« Et, pour cela, que faut-il faire ? Il faut refouler l'ennemi, le cléricalisme, et amener le laïque, le citoyen, le savant, le Français, dans nos établissements d'instruction... etc... »

Plus loin encore, il ajoute : « Je voudrais diriger cette instruction secondaire de manière que l'Etat en fût le maître. Je ne voudrais pas de ces institutions dans lesquelles on tronque l'histoire, où l'on fausse l'esprit français, et où l'on prépare des générations hostiles prêtes à se ruer les unes sur les autres (1)... »

Peu après, dans un discours à La Ferté-sous-Jouarre, il préconisait « une éducation véritablement nationale, c'est-à-dire *imposée à tous* ».

Nous sommes à la veille de cette fameuse campagne scolaire qui, après le rejet de l'article 7, devait aboutir aux décrets contre les congrégations enseignantes.

Depuis, les mêmes principes ont été appliqués. De l'école, primaire ou secondaire, on a tenté de faire un « séminaire républicain » (2). La seule direction pédagogique donnée était celle-ci : « Guerre à l'Eglise ! » Ce que Gambetta encore expliquait :

(1) Discours prononcé à Romans, le 18 septembre 1878.
(2) Gambetta. Discours prononcé à Belleville, le 12 août 1881.

« Je ne dis pas les Eglises, mais l'Eglise... Car cette Eglise était une faction politique dans l'Etat, et c'est pourquoi l'on était sûr de frapper le véritable adversaire en plein visage en disant : Le cléricalisme, voilà l'ennemi! (1) »

La tentative assurément fut désastreuse, puisque, au bout de vingt ans, le même cri de guerre retentit. Il est vrai que les lycées et les collèges sont désertés.

Et croyez-vous que, pour remédier à cet état lamentable de choses, on ait tout d'abord songé à apporter quelque amélioration dans l'organisation de l'enseignement? En aucune façon.

M. Combes, ancien ministre de l'Instruction publique, proposa bien un projet de « réforme des sanctions de l'enseignement secondaire ». Mais ce n'était là qu'un prétexte de surface ; on le vit quand il s'efforça d'obtenir du Sénat la discussion immédiate (2). Il ne cacha pas, alors, le fond de sa pensée, qui lui était commune avec de prétendus républicains libéraux, adversaires de la liberté :

« Il ne faut pas nous le dissimuler, s'écrie-t-il, depuis quatre ans, les rumeurs les plus alarmantes circulent. L'Université est sur une de ces pentes qui mènent fatalement à la décadence. Depuis quatre ans, les rapports des commissions du budget de la Chambre des députés ont jeté un cri d'alarme. Un des volumes de l'enquête que vous avez entre les mains, contient, à ce point de vue, le plus sinistre

(1) Gambetta. Discours prononcé à Belleville, le 12 août 1881.
(2) Séance du 27 mai 1899.

des avertissements. Nous y lisons que, pour l'année courante, même pour les lycées de Paris, on constate une décroissance du nombre des élèves. Au contraire, l'enseignement congréganiste suit une progression continue. Oui, messieurs, même à Paris, où nous nous croyons invincibles pour bien des raisons, toutes meilleures les unes que les autres, nous sommes menacés d'une défaite prochaine.

» Et c'est dans ces conditions, monsieur le ministre, que vous nous demandez d'ajourner ! Ajourner, pourquoi ? Pour constater encore à la future rentrée des classes, au mois d'octobre prochain, un plus grand recul, un plus grand déchet d'élèves dans les lycées de Paris, et un recul, un déchet effrayant, comme c'est le cas déjà, dans les établissements de l'Etat en province ?

» Il s'agit de savoir si nous laisserons se creuser un fossé de plus en plus profond dans les rangs de la jeunesse française et si nous n'interviendrons pas pour empêcher qu'elle se partage en deux camps opposés de plus en plus hostiles, de plus en plus irréconciliables, de plus en plus animés de sentiments divergents. Il s'agit de savoir si nous ne prendrons pas des mesures pour mettre fin autant que possible à cette division funeste, et pour préparer à l'avenir de jeunes générations nourries des mêmes idées, imbues des mêmes sentiments, rangées sous le même drapeau, le drapeau du progrès républicain.

» Il s'agit enfin de savoir s'il n'est pas possible, sans bouleverser le moins du monde l'organisation universitaire et les études secondaires, sans toucher à la liberté même de l'enseignement, s'il n'est pas possible de ramener à l'Université, à sa tutelle, à ses leçons, la foule de jeunes gens qui sont poussés chaque jour en plus grand nombre dans le camp de ses adversaires, par la faute de son organisation.

» M. le ministre vous demande de surseoir à l'examen de cette question capitale. Au lendemain de la grande enquête de 1885, on ajourna aussi la décision, sous prétexte que tout le monde n'était pas d'accord. On croyait alors l'ajournement possible et son effet nuisible ; il ne semblait pas qu'il y eût urgence à se prononcer. On temporisa donc. Vous voyez, messieurs, ce qu'il en est advenu : d'intérieure qu'elle semblait être, et qu'elle était peut-être alors, la crise est devenue extérieure et d'ordre social. Elle s'accroît tous les ans, et on peut dire qu'à ce moment-ci elle atteint son point maximum.

» Il faut donc aviser sans retard. Ne fissions-nous qu'une seule délibération, — car nous ne demandons pas l'urgence, — eussions-nous seulement indiqué au pays que le Sénat est décidé à soutenir de toutes ses forces l'Université française et à combattre ses adversaires dans la mesure et la limite de la légalité, que l'effet moral serait déjà immense (1). »

M. Leygues, ministre de l'Instruction publique, combattit la discussion immédiate qui, de fait, fut repoussée par 127 voix contre 110.

(1) *Discours de M. Combes.* Sénat, 27 juin 1899.

Sans doute, M. Leygues avait déjà son plan. L'a-t-il mûri en assistant aux séances du Congrès de la Ligue de l'Enseignement (1), où il a entendu ces paroles : « Ce Congrès s'est affirmé dès les premiers jours comme résolument républicain, nettement laïque et désireux d'opposer un rempart invincible contre les entreprises cléricales et congréganistes (2)? » A quoi il a répondu : « On dit que la jeunesse française est divisée. Il ne faut pas qu'il y ait une jeunesse divisée ; c'est le pire des maux. Il faut, pour la grandeur de la France, que tous ses fils vivent en paix sur le même sol. »

Voilà qui est parfait, si l'on s'en tient au texte même. Peut-être, cependant, y a-t-il une glose. Il n'y en eut pas ce jour-là. Elle apparut à la rentrée des Chambres, sous la forme d'un projet de loi déposé par M. Leygues, et comportant les articles suivants :

« ARTICLE PREMIER. — Un stage scolaire de trois ans, dans les établissements publics d'instruction secondaire, est exigé des aspirants et aspirantes aux fonctions publiques, pour lesquelles sont requises les études secondaires ou supérieures, ainsi que des candidats ou candidates aux examens ou concours d'admission aux Écoles de l'État établies pour le recrutement des services publics. Les dernières années d'études entrent seulement en ligne de compte pour le stage scolaire.

(1) XIXᵉ Congrès de la Ligue de l'Enseignement, tenu à Toulouse en novembre 1899.

(2) Discours de M. Jacquin, président de la *Ligue de l'Enseignement.*

» Art. 2. — L'attestation de stage doit accompagner toutes les demandes d'emplois ou d'inscriptions aux examens ou concours visés à l'article premier. La forme de cette justification sera déterminée par un règlement d'administration publique.

» Art. 3. — Si les directeurs des pensionnats qui voudront faire accomplir par leurs élèves le stage scolaire, ou les personnes qui sont employées dans ces pensionnats appartiennent à une association, ils devront justifier que cette association a été constituée conformément aux lois qui régissent la matière.

» Art. 4. — Un stage scolaire de deux ans est exigible à partir de 1902. Un stage scolaire d'un an est exigible à partir de 1901.

» La présente loi est applicable à partir de 1903 (1). »

Sous une forme déguisée, c'est une atteinte portée à la liberté d'enseignement ; c'est l'entrée forcée dans les établissements d'enseignement gouvernemental. La préoccupation pédagogique est absente de ce projet ; il n'y a là qu'un but politique qui, loin de calmer les esprits, les excitera davantage encore.

Expédients indignes de véritables hommes de gouvernement, auxquels le passé semble n'avoir rien appris, et qui gagneraient beaucoup à méditer ces paroles d'un de leurs prédécesseurs, celui que l'on nomma « le père de l'esprit nouveau » :

« La démocratie républicaine, qui détient maintenant le gouvernement national, ne peut pas se conduire comme elle se conduisait quand elle n'était

_______________

(1) Chambre des Députés. — *Documents parlementaires*, annexe 1188.

qu'un parti dans la nation, luttant pour conquérir le pouvoir. La République manquerait à ses devoirs ; je dirai plus, elle ferait banqueroute à sa propre destinée, si, après avoir été un ardent parti de combat, d'agitation et d'opposition, elle ne cherchait pas à devenir ce qu'elle doit être, un grand parti de gouvernement, capable d'inspirer confiance à la France et de la diriger (1). »

Il est à craindre, malheureusement, que la République ne fasse banqueroute. Des esprits libéraux, pourtant, voudraient l'arrêter sur cette pente : « Je suis de ceux, dit M. Poincaré, ancien ministre de l'Instruction publique, qui respectent tout à fait cette liberté d'enseignement ; je me refuse même à ruser avec elle et à lui porter atteinte par voie détournée (2). »

« Je considérerais comme un mal, dit M. Hanotaux, ancien ministre des affaires étrangères, la suppression de la liberté d'enseignement.

» Il faut que, pour la formation de l'esprit et du cœur de ses enfants, chacun puisse choisir les maîtres qui lui conviennent (3). »

« A aucun moment, dit M. Mézières, il ne paraîtrait ni possible, ni politique, ni équitable de toucher d'une manière soit indirecte, soit directe à une liberté telle que celle de l'enseignement.

» Elle est consacrée par une loi et il y aurait, je crois, toute espèce de danger à revenir sur le prin-

(1) E. Spuller. *La République et l'Enseignement.* Conférence faite à Grenoble, le 27 septembre 1881.
(2) *Enquête*, t. II, p. 675.
(3) *Enquête*, t. II, p. 553.

cipe même de cette loi, car on provoquerait la résistance de tous les esprits libéraux (1). »

M. Gabriel Monod s'exprime ainsi : « Je crois que toutes les mesures restrictives de la liberté d'enseignement seraient non seulement injustes en elles-mêmes, ce qui doit suffire à les condamner, mais aussi nuisibles pour l'enseignement laïque officiel. L'État doit rechercher dans l'amélioration de son propre enseignement les moyens de lutter contre l'enseignement libre (2). »

Ces conseils sont donnés par des gens dont la foi républicaine n'a jamais été suspecte. Nous y ajouterons ces paroles de M. Espinas, doyen honoraire de la Faculté de Bordeaux, et chargé de cours à la Faculté des lettres de Paris :

» La cause, non point de cette désertion, mais de ce défaut d'accroissement, me paraît être extérieure. Je suis d'accord sur ce point avec un certain nombre de professeurs de différentes parties de la France que j'ai entretenus de ce sujet et qui eussent pu me dire avec confiance leur pensée si elle avait été autre.

» La cause, c'est un grand mouvement d'opinion qui se fait en dehors de l'Université, sur lequel l'Université ne peut rien ; c'est un de ces vastes entraînements qui se produisent comme périodiquement dans ce qu'on appelle la conscience sociale française, entraînement dû lui-même à des causes multiples. Si on peut y remédier, c'est plutôt par

(1) *Enquête*, t. I, p. 320.
(2) *Enquête*, t. I, p. 108.

une action venue de haut, qui serait capable de changer à la longue l'état de l'opinion dans ce pays, que par des réformes opérées au sein de l'Université et dans ses programmes. Faites-nous de bonne politique, pourrions-nous dire au Parlement, et nous aurons des lycées prospères (1). »

Or, la meilleure politique, c'est de supprimer la politique de la question d'enseignement.

(1) *Enquête*, t. I, p. 391.

# CHAPITRE II



Rapporteur du budget de l'Instruction publique pour 1892, M. Charles Dupuy constatait alors que sur un total de 174.146 élèves de l'enseignement secondaire, l'Université n'en recrutait que 83.714. Le reste, soit 90.432, était élevé dans les établissements libres, petits séminaires compris. « Ainsi concluait le rapporteur, non sans naïveté, ainsi, l'avantage est aux établissements ecclésiastiques. »

Cinq ans plus tard, M. Bouge avait succédé à M. Charles Dupuy, et confirmait, dans son rapport pour 1897, les dires de son prédécesseur. Les lycées et collèges de l'État avaient, durant l'année scolaire 1895-96, perdu un effectif de près de mille élèves. Et M. Bouge gémissait : « Ce qu'il y a de symptomatique et de grave, c'est que justement la diminution porte sur les classes de septième et de

huitième ; c'est le recrutement qui semble être atteint ; c'est la source qui paraît se tarir. »

Sous le coup d'événements politiques dont il a été
parlé ci-dessus, la crise s'est accentuée, ou, du
moins, les effets en ont été plus visibles. D'aucuns
prétendent que le mot de « crise » est un peu gros ;
volontiers ils lui substitueraient celui de « malaise » (1). « S'appesantir sur ce mal ne pourrait
que l'aggraver (2). » Après avoir quelque peu ter-
giversé sur cet « état de malaise » que l'on a « jugé
trop sévèrement », M. Combes avoue cependant
que sa « conviction est que cette diminution, pour
être très faible, n'en est pas moins réelle (3). »

M. Bréal est inquiet :

« J'ignore, dit-il, s'il y a diminution ; mais, ce
qui est certain, c'est qu'il n'y a pas l'augmentation
qu'on aurait pu espérer, surtout étant donné l'intérêt que, pendant ces quinze dernières années, l'opinion a attaché à l'instruction et toutes les dépenses
qui ont été faites pour elle. La population scolaire
n'a pas autant augmenté qu'on aurait pu l'attendre (4). »

M. Max Leclerc est du même avis :

« Non, il n'y a pas crise de dépopulation, mais il
y a ralentissement normal de l'augmentation du
nombre des élèves de l'enseignement secondaire à
mesure qu'on approche de l'équilibre entre les besoins sociaux d'une part et les ambitions et les pos-

(1) *Enquête*, t. I. M. Lavisse, p. 35 ; M. Kortz, p. 535.
(2) *Enquête*, t. I. M. Brunot, p. 365.
(3) *Enquête*, t. I, p. 152.
(4) *Enquête*, t. I, p. 71.

sibilités individuelles d'autre part. Cependant il ne faut pas dire que nous avons atteint le maximum, et je ne le soutiens pas. — Il y a une poussée de concurrence de la part des établissements ecclésiastiques, ce n'est pas douteux ; tandis que les établissements publics ne s'accroissent plus guère, les établissements ecclésiastiques en particulier, parmi les établissements libres, s'accroissent rapidement. Il se produit là un phénomène inverse de celui qui se produit (pour les raisons que vous savez) dans l'enseignement primaire (1). »

Quant à Mgr Péchenard, recteur de l'Institut catholique de Paris, il craint de trouver là une exagération volontaire, déterminée dans le but de fournir un prétexte à restreindre la liberté d'enseignement :

« Les établissements libres que je connais ne se sont point accrus autant qu'on voudrait le faire croire ; ils ont gagné quelques unités par-ci, par-là. Mais je persiste à penser que la cause de cette majoration vient surtout de ce qu'il y a eu un déplacement de population scolaire. Il ne faudrait donc pas enfler la voix pour nous dire que nous avons conquis tant d'élèves au détriment de l'Université. Ce serait une erreur, erreur bien fatale, si elle devait nuire au principe de la liberté d'enseignement (2). »

M. Brunot trouve déplorable, malséant cette façon de chiffrer les élèves :

« Un des maux certains, visibles, c'est que dans

_____________

(1) *Enquête*, t. II, p. 83.
(2) *Enquête*, t. II, p. 249.

les lycées tout le monde, depuis le proviseur jusqu'aux répétiteurs, est préoccupé d'avoir un beau total d'élèves à présenter en fin d'année. Cette idée d'assimiler les lycées à des établissements de commerce dont on suppute la clientèle est déplorable. Vous cherchez un remède au baccalauréat : vous ne le trouverez jamais tant que cet état d'esprit existera (1). »

C'est devant la Commission d'enseignement que se manifestèrent ces divers sentiments. Des statistiques furent produites, des preuves apportées par des témoins venus du Nord et du Midi, de l'Est et de l'Ouest; le tout fut condensé, et nos lecteurs vont avoir sous les yeux les résultats de ce travail (2). L'exposition en est longue, mais la longueur elle-même a son utilité; les détails sont nombreux, parfois enchevêtrés, mais ils ne manquent pas d'intérêt.

Il sera plus facile, ensuite, de juger si, oui ou non, l'enseignement gouvernemental subit une « crise » ou un « malaise » et si la gravité du mal nécessite des remèdes dont l'énergie confine à la violence et à l'injustice.

### Lycées et collèges.

Au 31 décembre 1808, l'effectif total des élèves présents dans les lycées s'élevait à 52.372 élèves. Il

(1) *Enquête*, t. I, p. 365.
(2) *Enquête sur l'Enseignement secondaire*. Tome III. Note préliminaire.

y avait 13.601 pensionnaires (26 0/0) ; 6.195 demi-pensionnaires (13 0/0) et 32.576 externes (61 0/0).

L'enseignement classique comptait 20.645 élèves (38 0/0) ; l'enseignement moderne, 14.215 élèves (27 0/0).

Il y avait, en outre, 936 élèves dans la classe de mathématiques spéciales et 3.838 élèves dans les classes de mathématiques élémentaires et les cours préparatoires aux Écoles.

Soit, au total, 4.774 élèves (8 0/0); 3.086 de ces élèves sortaient de l'enseignement classique et 1.708 de l'enseignement moderne.

L'enseignement classique avait donc un effectif total de 23.731 élèves (45 0/0) ;

L'enseignement moderne de 15.923 (31 0/0) ;

Les classes élémentaires et primaires de 12.718 élèves (24 0/0).

L'effectif des collèges était de 33.049 élèves.

Savoir : Pensionnaires, 10.266 (30 0/0) ;

Demi-pensionnaires, 2.350 (7 0/0) ;

Externes, 21.333 (63 0/0).

L'enseignement classique comptait 9.807 élèves, y compris 313 élèves des classes de mathématiques spéciales ou élémentaires (29 0/0).

Il y avait dans l'enseignement moderne (y compris 583 élèves de mathématiques spéciales ou élémentaires) 14.447 élèves (41 0/0).

L'effectif des classes élémentaires ou primaires était de 9.204 élèves (30 0/0).

Enfin, 431 élèves suivaient des cours spéciaux.

La population totale des lycées et des collèges réunis était donc de : 86.321.

Savoir : Pensionnaires, 23.867 ;
         Demi-pensionnaires, 8.545 ;
         Externes, 53.909.

### *Établissements libres laïques.*

Le nombre des établissements libres laïques était,
au 31 décembre 1898, de 202. Ils renfermaient une
population scolaire de 9.725 élèves, dont 4.275 pensionnaires (43 0/0), 1.122 demi-pensionnaires (11 0/0)
et 4.328 externes (45 0/0).

### *Établissements libres ecclésiastiques.*

Quant aux établissements ecclésiastiques, il a
paru intéressant à la Commission de conserver
l'ancienne division en trois catégories :

1° Établissements placés sous l'autorité diocésaine ;

2° Établissements dirigés par des prêtres séculiers ;

3° Établissements appartenant à des congrégations.

Avant 1880, on faisait figurer dans la troisième
catégorie tous les établissements possédés par des
congrégations, qu'elles fussent ou non autorisées.
Depuis cette époque, les établissements autrefois
dirigés par des congrégations non reconnues, telles
que les jésuites, les maristes, etc..., ont été répartis
dans l'une des deux premières divisions, selon qu'ils
ont à leur tête un directeur laïque ou un directeur

ecclésiastique. C'est ainsi que la maison de la rue Lhomond a été rangée parmi les maisons de l'enseignement libre laïque, tandis que l'externat de la rue de Madrid a figuré dans la catégorie des établissements dirigés par des prêtres séculiers.

La Commission a demandé que l'on fît une seule catégorie de tous les établissements appartenant ou ayant appartenu à des congrégations, de manière à rendre possibles des comparaisons entre la statistique dressée au 31 décembre 1808 et les statistiques antérieures à 1880.

Au 31 décembre 1808, il y avait 70 établissements placés sous l'autorité diocésaine ; ils comptaient 12.250 élèves, 6.224 pensionnaires (50 0/0) ; 4.914 demi-pensionnaires (40 0/0) ; 1.250 externes (10 0/0).

Il y avait 216 de ces maisons libres dirigées par des prêtres séculiers, avec un effectif total de 23.636 élèves ainsi divisés,

Savoir : Pensionnaires, 11.306 (47 0/0).

Demi-pensionnaires, 2.060 (12 0/0).

Externes, 0.370 (41 0/0).

Le nombre des établissements appartenant ou ayant appartenu à des congrégations (1), était de 143 ; elles avaient 31.757 élèves,

Savoir : Pensionnaires, 17.621 (55 0/0) ;

Demi-pensionnaires, 5.352 (17 0/0) ;

Externes, 8.784 (28 0/0).

La récapitulation générale des établissements

---

(1) Le collège Stanislas, qui appartient à une congrégation autorisée, doit être mis à part dans cette catégorie, à raison des liens qui le rattachent à l'Université. Il n'avait figuré jusqu'à présent dans aucune statistique.

libres ecclésiastiques fait ressortir un chiffre total de 07.043 élèves.

## Petits séminaires.

De plus, comme le fait remarquer la Commission elle-même, il faut ajouter les petits séminaires. Car, bien que placés sous un régime spécial, ils ont, à beaucoup d'égards, le caractère d'établissements d'enseignement secondaire.

Le ministre de l'Intérieur fit faire, en décembre 1808, le recensement de ces maisons et de leurs habitants, ce qui n'avait pas eu lieu depuis 1888.

A cette époque, on avait relevé 23.303 élèves; en décembre 1808, l'effectif se montait à 23.407 pour un ensemble de 140 petits séminaires.

## Récapitulation.

La population des établissements d'enseignement secondaire, public et libre, y compris celle des petits séminaires, se répartit donc ainsi :

| | |
|---|---|
| Lycées et collèges . . . . . . . | 80 321 élèves. |
| Établissements libres laïques. | 9.725 — |
| Établissements ecclésiastiques | 07.613 — |
| Petits séminaires . . . . . . . . | 23.407 — |
| Total. . . . | 187.186 élèves. |

ou plus exactement 185.010 élèves (déduction faite

des 1.570 élèves des établissements libres qui suivent les cours des lycées ou collèges) (1).

Voilà donc les chiffres dans toute leur brutalité de la statistique.

La Commission ne voulut pas se borner à faire établir les états de situation de l'enseignement secondaire à la date du 31 décembre 1898.

Son but était de fournir à la Chambre des Députés les moyens de suivre les mouvements qui ont eu lieu dans les populations des diverses catégories d'établissements.

Des tableaux annexés (mouvement de la population des lycées et des collèges de 1850 à 1898) montrent que la population des lycées et des collèges s'est accrue rapidement de 1850 à 1887. Elle a passé par une progression presque ininterrompue de 20.453 élèves en 1850, à 53.810 en 1887. Il est vrai que le nombre des lycées s'est élevé, dans cette période, de 56 à 100.

Depuis 1887, le nombre des élèves est stationnaire. Il est même, en 1898, un peu inférieur à ce qu'il était en 1887, quoique, dans l'intervalle, le nombre des lycées ait été porté de 100 à 110.

Dans les collèges, la population scolaire s'est élevée de 27.488 élèves en 1850 à 41.304 en 1881, année où elle a atteint son maximum. Elle n'était plus que de 33.040 en 1898.

Mais un assez grand nombre de collèges ont été, dans cette période, transformés en lycées ou ont

(1) Les établissements ecclésiastiques renferment donc 91.140 élèves.

disparu. On ne comptait plus en 1898 que 229 col·
lèges, au lieu de 259 en 1881.

L'ensemble de la population scolaire des lycées
et collèges est à peu près le même en 1879 et
en 1898, à vingt ans d'intervalle. Il s'est accru seu·
lement de 2.362 élèves (1).

Il y a eu une augmentation de 2.221 élèves dans
l'enseignement classique et de 5.440 élèves dans
l'enseignement moderne, par rapport à l'enseignement spécial auquel il a été substitué.

Mais, en revanche, les classes primaires ont perdu
4.417 élèves.

Il y a aussi une diminution notable (1.589 élèves)
dans les classes de mathématiques élémentaires.

Le nombre des pensionnaires s'est abaissé de
31.117 à 23.794, soit une diminution de 7.323
(23,5 0/0).

Il y a eu, par contre, une augmentation un peu
supérieure de 8.198 élèves dans le nombre des
externes (53.351).

Le nombre des demi-pensionnaires s'est accru de
1.487 unités (8.459 au lieu de 6.972).

En ce qui concerne l'enseignement libre, il n'a
pas été possible, faute de documents, de remonter
jusqu'à 1850. On peut se servir des chiffres relevés
en 1854, 1865, 1876 et 1887 pour les statistiques gé·
nérales qui ont été publiées par le Ministère de
l'Instruction publique. Mais on ne doit le faire
qu'avec beaucoup de prudence ; ces chiffres ne s'ac·

(1) Encore faut-il remarquer que la section secondaire du
collège Chaptal a été comptée pour la première fois en 1898.

2.

cordent pas, en effet, avec ceux qui ont été fournis par les recteurs pour les vingt dernières années.

Ces réserves faites, voici ce qui résulte de l'examen de ces divers chiffres :

La population des établissements *libres laïques* d'enseignement secondaire est en décroissance manifeste et continue depuis 1865.

Il y avait, en 1865, dans 657 maisons, une population de 43.000 élèves.

En 1876, il n'y avait plus que 404 maisons et 31.240 élèves ; en 1887, 302 maisons et 20.174 élèves et, en 1898, 202 maisons seulement et 9.725 élèves.

L'ensemble des établissements *ecclésiastiques* est, au contraire, en progrès depuis 1854.

De 21.105 à cette époque, le nombre des élèves a passé successivement à 34.807 en 1865, à 46.810 en 1876, à 50.085 en 1887 et à 67.043 en 1898.

Ici, la Commission fait une réserve que nous apprécierons plus loin, et elle ajoute textuellement :

« L'ACCROISSEMENT CONTINU DE LA POPULATION DES ÉTABLISSEMENTS ECCLÉSIASTIQUES N'EN EST PAS MOINS UN FAIT CERTAIN. »

En résumé, si on prend pour points de comparaison 1876 et 1898, il apparaît que les 155.486 élèves de l'enseignement secondaire en 1876, se répartissaient de la manière suivante :

38.695 dans les lycées ;

38.230 dans les collèges ;

31.240 dans les établissements libres laïques ;

46.810 dans les établissements libres ecclésiastiques (non compris les petits séminaires).

En 1898, les 162.113 élèves de l'enseignement secondaire se répartissent ainsi :

50.706 dans les lycées ;

33.040 dans les collèges ;

0.725 dans les établissements libres laïques ;

67.643 dans les établissements ecclésiastiques (non compris les petits séminaires).

D'où nous tirons cette remarque omise, nous semble-t-il, par la Commission que, de 1876 à 1898 la population des lycées et collèges s'était accrue de 7.814 élèves seulement, tandis que celle des établissements ecclésiastiques s'était accrue de 20.827 élèves.

La Commission fait remarquer que la comparaison entre ces chiffres est faussée parce que, lors de l'inauguration de l'enseignement moderne, beaucoup d'établissements libres (de Frères notamment) qui étaient établissements primaires se sont transformés en secondaires. De ce chef, dit-elle, il y a eu une augmentation brusque de 10.000 élèves environ.

Acceptons momentanément cette réserve, et défalquons ces 10.000. Il n'en reste pas moins que l'enseignement libre ecclésiastique a vu s'augmenter son effectif de 10.827, et l'enseignement laïque officiel de 7.814 seulement ; ce qui donne un avantage de 3.000 au profit du premier.

De plus, comme le fait très justement remarquer le F. Justinius (1) les lycées eux-mêmes ont des classes primaires, avec un personnel spécial de

_________

(1) *Enquête*, t. II, p. 593.

maîtres (1) ; et plusieurs ; en outre, se sont annexé des classes enfantines dirigées par des institutrices. Les élèves n'en sont pas moins classés parmi ceux de l'enseignement secondaire.

D'après l'*Annuaire de l'Instruction publique et des Beaux-Arts* pour l'année 1890, il existe en ce moment dans les lycées et les collèges de l'État 1.168 classes primaires dont 209 ont le caractère de classes enfantines ; 268 de ces classes primaires sont confiées à des dames. On compte dans la seule Académie de Paris 53 dames professant dans les établissements secondaires publics ; 30 d'entre elles sont attachées à des classes enfantines.

Ces 10,000 élèves primaires de l'enseignement secondaire officiel compensent fort bien les 10,000 de l'enseignement primaire ecclésiastique transformés en secondaires par la loi elle-même.

Nous pouvons donc nous en tenir, en bonne justice, à la statistique que nous avons présentée de l'accroissement dans les écoles secondaires ecclésiastiques, et répéter, avec plus de vérité encore que la Commission : « L'ACCROISSEMENT CONTINU DE LA POPULATION DES ÉTABLISSEMENTS ECCLÉSIASTIQUES N'EN EST PAS MOINS UN FAIT CERTAIN. »

Voilà donc quelle était, d'après la Commission d'enquête, la situation de l'enseignement secondaire au 31 décembre 1898.

Quelques mois plus tard, M. Maurice Faure rap-

(1) Au 31 décembre 1898, les élèves primaires des lycées étaient au nombre de 9.261. *Enquête*. Tome III, p. 51.

porteur du budget de l'Instruction publique pour l'année 1900, entonne un chant de triomphe : « Le fait le plus caractéristique, dit-il, depuis la présentation de notre dernier rapport, c'est le mouvement très net d'ascension signalé par les plus récentes statistiques dans la population des lycées nationaux et des collèges communaux.

» La baisse des effectifs, qui se renouvelait périodiquement, s'est subitement arrêtée à la rentrée des classes du mois d'octobre. Elle a fait place, comme en témoignent les chiffres officiels que nous publions plus loin, à un notable relèvement du meilleur augure pour l'avenir... C'est un premier et très opportun démenti donné par les faits aux pessimistes et aux malveillants qui transformaient en une décadence définitive une crise momentanée et annonçaient déjà comme inévitable la faillite prochaine de notre enseignement secondaire (1). »

Vous avez lu : « notable relèvement ».

Examinons les chiffres donnés par M. Maurice Faure. Il les prend respectivement au 5 novembre 1898 et au 5 novembre 1899.

ANNÉE 1898 (5 novembre).

*Lycées de France.*

| | |
|---|---|
| Enseignement classique. . . . | 19.862 |
| —     moderne. . . . | 13.483 |
| *A reporter.* . . | 33.345 |

---

(1) Rapport (n° 1143), service de l'instruction publique (Budget de l'année 1900, pp. 8 et 9).

|  |  |
|---|---|
| *Report*. . . | 33.345 |
| Mathématiques spéciales et élémentaires. . . . . . . . | 4.470 |
| Classes de 7ᵉ et 8ᵉ. . . . . . . | 5.822 |
| Classes primaires. . . . . . | 6.115 |
| Total. . . . | 49.752 |

### Lycées d'Algérie.

|  |  |
|---|---|
| Enseignement classique. . . . | 735 |
| — moderne. . . . | 713 |
| Mathématiques spéciales et élémentaires. . . . . . . . | 95 |
| Classes de 7ᵉ et 8ᵉ. . . . . . | 312 |
| Classes primaires. . . . . . | 285 |
| Total. . . . | 2.140 |

### Collèges communaux.

|  |  |
|---|---|
| Enseignement classique. . . . | 9.584 |
| — moderne. . . . | 13.182 |
| Mathématiques spéciales et élémentaires. . . . . . . . | 743 |
| Classes de 7ᵉ et 8ᵉ. . . . . . | 4.082 |
| Classes primaires. . . . . . | 4.919 |
| Total. . . . | 32.510 |

### Récapitulation (1808).

|  |  |
|---|---|
| Lycées de France. . . . . . | 49.752 |
| Lycées d'Algérie. . . . . . | 2.140 |
| Collèges communaux. . . . . | 32.510 |
| Total. . . . | 84.402 |

ANNÉE 1899 (5 novembre).

## *Lycées de France.*

Enseignement classique. . . . 10.298
—            moderne. . . . 13.711
Mathématiques spéciales et élé-
mentaires. . . . . . . . 4.670
Classes de 7ᵉ et 8ᵉ. . . . . . 5.775
Classes primaires . . . . . . 6.251

Total. . . . 49.705

## *Lycées d'Algérie.*

Enseignement classique. . . . 734
—            moderne. . . . 778
Mathématiques spéciales et élé-
mentaires. . . . . . . 118
Classes de 7ᵉ et 8ᵉ. . . . . . 334
Classes primaires . . . . . . 328

Total. . . . 2.292

## *Collèges communaux.*

Enseignement classique. . . . 9.242
—            moderne. . . . 13.541
Mathématiques spéciales et élé-
mentaires. . . . . . . 749
Classes de 7ᵉ et 8ᵉ. . . . . . 4.169
Classes primaires . . . . . . 5.083

Total. . . . 32.784

*Récapitulation* (1800).

| | |
|---|---|
| Lycées de France. . . . . . . | 49.705 |
| Lycées d'Algérie . . . . . . . | 2.292 |
| Collèges communaux. . . . . . | 32.784 |
| Total. . . . . | 84 781 |

Si nous faisons la comparaison des deux années, nous trouverons, comme résultat :

| | |
|---|---|
| En 1800. . . . . . . . . . | 84.781 |
| En 1808. . . . . . . . . . | 84.402 |
| Différence. . . . | 379 |

Ainsi donc, l'enseignement public s'est accru, en 1899, de 379 élèves. C'est, pour M. Maurice Faure, un « notable relèvement ».

Et il ajoute : « Ce relèvement est d'autant plus remarquable, qu'il coïncide d'une façon significative avec l'inauguration d'une politique résolue de défense républicaine, démontrant ainsi qu'il existe une indéniable connexité entre la direction donnée aux affaires publiques et la situation de nos établissements universitaires (1) ».

Il est inutile de souligner l'ironie de cette constatation !

N'oublions pas, de plus, que les lycées de France, ces lycées pour lesquels fut dépensé tant d'argent,

_______

(1) Rapport, p. 9.

perdent 47 élèves ; le relèvement n'est dû qu'aux lycées d'Algérie et aux collèges communaux.

Lycées de France. . . . . . . — 47
Lycées d'Algérie. . . . . . . + 152
Collèges communaux. . . . . . + 274
Total. . . . 370

Acceptons ce chiffre pour l'importance qu'on lui donne. Mais, si à la quantité nous opposons la qualité, nous aurons certaine observation à présenter.

Sont-ce des élèves bénévoles ? J'entends par là de ceux qui viennent en qualité d'élèves « libres » (c'est le terme consacré dans les rapports officiels). Eh non ! Ce sont des boursiers.

En 1899, il y a eu 472 boursiers de plus qu'en 1898, soit :

*Boursiers.*

En 1899. . . . . . . . . 10.091
En 1898. . . . . . . . . 9.619
Total. . . . 472

Tous, il est vrai, ne sont pas de même genre ; il y a les boursiers nationaux, les boursiers départementaux, les boursiers communaux. Mais pour la question qui nous occupe, cela n'a aucune importance, puisqu'il s'agit de l'ensemble de la population scolaire.

Les boursiers nationaux étaient, en 1898 :

Pensionnaires . . . . . . . . 2.759
Demi-pensionnaires . . . . . . 990
Externes. . . . . . . . . . 1.005

                    Total. . . . 4.754

En 1899 :

Pensionnaires . . . . . . . . 9.016
Demi-pensionnaires . . . . . 993
Externes. . . . . . . . . . 1.199

                    Total. . . . 5.208

Ils sont portés au budget pour la petite somme de 3.265.000 francs ; les autres sont à la charge des communes et des départements, c'est-à-dire des contribuables, de nous tous, comme les premiers, du reste.

Cette façon de combler les vides n'est pas à la portée du premier venu ; néanmoins, il n'y a pas de quoi chanter victoire aussi prématurément.

Il ne resterait plus qu'à adopter la proposition de M. Carnaud, député socialiste de Marseille : « La Chambre invite le gouvernement à préparer un projet de loi pour organiser un concours annuel entre les élèves des écoles primaires nationales, afin que les premiers, dans la proportion de un pour cent sur la population totale de ces élèves, soient admis gratuitement dans nos lycées et collèges. »

Or, d'après la dernière statistique officielle (1), il

(1) Rapport de M. Maurice Faure. Tableau C., annexe du budget de l'Enseignement primaire.

y avait, en 1807-08, dans les écoles publiques laïques, 3.787.023 enfants, ainsi décomposés : 2.287.482 garçons et 1.499.541 filles. A un pour cent, comme le prône M. Carnaud, cela ferait 37.870 enfants qui, chaque année, entreraient dans les lycées et collèges publics, soit 22.875 garçons et 14.995 filles.

Certes, M. Maurice Faure pourrait alors, dans ses rapports futurs, s'écrier qu'il y a là un « notable relèvement ». Il ne serait pas le seul ; les contribuables, eux aussi, trouveraient que le « relèvement » de leurs impôts est « notable ».

# CHAPITRE III

## LE GASPILLAGE FINANCIER

L'État jette par les fenêtres l'argent des contribuables, avec une désinvolture qui n'a d'égale que son inconscience. L'irresponsabilité est une bonne chose pour les gouvernements. Si un particulier se conduisait ainsi dans la gestion de ses affaires, ce n'est plus de faillite qu'il serait taxé, mais de banqueroute.

Longtemps il fut de mode, dans les milieux parlementaires, de se lamenter de telle sorte : « Comment voulez-vous que les parents envoient leurs enfants dans nos lycées et collèges? Ce sont de vieilles bâtisses qui datent de plusieurs siècles, sans air, sans lumière, sans eau. On n'y logerait pas des prisonniers. Ah ! si nous avions des lycées spacieux, aux larges baies, aux cours ouvertes ; si, mieux encore, nous pouvions les construire à la campagne où l'air est pur et vivifiant ! ! ! »

Jules Ferry lui-même n'y alla-t-il pas de son couplet sentimental, en frappant au cœur pour faire ouvrir la caisse ?

« Que l'Université se fasse plus maternelle ; vous le voulez, nous le voulons aussi : c'est, messieurs, une question d'argent, et pas autre chose. C'est ainsi que par vous, grâce à vous, et au moyen de ce concours financier qui ne nous a jamais été refusé par le Parlement, la comparaison entre les établissements religieux et les établissements laïques sera, je ne crains pas de le dire, d'ici à très peu d'années, à l'avantage des établissements de l'État (1). »

Comment résister à un appel si pressant ? Les millions tombèrent dans cette Caisse percée de plus de trous que le mythologique tonneau des Danaïdes, et qui s'appelait la *Caisse des lycées, collèges et écoles primaires*. Sa destination, on s'en souvient, était de fournir des fonds pour bâtir ou réparer les lycées et les collèges de l'État. De 1878 à 1885, elle engloutit 542.600.000 francs, sur lesquels les lycées et les collèges reçurent 174.266.667 francs. On peut, sans être taxé d'exagération, calculer que, depuis lors, 50 millions au moins leur furent affectés. Ce serait donc une somme de 220 à 250 millions qui aurait été employée à la construction des lycées et collèges, dans l'espace de vingt ans.

Certes, il y avait là de quoi édifier de splendides monuments : on ne s'en priva point. Et que devient le proverbe populaire : « Quand le bâtiment va,

_______

(1) J. Ferry. Discours à la Chambre des députés, 29 juin 1879.

tout va? » Il paraît qu'il est faux, ce proverbe, tout au moins quand on l'applique au « bâtiment scolaire ».

L'État, sur ce point comme sur bien d'autres, a fait faillite ; il a été frustré dans ses espérances. Entendez aujourd'hui les « gouvernements », c'est-à-dire les ministres de cette époque et tous ceux qui ont préconisé le « bâtiment » comme moyen de faire concurrence à l'enseignement ecclésiastique ; entendez-les se plaindre, tels des commerçants qui ont fait de mauvaises affaires : « Que voulez-vous ? Je n'ai pas réussi ! »

M. Berthelot, ancien ministre de l'Instruction publique, critique ces « lycées pouvant recevoir jusqu'à 1.200 internes » et qui sont « *une monstruosité morale et financière* ». Il en préconise maintenant le dédoublement : « Au lieu de construire des édifices colossaux, qui coûtent des dizaines de millions, et dont la construction est subordonnée à des visées architecturales, au lieu d'être subordonnée à une destination purement scolaire, enfin qui ne peuvent plus être modifiés et adaptés de temps à autre, en vue des destinations variables de l'enseignement, on instituerait des lycées de 400 ou 500 élèves, qui pourraient être installés dans des constructions beaucoup plus simples : surtout si on les faisait à la façon moderne en pierre et brique, faciles à reconstruire suivant les besoins de la science et de la civilisation, qui évoluent sans cesse. On n'aurait pas ainsi le scandale de ces grandes forteresses en pierres de taille, qu'on a édifiées depuis vingt ans, éternelles comme des donjons gothiques, ou des cirques romains, et qui s'opposent pour des siècles à tout changement dans les méthodes scolaires. La salubrité physique et morale des élèves et des éducateurs de tout rang y gagnerait singulièrement (1). »

Ce que M. Berthelot révèle des « visées architecturales » et du peu d'utilité pratique, est confirmé par M. Clairin professeur au lycée Montaigne, — dans un détail minime, mais probant :

« Lorsque le petit lycée Louis-le-Grand a été bâti, nous avons tout de suite signalé certains vices dans l'aménagement intérieur afin qu'on ne commît pas les mêmes fautes dans d'autres constructions et qu'on les réparât là où elles avaient été commises. Je veux parler notamment de la mauvaise disposition des classes où la chaire est placée dans un coin, de façon que le professeur n'a pas ses élèves en face de lui et se fait entendre un peu difficilement. On nous a répondu que cela ne nous regardait pas, que cela concernait uniquement les architectes ; et, dans la commission des architectes il n'y a pas un professeur (2). »

Deux anciens ministres de l'Instruction publique se frappent également la poitrine.

M. Goblet :

« J'ai souvent pensé, dans ces dernières années, que la République avait fait fausse route en maintenant l'internat et en construisant, au prix de beaucoup de millions, de nombreux lycées, parfois un

(1) *Enquête*, t. I, pp. 15 et 17.
(2) *Enquête*, t. II, p. 183.

second lycée dans un département qui en était déjà pourvu. Et je me suis demandé si l'on n'eût pas pu, à moins de frais, mettre l'instruction secondaire gratuite à la portée de tous, ce qui eût été plus démocratique et aurait déchargé l'État de la tâche de l'éducation à laquelle il est particulièrement impropre et qui n'est d'ailleurs pas son affaire, mais celle des familles (1). »

M. Bourgeois :

« On a eu tort, tout le monde le reconnaît maintenant, — les peuples font des expériences comme les hommes, — de construire de trop vastes établissements, de chercher à attirer la clientèle par des constructions immenses et magnifiques. Ces constructions ont été bonnes au point de vue de l'hygiène, de l'espace, des dimensions des études, des classes, des dortoirs, des jardins ; mais le groupement des élèves par grandes masses n'aurait point dû être à ce point favorisé (2). »

M. Raiberti, député, un des membres de la Commission d'enquête, a fait le rapport particulier sur le Régime des lycées. Nous y lisons des choses, plutôt dures, pour l'enseignement gouvernemental. Il s'appuyait, en partie seulement, sur la déposition de M. Émile Bourgeois (3).

« Aucune vue d'ensemble, dit-il, aucune idée directrice n'a présidé à l'établissement de la carte de l'enseignement secondaire en France. Cette carte a

(1) *Enquête*, t. II, p 666.
(2) *Enquête*, t. II, p. 689.
(3) *Enquête*, t. I, p. 388.

été le fruit de la collaboration du hasard et de l'administration : elle est à refaire (1). »

Plus loin : « On s'est préoccupé de la superficie à couvrir, de la façade à orner, de l'effet à produire. On ne s'est pas assez inquiété des usages réels auxquels le lycée devait pratiquement servir. On n'a tenu compte ni du nombre véritable des élèves à loger, ni de la meilleure façon de les loger. On faisait grand : c'était assez. On élevait de très beaux monuments ; on n'oubliait qu'une chose : de considérer le but qu'il avaient à remplir. C'est ainsi qu'on a bâti des cuisines pour 500 internes, là où il n'y en a pas 200 à nourrir et qu'on a aménagé les dortoirs pour 400 internes là où l'on n'en aura jamais plus de 200 à coucher.

» Au lieu de retenir les villes sur la voie des prodigalités inutiles, on les y poussait et, avec elles, on y poussait l'État. On a ainsi dépensé des sommes énormes, et tout le détriment n'a pas été pour le budget ; l'éducation a eu sa part du préjudice.

» A Valenciennes, on a fait un lycée qui a coûté 650.000 francs pour 150 internes : il y en a 43. A Charleville, on a prévu 210 élèves ; il y en a 110.

« Le lycée de Montluçon a coûté 1.690.000 francs. Il est fait pour 783 élèves ; il y en a 295 ; pour 210 internes : il y en a 103.

» A Gap, le lycée a coûté 2.139.000 francs ; il pourrait contenir 453 élèves ; il en possède 225. A Tourcoing, la dépense a été de 2.318.000 francs. Le nombre des élèves prévu est de 681 ; il y en a 257.

(1) RAIBERTI. *Rapport*, p. 10.

3.

On avait prévu 200 pensionnaires ; il y en a 50.

» A Digne, on a dépensé 1.400.000 francs. On comptait sur 120 pensionnaires ; on en a 59.

» A Cherbourg, on a prévu 720 élèves ; il y en a 448 ; à Foix, 400 ; il y en a 289.

» A Alais, qui a coûté 2.380.000 francs, on peut recevoir 460 élèves ; on en a reçu au maximum 293. A Beauvais, qui a coûté 2.100.000 francs, les calculs ont été faits pour 500 élèves ; c'est l'un des rares établissements où le nombre des élèves semble avoir des chances de se rapprocher des prévisions.

» A Paris, on a tablé sur des effectifs de 1.000, 1.500, 2.000 élèves. L'effectif de 2.000 élèves est atteint à Janson qui en compte 1.897. En revanche, à Voltaire, on a prévu 1.200 élèves ; on n'en compte que 450 ; à Buffon, on a prévu 1.410 élèves ; on n'en compte que 574.

» Partout, en somme, l'erreur a été la même. On a fait des lycées pour le double des besoins réels et on s'étonne aujourd'hui des mécomptes. Il y a peut-être mécompte ; mais il y a eu certainement erreur de conception.

» On a ainsi dépensé depuis 1880, en constructions et restaurations de lycées de garçons, 90 millions, dont 67 à la charge de l'État et 22 à la charge des villes.

On a dépensé, à construire, deux fois plus qu'il ne fallait ; on dépense certainement aujourd'hui plus de deux fois trop à entretenir des bâtiments qui ne servent à rien. Mais le mépris qu'on a eu des intérêts financiers de l'État n'est rien à côté de

l'aberration du sens pédagogique qu'un pareil programme révèle (1).

Et M. Raiberti d'ajouter : « Ce qui est fait est fait,
et il n'est pas possible aujourd'hui de le refaire (2). »

Sans doute, lui dirons-nous ainsi qu'à M. Léon
Bourgeois, il n'est jamais trop tard pour reconnaître
ses torts ; néanmoins, qui rendra aux contribuables
cet argent inutilement et sottement gaspillé ?

Car, il n'y a pas à le nier, le « four » a été complet : les lycées sont vides, même ceux que l'on a
construits à la campagne. M. Greard, le vice-recteur de l'Académie de Paris le constate mélancoli-
quement : « Mais les internats *hors les murs* ré-
pondent-ils aujourd'hui au vœu de l'opinion ? Je
l'espérais, il y a vingt ans. J'avais conçu le projet
de créer autour de Paris quatre grandes maisons
des champs : au nord, à Neuilly et à Saint-Mandé ;
au sud, à Vanves et à Sceaux. Le lycée de Vanves,
aujourd'hui Michelet, existait déjà ; il ne s'agissait
que de le développer. Lakanal a été créé à Sceaux.

» Michelet offre aux familles de superbes om-
brages, des terrains pour les jeux, une piscine, un
manège, des jardins, l'espace dans le plein air, sur
une hauteur salubre, toutes les conditions d'isolement propres au développement d'une forte et saine
éducation. Lakanal non plus n'a rien à envier aux
établissements d'Angleterre les plus justement re-
nommés. Eh bien, Michelet est pour nous une in-.

(1) RAIBERTI. *Rapport*, pp. 13 et ssq.
(2) RAIBERTI. *Rapport*, p. 16.

quiétude. Pendant plusieurs années il s'est développé. Il a perdu, il perd encore, quoique moins sensiblement. Quant à Lakanal, il a de la peine à se peupler (1). »

Si l'on apprend que Lakanal qui a coûté 10 millions (2) peut loger 630 internes et qu'il n'en a que 210 environ (3), on trouvera, que, en effet, ce lycée « a de la peine à se peupler » et que, même, il ne se peuple pas du tout.

Quant à Michelet, s'il n'est pas plus fréquenté, ce n'est pas faute de réclame. Naguère encore, on pouvait lire aux portes des autres lycées de Paris, et sur les murs, de grandes affiches administratives, contresignées par le proviseur du dit Lycée, et préconisant les avantages de son établissement.

Combien, avec plus d'esprit de suite, et chassant dehors toute hantise de concurrence, on aurait pu faire d'améliorations utiles !

Au moment où je trace ces lignes, des familles dont les enfants étaient au Lycée Saint-Louis, gémissent devant des tombes prématurément ouvertes. La cause de cette épidémie? Il paraît qu'il n'y en a pas... d'avouable, du moins (4).

Or, coïncidence curieuse : il y a un an, jour pour jour, le 21 février 1899, la Commission d'enquête présidée par M. Ribot entendait M. Breitling, proviseur du Lycée Saint-Louis, et il s'établissait, entre

----

(1) *Enquête*, t. I, p. 11.
(2) RAIBERTI. *Rapport*, p. 15.
(3) *Enquête*, t. I, p. 586.
(4) Voir l'interpellation de M. Treille. Sénat, 28 février 1900.

ce dernier et M. Raiberti, un des membres de la Commission, le dialogue suivant :

M. RAIBERTI. — Est-ce que les installations hygiéniques sont suffisantes dans nos lycées? J'ai appartenu à Saint-Louis, il y a déjà bien longtemps. Je me souviens que nous n'avions pas d'eau ; les élèves en ignoraient l'usage. Ce n'est plus vrai ?

M. BREITLING. — On a fait, à Saint-Louis, tout ce qu'on a pu. On a mis des lavabos modernes au milieu des dortoirs. Assurément, ce n'est pas luxueux comme dans les nouveaux lycées. On continue à améliorer l'hygiène de la maison. Mais d'une vieille maison on ne peut faire une neuve (1).

On voit que cette situation défectueuse n'est pas récente.

Tout ce qui précède se rapporte exclusivement à la question des locaux ; et l'on est amené à conclure, preuves en mains, que l'État fut bien imprévoyant ou bien coupable, en gaspillant de telle sorte les deniers qui lui étaient confiés.

Si nous passons maintenant à la dépense journalière des lycées, nous constaterons que 'a part de l'État augmente d'année en année. Elle était de 11 p. 100 en 1869 ; elle est de 40 p. 100 aujourd'hui (2) ; ou plus exactement de 44 p. 100 (3).

Au budget de l'Instruction publique pour l'année 1900, la part de l'enseignement secondaire des garçons est ainsi répartie :

(1) *Enquête*, t. I, p. 556.
(2) *Enquête*, t. II, p. 12.
(3) *Enquête*, t. II, p. 531.

Frais généraux de l'Instruction
  secondaire. . . . . . . .     140.800 fr.
Lycées nationaux (1). . . . .   13.133.860
Collèges communaux de gar-
  çons. . . . . . . . . .        3.916.984
Bourses nationales. . . . .      3.265.000
Subventions et bourses à l'École
  alsacienne. . . . . . .           65.000
Services généraux de l'enseigne-
  ment secondaire . . . . .        400.000
                                 ___________
      Total. . . .   20.921.744 fr.

Dans son rapport sur le budget de l'Instruction publique pour l'année 1892, M. Charles Dupuy annonçait que les lycées nationaux étaient portés pour une subvention de 10.087.000 francs, dépassant de 1.452.000 francs celle de l'année précédente; et il ajoutait, en guise d'explication : « On s'étonne que le budget de l'Instruction publique aille en augmentant d'exercice en exercice. Je ne puis dire qu'une chose, c'est que ce n'est pas fini (2). »

Nous le voyons, certes, bien, puisque le même chapitre est porté aujourd'hui à 13.133.860 francs.

Les lycées ne font donc pas leurs frais ; le déficit s'accentue de jour en jour. *Aujourd'hui, sans exception, tous les lycées doivent être subventionnés par l'État,* PARCE QUE TOUS SONT EN DÉFICIT.

---

(1) Il y a une augmentation de 1.108.200 francs sur le budget de 1899.

(2) *Journal Officiel,* novembre 1891, p. 2,095, col. 3.

Les 110 lycées de France présentent un déficit global de 11.921.535 francs (1) ; vous avez bien lu ?

« Les budgets des lycées sont autant de caisses que la subvention de l'État remplit dès qu'elles se vident (2). Qui, dès lors, fera les économies nécessaires ? L'État, qui aurait intérêt à les réaliser, est placé trop loin pour les faire, et le lycée, qui pourrait les faire, n'a pas d'intérêt à les réaliser. Et c'est ainsi que, d'une part, le déficit se creuse et que, d'autre part, la subvention s'augmente (3). »

Or, l'État n'a rien par lui-même ; c'est dans notre bourse qu'il puise, n'oublions pas cela, contribuables.

Nous assistons à un véritable gaspillage de nos propres deniers.

Rien de plus lamentablement instructif, sous ce rapport, que la déposition de M. Moreau, inspecteur général des finances.

M. LE PRÉSIDENT. — Vous allez nous parler de la situation financière des lycées ?

M. MOREAU. — J'y arrive, monsieur le président.

» Voici, messieurs, ce que j'ai à vous dire au sujet de la progression des charges imposées à l'État depuis une trentaine d'années par les lycées de garçons. Au cours de l'étude que j'ai été chargé de faire en 1800 sur la comptabilité et la situation financière de ces établissements, j'ai été amené à

(1) RAIBERTI. *Rapport*, p. 11.
(2) Burdeau cité par Moreau, *Enquête*, t. II, p. 530.
(3) RAIBERTI, *Rapport*, p. 30.

rechercher, pendant une série d'années, l'importance des subventions de l'Etat par rapport aux recettes totales des lycées.

« Mes recherches n'ont pas dépassé l'année 1869, la première pendant laquelle la comptabilité a été établie suivant les règles tracées par l'instruction du 30 décembre 1868. Les éléments de comparaison fournis par les tableaux récapitulatifs annexés aux comptes définitifs peuvent, il est vrai, ne pas être rigoureusement semblables, parce que les subventions pour dépenses extraordinaires jouent un rôle plus ou moins important, suivant les années ; dans l'ensemble, cependant, les résultats fournis par cette comparaison sont suffisamment exacts. Les voici brièvement résumés (j'aurais voulu pouvoir distinguer les dépenses ordinaires des dépenses extraordinaires, mais c'est impossible ; il y avait une trop grande confusion. J'espère qu'on la fera disparaître à l'avenir) :

« En 1869, les subventions de l'Etat (bourses non comprises) se sont élevées pour les 81 lycées de l'époque (Algérie comprise) à 2.354.000 fr.; les recettes totales étant de 22.130.000 fr., la proportion ressort à 11 p. 100 environ. Cette proportion est de 12 p. 100 en 1870, de 23 p. 100 en 1871 ; de 1872 à 1878, elle varie entre 14 et 18 p. 100 ; elle est de 20 et 21 p. 100 de 1879 à 1881 ; elle passe à 28 p. 100 de 1882 à 1885, baisse un peu jusqu'en 1888, puis remonte en 1889 à 28 p. 100 pour passer ensuite à 33, 34 et 35 p. 100. Enfin, en 1895, les subventions montent à 13.558.000 fr. sur une recette totale de 37.821.000 fr., soit à 36 p. 100 environ ; le nombre des lycées est alors de 110. La proportion s'abaisse en 1896 à près de 34 p. 100, mais remonte en 1897 à plus de 35 p. 100, exactement 35,76 p. 100. Les chiffres de l'exercice 1898 ne sont pas encore connus ; mais il est probable que la proportion sera au moins aussi élevée. D'ailleurs, avec le système de l'autonomie financière, les subventions accordées sur les crédits supplémentaires ne sont pas encaissées le plus souvent au profit des exercices qui ont nécessité le vote de ces crédits. C'est ainsi que le dernier crédit supplémentaire de 800.000 fr., voté en décembre 1897, était destiné à combler le déficit des exercices 1896 et antérieurs ; il a été fait recette de ces 800.000 fr. dans les comptes de 1897. De même, le crédit de 2.050.000 fr., actuellement demandé au Parlement, doit servir à couvrir les excédents de dépenses des exercices 1897 et 1898 ; il ne pourra être effectivement employé qu'au profit de l'exercice 1898 et plus probablement même de l'exercice 1899.

» Ce crédit n'est pas encore voté ; il va l'être prochainement. Je ne sais pas si on aura le temps de faire les ordonnancements avant le 31 mars.

» Il y a donc toujours, en cas de déficit, un certain chevauchement d'un exercice à l'autre.

» En 1869, il y avait 22 lycées qui ne demandaient aucune subvention à l'Etat ; en 1870, 10 ; en 1871, 12 ; en 1873, 10 ; en 1874, 1875 et 1876, 3 ou 4. Aujourd'hui, tous sans exception doivent être subventionnés.

» Jusqu'à ces dernières années, Janson-de-Sailly faisait ses frais.

M. Baudon. — Le compte « Boursiers » est en dehors ?

M. le président. — Tout à fait en dehors.

M. Moreau. — Je considère les bourses comme étant des recettes comme d'autres pour les lycées. C'est une dépense pour l'Etat, mais je ne m'en inquiète pas au point de vue des lycées.

« D'où vient cette progression continuelle des excédents de dépenses des lycées? De la réduction des recettes, d'une part; de l'augmentation des dépenses du personnel, de l'autre. Dans l'impossibilité de remonter trop loin, j'avais, en 1800, comparé entre eux les résultats financiers des deux exercices 1801 et 1805. Cette comparaison faisait ressortir, abstraction faite des subventions de l'Etat, une diminution de recettes de 1.541.508 fr. au préjudice de l'exercice 1805, portant sur les bourses nationales et autres jusqu'à concurrence de 107.261 fr., pour 1.160.305 fr. sur les recettes principales et accessoires provenant des familles, et pour 174.342 fr. sur les recettes diverses. Ce sont surtout les recettes des familles qui avaient baissé. Cependant, le nombre des élèves n'avait pas diminué pendant cette période quinquennale, au contraire; il était passé de 51.352 à 53.903. Seulement, le nombre des internes avait baissé de 613, tandis que celui des externes avait progressé de 3.254. Or, il est avéré et il ressort particulièrement des études faites par l'inspection des finances en 1806 et 1907, que les lycées perdent beaucoup plus sur l'externat que sur l'internat. Par conséquent, plus les internes diminuent, plus les externes augmentent, plus le déficit s'accroît ; un accroissement très important de l'externat ne saurait même compenser, dans l'état actuel des choses, la réduction de recettes provenant d'une diminution numérique tant soit peu élevée des internes.

» En effet, on ne s'en rend pas suffisamment compte, le bénéfice que donnent les externes, ou plutôt la moindre perte que procure l'accroissement des externes, est peu importante. L'augmentation de quatre ou cinq externes provoque fréquemment une augmentation de dépenses, parce qu'une classe est à son maximum de quarante-cinq ou cinquante élèves, qu'il n'est pas possible d'en donner davantage au professeur et qu'on est obligé de scinder la classe.

» Ce mouvement décroissant de l'internat ne paraît pas pouvoir être enrayé facilement ; il vient d'une tendance de plus en plus accusée des parents à conserver le plus possible leurs enfants auprès d'eux, tendance accrue par un certain désir d'économie et favorisée par le développement des moyens de transport dans les villes et dans leurs banlieues.

» A la suite des observations formulées en 1800 par l'inspection des finances, le ministère de l'instruction publique avait pris quelques mesures en vue d'améliorer les recettes des lycées.

» Un décret du 10 juin 1807, rendu sur l'avis conforme du vice-recteur de l'Académie de Paris, augmentait légèrement les tarifs de l'externat dans la plupart des lycées de Paris ; les anciens tarifs étaient maintenus ou même abaissés dans les quatre lycées

Buffon, Charlemagne, Voltaire et Lakanal, qui sont situés dans des quartiers moins riches. Ce même décret augmentait aussi quelques prix de demi-pension pour les mettre en concordance avec les nouveaux tarifs de l'externat et assimilait les tarifs des classes de sixième et de troisième modernes à ceux de l'enseignement classique, qui étaient auparavant plus élevés, sans que rien justifiât cette différence. Un second décret du 6 juillet 1897 étendait cette assimilation aux lycées du département. Sauf en ce qui concerne ces deux classes modernes, les tarifs de l'internat n'ont été nullement augmentés par les décrets que je viens de citer, contrairement à ce qui a été dit par erreur. Enfin, un arrêté ministériel du 6 juillet modifiait le régime du trousseau qui imposait une perte sérieuse aux lycées. Autrefois, on faisait payer aux parents, pour le premier trousseau, un prix exagéré (500 fr. en province, 650 fr. à Paris); mais l'entretien était ensuite gratuit, quel que fût le temps passé par l'élève dans le lycée. Au delà de deux ans, tous les lycées étaient en perte. L'arrêté du 6 juillet décidait que dorénavant les trousseaux seraient livrés au prix de revient augmenté de 10 p. 100 pour frais généraux, mais que les familles devraient pourvoir ensuite à l'entretien, la faculté leur étant d'ailleurs laissée de se décharger de cette obligation moyennant un abonnement annuel de 125 fr.

» Ces diverses mesures ayant été l'objet de vives critiques au Parlement lors de la discussion du budget de 1898, en novembre 1897, il fut entendu qu'on en ajournerait temporairement l'exécution jusqu'à ce qu'il eût été procédé à une revision générale des tarifs.

» A la suite d'une nouvelle consultation des recteurs, des proviseurs et des bureaux d'administration, et sur l'avis du comité consultatif de l'enseignement public, le ministre s'arrêta aux décisions suivantes : les décrets relatifs au relèvement des frais d'externat dans les lycées de Paris et à l'assimilation des tarifs de l'enseignement classique et de l'enseignement moderne furent maintenus, ainsi que la modification du régime du trousseau. Mais, pour donner satisfaction au Parlement, qui avait semblé désirer un certain abaissement des tarifs, le décret du 20 décembre 1897 réduisait, dans les lycées autres que ceux de Paris et du département de la Seine, les frais de pension de la division élémentaire uniformément de 50 fr. et ceux de la demi-pension de 25 fr.; il réduisait aussi les tarifs de l'externat surveillé et supprimait, en outre, les frais dits accessoires dans tous les lycées, ce qui occasionne une perte annuelle de 330.000 fr. environ. Enfin, le prix de l'abonnement annuel à l'entretien du trousseau était réduit de 125 fr. à 100 fr. par l'arrêté du 20 décembre.

» Les lycées de province pourront encore, je crois, s'en tirer ; mais à Paris on perdra sur l'entretien.

M. LE PRÉSIDENT. — Dans les budgets que j'ai vus, on prévoit 100 francs en moyenne pour l'entretien du trousseau.

M. MOREAU. — La suppression des frais accessoires avait son effet à partir du 1er janvier 1898 ; la réduction des tarifs de la division élémentaire ne devait entrer en vigueur que le 1er octobre 1898. On peut admettre que, pour l'année 1898, la diminution de recettes résultant de ces dernières mesures a dû compenser à peu près l'augmentation à provenir des relèvements décrétés précédemment. Malgré les réductions appliquées depuis le 1er octobre dernier, le nombre des internes a encore diminué de 563, ce qui semble prouver que des abaissements de tarifs ne suffisent pas pour provoquer un accroissement de l'internat.

» Passons aux dépenses. Pendant la période quinquennale que nous avons envisagée tout à l'heure, c'est-à-dire de 1891 à 1895, elles ont augmenté de 87.143 francs. Mais, tandis que les dépenses de matériel s'abaissaient de 1.250.422 francs, celles du personnel s'accroissaient de 1.337.565 francs, soit de plus de 6 pour 100. En 1896, une nouvelle augmentation de 262.155 francs, ces dépenses passant de 22.034.718 francs à 23.106.873 francs. L'exercice 1897 seul présente une légère diminution de 39.807 francs par rapport au précédent. Quant aux dépenses de matériel, elles ont présenté en 1896 une petite augmentation de 24.232 fr.; mais, en 1897, elles baissaient de nouveau de 700.652 fr. Il paraît difficile de les réduire beaucoup plus.

» J'ai dit que ces dépenses de matériel contiennent certaines dépenses extraordinaires; je n'ai pu les distinguer absolument.

M. LE PRÉSIDENT. — Vous constatez, d'une façon générale, que les dépenses de matériel sont aujourd'hui réduites à peu près à leur dernière expression ?

M. Morbau. — Je le crois. J'ai fait un travail qui a consisté à comparer quelle devait être la réduction des dépenses de nourriture, chauffage, éclairage et autres dépenses d'internat proprement dites, par rapport à la diminution du nombre des internes. J'ai trouvé une réduction très forte. Il me semble qu'on ne peut pas aller au delà. Je ne dis pas qu'il n'y ait pas d'économies à faire dans les lycées, mais elles ne procureront pas grand'chose.

M. le président. — Vous avez été frappé de l'importance des dépenses de personnel et du défaut de proportion avec l'effectif des lycées ?

M. Morbau. — C'est ce qui m'a semblé. Mais quand on fait ces observations aux membres de l'enseignement, ils ont toujours de bonnes raisons à donner. Nous ne sommes pas sur notre terrain, notre situation est très difficile.

M. le président. — Quand on voit, dans le budget d'un petit lycée, qu'une classe de sixième, qui compte quatre élèves, a un professeur agrégé au traitement de plus de 5.000 francs, on peut se demander s'il ne serait pas possible de trouver là une économie.

M. Morbau. — Vous avez vu ce qu'a répondu le recteur de l'académie de Lyon, M. Compayré. L'inspection ayant dit qu'on pourrait réduire le nombre des agrégés, il a fait observer qu'il faudrait l'augmenter encore. C'est peut-être vrai au point de vue pédagogique, mais il faut compter sur une augmentation de dépenses.

M. Marc Sauzet. — A quel point de vue vous placez-vous ?

M. MOREAU. — Les agrégés ont une indemnité spéciale de 500 francs.

M. LE PRÉSIDENT. — Et ils ont un traitement supérieur.

M. MOREAU. — L'indemnité de 500 francs est, d'ailleurs, un supplément de traitement ; ce n'est pas une véritable indemnité, car cette somme est sujette à retenue et donne droit à pension.

M. MARC SAUZET. — Il vous paraît que le nombre des élèves de certaines classes ne comporte pas toujours un agrégé ?

M. MOREAU. — C'est surtout la nature de la classe qui ne le comporte pas toujours.

M. LE PRÉSIDENT. — Le nombre des agrégés a notablement augmenté?

M. MOREAU. — Il a beaucoup augmenté. Il y a une statistique dans le rapport de M. Maurice-Faure.

M. LE PRÉSIDENT. — Le nombre des répétiteurs a également augmenté. Certains proviseurs se sont plaints qu'avec le système actuel les répétiteurs ne donnaient pas assez de temps et de soin à la surveillance.

M. MOREAU. — C'est vrai surtout pour les lycées de facultés. Les répétiteurs sont là pour pouvoir acquérir des grades, ils ont moins de travail que dans les autres lycées.

M. LE PRÉSIDENT. — Voulez-vous nous dire un mot des collèges communaux? Vous avez examiné la part de l'État dans les dépenses des collèges?

M. MOREAU. — Cette part nous a paru trop forte, non pas en général, car il ne faut pas généraliser, mais dans un certain nombre d'établissements.

M. LE PRÉSIDENT. — Elle est très inégalement fixée ; il ne semble pas qu'il y ait des principes généraux.

M. MOREAU. — Il y a des traités.

M. LE PRÉSIDENT. — Ils ont pu être soumis à toutes les variations des considérations locales.

» Vous avez signalé, dans un département, cinq collèges pour lesquels la part des villes varie de 37 à 46 pour 100.

M. MOREAU. — C'est le département de Saône-et-Loire. C'est d'autant plus frappant qu'il y a un lycée à Mâcon : une bonne partie des élèves qui pourraient aller au lycée vont dans ces collèges communaux.

M. LE PRÉSIDENT. — Il y a un collège, dans l'Ain, pour lequel la ville paye 7.800 francs et l'État 19.830 francs ; un autre dans l'Isère auquel l'État donne 12.000 fr., le département 1.000 fr. et la commune 320 francs. Il semble qu'il y ait une exagération manifeste.

» Vous pensez qu'il y aurait lieu, dans la revision des traités, qui est prochaine, de fixer certaines règles, d'établir un peu d'égalité.

M. MOREAU. — L'avis unanime de l'inspection est qu'il y a lieu de réduire la part de l'État (1). »

Ainsi, nous payons trop cher pour des établissements qui ne rapportent rien au point de vue « éducation. » C'est un fait brutal.

Mais, non seulement nous payons trop cher ;

_________

(1) *Enquête*, t. II, p. 525.

mais il n'est pas facile de savoir exactement de quelle manière est employé notre argent.

M. Moreau ne peut s'empêcher d'attirer l'attention de la Commission sur un point important qui est la « facilité avec laquelle certaines irrégularités peuvent être commises dans l'emploi des crédits. Aujourd'hui, lorsqu'une subvention est accordée à un lycée sur les crédits du chapitre des constructions (chap. 62), le payement en est effectué sur une simple quittance de l'économe. Il est bien difficile ensuite à la Cour des comptes de suivre l'emploi de cette subvention dans les comptes du lycée et de s'assurer qu'elle a été réellement consacrée à des travaux de construction, et de restauration ou de grosses réparations. Au cours des exercices 1893, 1894 et 1895, une notable partie des crédits du chapitre des constructions ont été détournés de leur affectation normale pour fournir des subventions pour les dépenses ordinaires des lycées : 2.500.000 fr. au moins sur 6.380 000 fr. La Cour des comptes a d'ailleurs signalé une ordonnance du 0 février 1895, imputée sur les crédits de l'exercice 1894 et s'élevant à 518.000 francs pour subventions à 48 lycées, qui ne pouvaient évidemment s'appliquer qu'aux dépenses ordinaires de ces établissements. La direction de l'enseignement secondaire a reconnu sans hésiter l'exactitude de la critique de la Cour.

« Elle avait, du reste, signalé le fait elle-même à un rapporteur de la Chambre des Députés, M. Delpeuch.

M. LE PRÉSIDENT. — On nous a signalé qu'il y

avait confusion entre les dépenses ordinaires et les dépenses extraordinaires.

M. Moreau. — S'il n'y avait que confusion dans la comptabilité, ce ne serait que demi-mal, mais des crédits ont été détournés de leur affectation initiale.

M. le président. — Ils ont été employés à combler le déficit ?

M. Moreau. — N'ayant pas l'emploi immédiat des crédits pour des constructions, et voyant plusieurs lycées en déficit ou sur la pente du déficit, la Direction avait cru pouvoir faire ces virements d'un chapitre à l'autre, plutôt que de provoquer l'annulation des crédits non épuisés au titre des constructions, et de solliciter des crédits supplémentaires au titre des subventions pour dépenses ordinaires.

» De pareilles irrégularités sont extrêmement regrettables. Sans doute, l'argent a été utilement employé; mais il n'en reste pas moins qu'une partie des dépenses des lycées a figuré sous une qualification inexacte dans les comptes définitifs du Ministère de l'Instruction publique. Le Parlement a été ainsi induit en erreur, et, par la suite, toutes les statistiques, toutes les comparaisons qu'on voudra faire au sujet des dépenses ordinaires des lycées seront faussées, en ce qui concerne les exercices dont il s'agit, par ces virements clandestins, qui auraient été à peu près impossibles avec le système du rattachement des recettes et des dépenses des lycées au budget de l'État.

» Aussi je fais toutes réserves sur les chiffres que

je vous donne, parce qu'il y a un tel mélange entre les dépenses ordinaires et les dépenses extraordinaires qu'il est difficile de faire le départ. On pourrait le faire pour un seul lycée, si on épluchait le budget et le compte, mais il est impossible de faire un travail d'ensemble rigoureusement exact.

M. LE PRÉSIDENT. — N'a-t-on pas remédié à cet état de choses ?

M. MOREAU. — On va y remédier. La Commission chargée de reviser la comptabilité des lycées y a remédié en principe, mais il faut encore de la bonne volonté de la part de l'administration pour empêcher ces confusions.

» La comptabilité des lycées était, du reste, devenue passablement obscure au cours de ces dernières années. C'est ce que faisait remarquer M. le député Bouge dans son rapport sur le budget de 1897. « La situation financière des lycées ! Il est malaisé, disait-il, d'en donner le bilan. La comptabilité est confuse, et toute investigation est impossible. Il faut s'en tenir à un tableau des recettes et des dépenses, qui a, outre beaucoup d'inconvénients, celui de confondre les recettes ordinaires et les recettes extraordinaires, les dépenses ordinaires et les dépenses extraordinaires.

« De sorte que, dans l'état de situation d'un lycée, les subventions une fois données, provenant du chapitre 60 du budget, qu'il touche de l'État pour constructions importantes, acquisitions de terrains, etc., etc., figurent dans ses recettes, et les payements aux entrepreneurs dans ses dépenses, sans signalement particulier. »

» Cette dernière critique est absolument justifiée. Lorsque j'ai dû étudier de près en 1896 les opérations financières des lycées, il m'a été impossible de savoir exactement quelles sommes avaient été consacrées à des dépenses ayant réellement le caractère extraordinaire. J'ai pu voir, par les propositions d'ordonnancement conservées au Ministère, sur quel chapitre (43 ou 60) les subventions aux lycées avaient été ordonnancées ; mais leur emploi n'a pu être déterminé d'une manière rigoureusement exacte. Il est, d'ailleurs, un autre procédé irrégulier qu'il faut également signaler et qui contribue beaucoup à obscurcir encore la comptabilité des lycées depuis 1803. Vous savez tous que les lycées de province appartiennent aux villes dans lesquelles ils sont situés. Il suit de là que les travaux de construction ou de restauration sont en principe à la charge des villes propriétaires des immeubles. L'État leur accorde seulement des subventions ; mais les travaux doivent être exécutés et payés par les villes. Aussi, depuis 1893, époque à partir de laquelle on a renoncé au système des subventions payables en annuités, les subventions en capital accordées aux villes figurent-elles au budget sous le titre suivant : subventions aux départements, villes ou communes pour la participation de l'État à la construction d'établissements publics d'enseignement supérieur, d'enseignement secondaire et d'enseignement primaire.

» Ce n'est donc pas à l'État à faire la dépense, à prendre l'initiative ; il subventionne les villes, il donne une quotité de la dépense à faire.

4.

» Il va de soi que ces subventions auraient dû être ordonnancées directement, au fur et à mesure de l'avancement des travaux, au profit des receveurs municipaux des villes intéressées. Au lieu de procéder ainsi, la direction de l'enseignement secondaire a, au cours de ces dernières années, et dans le double but d'épuiser les crédits en fin d'exercice et de fournir des ressources temporaires à certains lycées, ordonnancé la plupart de ces subventions au profit des économes qui ne les reversaient qu'au bout de plusieurs mois, parfois un an ou même deux ans, aux receveurs municipaux.

M. LE PRÉSIDENT. — Cela a constitué un fonds de roulement (1) ? »

Tout ce que nous ajouterions ne pourrait qu'affaiblir la portée de ces constatations dont le simple exposé est une critique suffisamment accentuée. L'Etat enseignant ne sait pas gérer ses affaires ; il est obligé, par la force des choses, d'étaler, aux yeux de ses commettants, sa radicale impuissance : et c'est le moment qu'il choisit pour vouloir assumer, de façon plus large, « cette tâche de l'éducation à laquelle il est particulièrement impropre » !

Le moindre fils de famille qui se conduirait de la sorte serait, à bref délai, pourvu d'un conseil judiciaire.

_____

(1) *Enquête*, t. II, p. 530.

# CHAPITRE IV

## LA DÉPOPULATION DES LYCÉES ET COLLÈGES

Prenons en main les rapports des recteurs et des inspecteurs d'Académie : ils nous serviront de guides. Ayons confiance dans leur impartialité ; ne pensons pas qu'ils ont pu farder la vérité, atténuer jusqu'à l'infinitésimal les défauts existants ou démesurément grossir les qualités. Ce sont gens probes, honnêtes, qui souffrent de l'état actuel, et ont tout intérêt à en souhaiter, à en activer l'amélioration.

C'est un tour de France d'un genre particulier que nous entreprenons, triste un peu, mais instructif. Chemin faisant, il nous sera permis, — et nous en profiterons — de discuter avec nos savants conducteurs, et de relever les inexactitudes de leurs renseignements ou de leurs appréciations.

Nous suivrons l'ordre alphabétique des Académies (1).

(1) *Enquête*, t. III en entier.

## ACADÉMIE D'AIX

### *Résumé général* (1).

L'Académie d'Aix (6 départements, dont la Corse) compte 7 lycées et 17 collèges dont quelques-uns d'ailleurs de très faible importance. En 1898, la population de ces 23 établissements était de 6.743 élèves (4.388 pour les lycées et 2.355 pour les collèges). Ces chiffres marquent un progrès assez sensible sur l'effectif de 1870, puisque la statistique totale n'accuse, à cette dernière date, qu'un total de 5.558 unités, soit une augmentation de 1.110 unités (environ 20 0/0.)

Les statistiques ne permettent pas de constater avec une précision rigoureuse le mouvement de la population des établissements secondaires libres du ressort. Il ne semble pas cependant, d'après les renseignements fournis, que cette population ait, dans l'Académie d'Aix, aussi sensiblement progressé que dans d'autres régions de la France.

L'enseignement ecclésiastique n'a gagné de 1870 à 1898 que 10 0/0 (3.421 élèves au lieu de 2.587).

La concurrence paraît, en effet, s'exercer ici avec moins d'intensité, et les causes qui, ailleurs, ont amené une diminution des établissements universitaires, semblent n'avoir produit qu'un arrêt ou un ralentissement du progrès normal. Dans les Alpes-

(1) Nous empruntons généralement ce résumé au travail de la Commission d'enquête.

Maritimes, dans le Var, en Corse, c'est un progrès assez sensible que l'on constate. Dans les Basses-Alpes, la population du lycée et des collèges est ce qu'elle peut être dans une région médiocrement peuplée. Dans les Bouches-du-Rhône, les progrès du lycée de Marseille compensent largement les pertes du lycée d'Aix et des collèges du département. Le Vaucluse, seul, est en baisse réelle (1).

*Causes des variations.* — D'après l'Inspecteur d'Académie d'Aix, l'effectif des deux établissements libres d'Aix (école du Sacré-Cœur et institution Sainte-Croix), pris ensemble « s'est relevé et a progressé d'une façon à peu près ininterrompue jusqu'en 1898, tandis que l'effectif du lycée Mignet a continué à baisser, sauf une légère reprise de 1893 à 1895 (2). »

Les causes de cette diminution, d'après lui, sont multiples : « l'autonomie économique et financière des établissements libres, et qui manque aux établissements de l'État », ainsi que « l'esprit de propagande si développé du côté de l'enseignement ecclésiastique ».

Tout cela nous paraît bien un peu secondaire. Voici qui serait plus probant :

« Les écoles libres ecclésiastiques trouvent une autre force dans les tendances politiques et religieuses qui animent une bonne partie de la classe aisée, de la petite bourgeoisie et même une fraction de la classe ouvrière.

(1) *Enquête*, t. III, p. 217.
(2) *Enquête*, t. III, p. 219.

» L'exemple d'un trop grand nombre de fonctionnaires de tous ordres, qui envoient leurs enfants dans les établissements libres, surtout dans les établissements religieux, vient fortifier encore ces tendances du public.

» A ces causes de défaveur pour les lycées et les collèges, on pourrait ajouter l'inquiétude ou la méfiance provoquée chez les familles par l'attitude imprudente de ceux des membres du personnel enseignant ou surveillant de l'État qui, en dehors de leurs fonctions, se mêlent un peu trop bruyamment à la politique (1). »

L'inspecteur a soin et raison d'ajouter que les répétiteurs, « au point de vue éducatif », n'ont pas « toute la compétence et toute l'autorité qu'on a voulu attacher à leur fonction » ; que le personnel est sujet à de trop fréquents déplacements, « tandis qu'il est à peu près impossible de congédier les mauvais maîtres, avant l'âge de la retraite (2) ».

« Commencée dès 1890, la décroissance de l'internat, au lycée de Marseille, s'affirme, d'année en année, d'une façon ininterrompue.

» En 1889, ce lycée comptait 316 pensionnaires ; il n'en compte plus, en 1898, que 178, soit, en moins, 138 (3). »

Ainsi parle l'inspecteur d'Académie de Marseille ; et il continue : « Tandis que l'internat diminue ainsi régulièrement au lycée de Marseille, il augmente,

(1) *Enquête*, t. III, p. 220.
(2) *Enquête*, t. III, p. 220.
(3) *Enquête*, t. III, p. 221.

d'une façon également constante, dans les établissements secondaires libres : en effet, de 428, chiffre de l'année 1890, le nombre des internes s'élève, dans ces derniers établissements, d'année en année, et jusqu'en 1898, à 457, 510, 614, 620, 742, 810, 892, 938, dépassant ainsi, de plus du double, l'effectif initial (1). »

Cette décroissance tient « au mal que l'on a dit — dans l'Université même — des internats de lycées » ; aux « adoucissements parfois excessifs apportés, depuis quelque temps au régime disciplinaire (2) ». Ce manque de discipline est considéré également par l'inspecteur de la Corse comme une des raisons de la baisse du lycée de cette ville, et par l'inspecteur du Var, comme une des raisons de la baisse momentanée (de 1890 à 1893) (3) du lycée de Toulon (4). Par contre, le même constate que la prospérité nouvelle du dit lycée est due « à la bonne tenue des maîtres répétiteurs dont l'esprit s'est sensiblement amélioré dans ces derniers temps... Les familles ont confiance dans une administration bienveillante, mais ferme, et dans un personnel enseignant dont la valeur professionnelle est au-dessus de toute critique ».

Le recteur de l'Académie, dans son rapport, résumant en somme celui des inspecteurs, n'apporte aucune idée nouvelle, pas même celle-ci qui est, cependant, à retenir, pour sa forme tendancieuse :

(1) *Enquête*, t. III, p. 221.
(2) *Enquête*, t. III, p. 221.
(3) *Enquête*, t. III, p. 227.
(4) *Enquête*, t. III, p. 229.

« Dans l'Académie, la haute et la moyenne bourgeoisie, travaillées par je ne sais quel besoin d'inégalité sociale, manifestent peu de sympathie à l'égard de nos établissements d'enseignement se-conduire ; pour se distinguer à leur tour, des fonctionnaires civils, parfois même des professeurs d'enseignement supérieur et un grand nombre d'officiers de terre et de mer imitent ce que fait la bourgeoisie ; et une clientèle qui nous était acquise autrefois s'en va vers d'autres, au grand dommage de l'idée républicaine (1). »

## ACADÉMIE D'ALGER

### *Résumé général.*

« L'Académie d'Alger (3 départements) comprend 3 lycées et 7 collèges. Elle avait, en 1870, avec un collège de plus (Miliana), une population totale d'enseignement secondaire public s'élevant à 3.334 élèves. Elle en compte aujourd'hui 3.357, soit 23 unités en plus. — Il y a une diminution dans certains collèges. — Les 3 lycées de l'Académie, au contraire, sont en pleine prospérité et avec un effectif de 2.159 élèves ; ils ont, en 1898, 1.112 unités de plus qu'en 1870.

» L'enseignement libre n'a d'établissements secondaires que dans le département d'Alger. Deux sur quatre existant officiellement ont seuls quelque

_____________
(1) *Enquête*, t. III, p. 232.

importance. Leur effectif total ne s'élève qu'à 410 élèves.

» Il n'y a donc pas en Algérie de crise de l'enseignement secondaire (1). »

*Causes des variations.* — Malgré cet état satisfaisant, certaines remarques sont à faire.

Le lycée de Constantine, qui avait 457 élèves en mars 1804, n'en a plus que 371 en 1808.

L'inspecteur d'Académie en accuse la « crise économique », mais il ajoute aussitôt après :

« La crise économique se complique de la crise politique qui sévit dans la colonie entière depuis près de deux ans. L'agitation qui en est résultée n'est pas, en effet, sans avoir nui au recrutement normal de nos établissements universitaires.

» Enfin, on constate un réveil de l'esprit religieux que les congréganistes exploitent en redoublant d'efforts pour augmenter le nombre de leurs élèves (2). »

Avouez, monsieur l'inspecteur, que, à la place des congréganistes, vous agiriez de même.

Le recteur de l'Académie constate lui aussi ce « réveil de l'esprit religieux qui se manifeste sur tous les points à la fois ». Il entre même ainsi dans le détail :

« A Constantine, dit-il, le proviseur remarque qu'il n'a plus, comme autrefois, dans son établissement, des enfants non baptisés, ne faisant pas leur première communion et n'appartenant à aucun culte

_____

(1) *Enquête*, t. III, p. 234.
(2) *Enquête*, t. III, p. 236.

» A Alger, récemment, nous avons dû demander la création d'une aumônerie pour le lycée d'externes de Mustapha, dans la crainte de mécontenter la majorité des familles. A Oran, il est « de bon ton », dans les familles aisées, dit l'inspecteur d'Académie, d'envoyer ses enfants chez les congréganistes plutôt que dans les écoles publiques (1). »

Il note également « les imperfections des programmes et les fautes commises par les fonctionnaires ».

Serait-il juste d'omettre la prospérité croissante de Saint-Eugène (petit séminaire d'Alger)? Le recteur s'en est bien gardé ; nous ferons comme lui.

Il en parle en ces termes :

« Le petit séminaire d'Alger (Saint-Eugène), bien qu'il n'appartienne pas à la catégorie des établissements libres d'enseignement secondaire, n'en est pas moins un rival du lycée d'Alger, ainsi que le démontre la progression des élèves accusée par le tableau statistique ci-après :

<pre>
 20 élèves en 1894
 91    —    1895
103    —    1896
220    —    1897
260    —    1898
</pre>

» L'explication de cet accroissement constant du nombre des élèves doit être recherchée non seulement dans l'esprit qui anime une partie de la popu-

_________

(1) *Enquête*, t. III, p. 239.

lation, mais dans les avantages pécuniaires consentis par la direction de l'établissement. Les frais de pension, au petit séminaire, ne dépassent pas le prix du demi-pensionnat au lycée d'Alger.

» Le proviseur du lycée d'Alger constate que le clergé algérien, assez indifférent, en apparence du moins, à la question de l'enseignement de la jeunesse, du vivant du cardinal Lavigerie, a pris nettement position avec son successeur.

« Dans les trois départements, on constate un effort considérable du parti clérical pour développer ses établissements au détriment des écoles publiques de tout ordre. Avec l'inspecteur d'Académie d'Oran, je suis persuadé que les congrégations religieuses tirent en Algérie un grand profit du mouvement antisémite (1). »

ACADÉMIE DE BESANÇON

*Résumé général.*

L'Académie de Besançon (3 départements et le territoire de Belfort) compte 4 lycées (Besançon, Lons-le-Saunier, Vesoul et Belfort) et 11 collèges.

La population totale de ces 15 établissements était de 3.282 élèves en 1870; elle n'est plus en 1898 que de 2.400 élèves, soit une perte de 876 unités (417 pour les 4 lycées, 450 pour les 11 collèges). L'enseignement public est en diminution, depuis vingt ans, de 27 0/0.

(1) *Enquête*, t. III, p. 210.

Les établissements secondaires libres sont au nombre de 13, avec une population de 1.622 élèves (non compris les petits séminaires), qui présente une diminution de 168 unités sur le chiffre correspondant de 1886 (soit 10 0/0) (1).

*Causes des variations.* — L'inspecteur d'Académie du Doubs les divise en causes générales et en causes secondaires.

Parmi les premières, il classe « la propagande très active faite depuis quelque temps en faveur des écoles congréganistes ». Et par quels moyens ? « Les partisans de ces écoles emploient les missions, les conférences, les visites à domicile. »

Le proviseur du lycée de Besançon écrit à ce sujet : « Si la bourgeoisie de la ville nous fait défaut, peut-être un peu plus qu'auparavant (surtout la bourgeoisie aisée et les familles exerçant les professions libérales ou les officiers), si elle ne donne pas ses enfants ou les donne plus tardivement, ne serait-ce pas une conséquence des polémiques qui, en ce moment, divisent si tristement toute la France, ou encore l'effet des missions extraordinaires, des prédications, du congrès catholique, qui ont eu lieu tout récemment à Besançon? »

Le proviseur du lycée de Belfort, de son côté, se plaint que l'enseignement secondaire ne rencontre pas au dehors toutes les sympathies qui devraient venir vers lui. « Bon nombre de fonctionnaires, civils ou militaires, dit-il, placent leurs enfants dans les établissements congréganistes et témoignent à

(1) *Enquête*, t. III, p. 241.

l'égard de l'État une inexplicable défiance. »

Enfin, le principal du collège de Pontarlier expose les mêmes motifs en ces termes : « Actuellement, dans la bourgeoisie, il semble être de mode et de bon ton de mettre ses fils dans les écoles libres; on croit se donner ainsi un cachet d'aristocratie et des apparences de fortune. On a l'air de reprocher à nos établissements d'enseignement secondaire de s'être trop démocratisés. Le mouvement en faveur des écoles rivales a même reçu bon accueil chez des fonctionnaires (1). »

Nous verrons ci-après, dans le rapport du recteur, le même fait signalé avec quelque humour.

Il est vrai qu'un chef d'établissement cite aussi « comme une des causes générales de la diminution le concours insuffisant prêté à l'administration collégiale par les professeurs et répétiteurs » (2).

L'absence de discipline a une influence désastreuse. C'est ce que constate le principal du collège de Montbéliard, dans son propre établissement, avant son arrivée (3).

En vingt ans (1879-1893), la population de l'enseignement secondaire public est tombée, dans le Jura, de 994 à 859 élèves, tandis que la population des établissements libres a très nettement augmenté (4).

L'inspecteur d'Académie en donne des raisons d'ordre économique, de sentiment ou d'opinion, et d'ordre administratif.

(1) *Enquête*, t. III, p. 243.
(2) *Enquête*, t. III, p. 244.
(3) *Enquête*, t. III, p. 246.
(4) *Enquête*, t. III, p. 247.

Les raisons d'ordre économique sont connues, (destruction du vignoble, mauvaises récoltes, abaissement du taux de l'argent) et semblent affecter plus particulièrement les campagnes.

Voyons les raisons d'ordre de sentiment ou d'opinion.

« Avec la clientèle rurale, la clientèle bourgeoise nous échappe, mais pour d'autres raisons. La vogue des établissements congréganistes est faite d'un engouement souvent irraisonné : c'est pour beaucoup une question de mode ; il est de bon ton, dans certaines classes de la société, de confier l'éducation des enfants à des ecclésiastiques. Le haut commerce, la grande industrie et la grande propriété s'y décident par goût ou par opinion, les autres, par imitation ou par intérêt (1). »

Les raisons d'ordre administratif paraissent autrement probantes.

« C'est une vérité maintes fois démontrée, et aujourd'hui incontestée, que la prospérité d'un établissement d'enseignement dépend le plus souvent de l'administrateur qui le dirige : le passage d'un bon proviseur ou d'un bon principal dans un lycée ou dans un collège est toujours marqué par une augmentation de l'effectif scolaire. Nos rivaux connaissent cette vérité et ils se gardent bien de toucher au chef d'institution qui a réussi quelque part.

» Chez nous, quand un administrateur a réussi et qu'il commence à être apprécié dans la région, l'autorité supérieure l'appelle à un poste plus important,

(1) *Enquête*, t. III, p, 218.

le plus souvent pour donner satisfaction aux vœux du fonctionnaire lui-même : l'avancement des fonctionnaires et quelquefois des raisons d'intérêt général nécessitent ces déplacements trop fréquents (1). »

Ajoutez que les proviseurs n'ont pas assez d'autorité, que les professeurs se désintéressent trop de la marche de la maison et « qu'il n'y a pas toujours entente entre l'administration du lycée et les répétiteurs, ni action commune vers le but unique, qui est l'éducation des élèves (2). »

L'inspecteur d'Académie ne constate rien de particulier, sauf un fléchissement important au lycée de Vesoul (de 1884 à 1894), considéré comme dérivant, dans une certaine mesure, de la composition du personnel administratif.

Le recteur donne des extraits de lettres de proviseurs ou d'inspecteurs :

« Les familles systématiquement hostiles à l'Université sont nombreuses, m'écrit M. l'inspecteur d'Académie de X... Les hauts fonctionnaires, la grande industrie, le haut commerce, les grades supérieurs de l'armée font, en général, élever leurs enfants dans les maisons religieuses. La vanité n'est pas, à cet égard, le moindre mobile des familles.

» Il faut dire aussi que ces familles ont pour excuse l'exemple donné par certains hommes politiques, élus du suffrage universel et, bien entendu, sous couleur républicaine. Si je reprochais à l'ingénieur en chef des ponts et chaussées de placer son fils

(1) *Enquête*, t. III, p. 249.
(2) *Enquête*, t. III, p. 250.

chez les Jésuites, il me répondrait que M. X.,
conseiller général républicain, a deux fils chez les
Eudistes ; que M. le sénateur X. a fait élever son
fils chez les Maristes, ce qui n'empêche pas ce fils
de devenir sous-préfet et sans doute un jour préfet
de la République ;· que M. X., conseiller général,
après avoir fait pendant huit jours l'essai de l'éducation universitaire, a placé son fils dans une maison
religieuse. Il a d'ailleurs demandé et obtenu, malgré
mon avis défavorable, le remboursement du tri-
mestre (1). »

Il se plaint aussi de changements trop fréquents
des bons proviseurs qui ont de l'avancement, tandis
que « l'administration centrale est malheureusement désarmée à demi contre des fonctionnaires,
même notoirement mauvais. »

ACADÉMIE DE BORDEAUX

*Résumé général.*

L'Académie de Bordeaux (5 départements) possède 6 lycées et 7 collèges qui accusent en 1898 une
population totale de 3.767 élèves (lycées, 2.885 ;
collèges, 882), alors qu'en 1879 cette population
n'était que de 3.672 élèves (lycées, 2.784 ; collèges,
888), soit une augmentation de 95 unités 2/3 0/0.

Les établissements secondaires libres sont, en
effet, très nombreux dans l'Académie de Bordeaux,
en particulier dans la Gironde (27) et dans les

______

(1) *Enquête*, t. III, p. 231.

Basses-Pyrénées (12), en tout 48, avec une population totale de 4.999 élèves, sur lesquels 750 environ appartiennent encore à des institutions laïques. Ce chiffre est très supérieur aux effectifs de 1879 ; la population des établissements religieux s'est accrue, en vingt ans, de près de 80 0/0.

La transformation de quelques établissements primaires à gros effectifs en établissements secondaires explique en partie cette augmentation (environ 22 0/0). D'autres raisons d'ordre général doivent cependant être invoquées pour expliquer comment, en face de cet accroissement considérable, les lycées et les collèges de l'État ont à peine gardé leur ancien effectif, sans retrouver ceux des années de prospérité, et comment quelques-uns même les ont vus sensiblement diminuer (1).

*Causes des variations.* — L'inspecteur d'Académie de la Gironde est quelque peu embarrassé. Il se rejette sur « l'activité de propagande des congrégations enseignantes », laquelle propagande cependant n'aurait pas obtenu de tels résultats, « si elle n'avait pas été secondée par des conditions favorables, dans le milieu où elle s'exerçait. »

« Il est certain que quelques familles aisées, qui avaient été, depuis plusieurs générations, les clientes fidèles de l'Université, confient en ce moment leurs enfants aux congréganistes ; elles obéissent à des considérations d'ordre politique et social et quelquefois à des préoccupations de convenance mondaine qu'il ne nous appartient pas d'ana-

_________________

(1) *Enquête*, t. III, p. 257.

lyser ici, mais que nous ne pouvions pas du moins nous dispenser de signaler (1). »

Puis vient la facilité avec laquelle les maisons religieuses savent adapter leurs tarifs aux gens et aux circonstances.

Voilà pourquoi le lycée de Bordeaux est descendu de 405 élèves (1870) à 317 (en 1808).

La Dordogne n'est pas mieux partagée. Le lycée de Périgueux va de 416 en 1879, à 347 en 1808. Le collège de Bergerac est en baisse ; Sarlat en hausse de quelques unités.

Et nous retrouvons sous la plume de l'inspecteur d'Académie les mêmes prétextes et les mêmes raisons.

· « A ces causes d'ordre en quelque sorte extérieur, on pourrait peut-être en joindre quelques autres d'ordre intérieur, telles que les changements et les variations dans la discipline, les méthodes, les programmes, les baccalauréats, qui ont dérouté les familles. En outre, la population des lycées et collèges se recrutait autrefois presque exclusivement dans la bourgeoisie. Aujourd'hui , les classes ouvrières envoient davantage leurs enfants dans les établissements secondaires ; il est très heureux qu'ils y viennent chercher l'instruction ; mais ils n'y apportent pas tous une éducation suffisante, que maîtres et administrateurs, malgré toute leur bonne volonté, ne peuvent transformer en quelques années.

» Peut-être aussi les jeunes répétiteurs ne sont-ils

---

(1) *Enquête*, t. III, p. 258.

pas toujours assez préparés à leur tâche difficile d'éducateurs.

» De là, parfois, des motifs de discrédit contre les établissements universitaires qui sont exploités par les maisons rivales et par les familles hostiles à l'Université (1). »

L'inspecteur veut bien nous apporter aussi les raisons d'augmentation des maisons libres : « infériorité relative du prix de la pension, salubrité de l'école, esprit de famille qui y règne, succès aux examens, choix sérieux du personnel (2). »

L'inspecteur d'Académie de Lot-et-Garonne commence son rapport :

» En 1870, le département de Lot-et-Garonne avait un lycée et trois collèges communaux, et la population de ces quatre établissements était de 609 élèves, ainsi répartis :

· » Lycée d'Agen, 335 ;

» Collège de Mézin, 48 ;

» Collège de Marmande, 109 ;

» Collège de Villeneuve, 117.

» En 1898, le même département n'a plus qu'un lycée et deux collèges, comprenant une population de 490 élèves ainsi distribués :

» Lycée d'Agen, 314 ;

» Collège de Marmande, 76 ;

» Collège de Villeneuve, 100 (3). »

Conclusion : il y a baisse. Soit ; mais pas au profit

_______________

(1) *Enquête*, t. III, p. 261.
(2) *Enquête*, t. III, p. 262.
(3) *Enquête*, t. III p. 265.

des établissements libres, ce qui est une consolation pour l'inspecteur.

« Sans doute, ici comme ailleurs, les passions politiques sont très vives, et l'on voit des hommes qui ont été élevés au lycée et se félicitent hautement d'avoir reçu l'éducation universitaire, envoyer aujourd'hui leurs fils dans des établissements ecclésiastiques. Sans doute encore certains de nos fonctionnaires se laissent gagner par un fâcheux snobisme et préfèrent aux nôtres les maisons rivales, uniquement pour imiter « le grand monde ». Sans doute enfin le taux et l'inflexibilité de nos tarifs peuvent nous faire perdre un certain nombre d'élèves qui trouvent dans les établissements libres des tarifs plus souples et moins élevés. Mais ce n'est pas là qu'il convient de chercher la cause de la diminution constatée dans nos effectifs (1). »

Où est-elle ? Dans la crise agricole et viticole. l'invasion du phylloxera et la mévente des céréales ; en second lieu, dans le succès qu'obtient l'enseignement primaire supérieur.

Vous ne voyez pas trop quelle conclusion se peut tirer de là ? M. l'inspecteur en tire une, cependant ; mais qui n'est guère en rapport avec les prémisses. Il ne veut ni de l'accroissement du nombre des bourses, ni de l'abaissement des tarifs, car, dit-il, « leur relèvement n'a eu aucun effet sensible sur le recrutement de notre lycée ».

« Ceux-là nous paraissent mieux inspirés qui prient l'Université d'apporter la plus scrupuleuse

______

(1) *Enquête*, t. III, p. 265.

vigilance au choix du personnel administratif de ses lycées et de ses collèges. Un lycée ou un collège est, en grande partie, ce que le fait son proviseur ou son principal. Si le proviseur est fatigué et cherche uniquement à atteindre, sans trop d'ennuis, le moment de sa retraite, si le principal est trop préoccupé de ses intérêts matériels, ils auront beau, l'un et l'autre, être entourés de professeurs instruits et zélés, leurs établissements péricliteront. Si, au contraire, le proviseur et le principal sont des hommes actifs et d'esprit élevé, s'ils savent encourager le travail et maintenir la discipline, s'ils sont des éducateurs, en un mot, leurs établissements auront de nombreuses chances de succès. Qu'on examine d'un peu près le tableau des variations de nos effectifs. Je ne dis pas qu'à chaque augmentation correspond un administrateur distingué, ou à chaque diminution un administrateur médiocre, car un proviseur ou un principal hérite de la situation bonne ou mauvaise que lui a faite son prédécesseur, mais il n'est pas douteux que ces variations aient été, maintes fois, le fait des hommes autant que celui des circonstances (1). »

L'inspecteur d'Académie des Basses-Pyrénées pense, au contraire, « que le taux relativement élevé du prix de la pension a pu faire décroître le nombre des élèves », au lycée de Pau. Le lycée de Bayonne a perdu sa clientèle espagnole, et ne recouvrera pas une clientèle française, parce que « les diverses administrations, les douanes surtout,

______

(1) *Enquête*, t. III, p. 267.

l'armée, la magistrature, vivant dans un milieu clérical, se laissent influencer et confient leurs enfants à Saint-Louis où à Saint-Bernard. » (Etablissements ecclésiastiques.) (1).

Le recteur gémit non moins lamentablement : « Et que dire, quand on voit les hauts universitaires eux-mêmes, appartenant à l'enseignement supérieur, des professeurs de facultés et des doyens faire au lycée l'injure de mettre leurs enfants dans la maison congréganiste rivale? »

M. le recteur ne donne pas explicitement la raison d'une semblable conduite ; mais ne l'insinue-t-il pas en termes voilés quand il indique, comme causes de ces variations fâcheuses : « l'insuffisance de quelques-uns de nos proviseurs et de nos principaux, l'indifférence de la généralité des professeurs, l'inexpérience et le manque d'autorité du répétitorat? » (2).

ACADÉMIE DE CAEN

*Résumé général.*

« L'Académie de Caen (6 départements) compte 8 lycées et 18 collèges, qui, en 1898, avaient une population totale de 5.171 élèves, en baisse de 1.450 unités sur l'effectif constaté vingt ans auparavant (environ 25 0/0).

» A la même époque, l'enseignement secondaire

(1) *Enquête*, t. III, p. 269.
(2) *Enquête*, t. III p. 271.

ecclésiastique, avec 30 établissements (non compris les petits séminaires), accuse une population totale de 4.655 élèves, supérieure de 510 unités à celle des établissements universitaires, et supérieure de 615 unités à l'effectif de 1879 (environ 15 0/0 d'augmentation).

» La diminution de l'effectif universitaire se répartit à peu près sur tous les établissements de l'Académie. Elle est moins sensible cependant dans l'Eure et dans la Sarthe que dans les autres départements du ressort.

» Les causes qui ont amené cette diminution sont des causes d'ordre général, et ces causes ont agi aussi sur l'enseignement ecclésiastique, qui n'a réussi, en somme, à augmenter son effectif de 615 unités qu'en transformant en établissements secondaires un certain nombre d'établissements primaires. Mais partout on constate, à travers des variations accidentelles, que les moyens dont disposent les établissements secondaires libres leur ont permis de moins ressentir les effets de ces causes générales (1). »

## *Causes des variations.*

L'inspecteur d'Académie du Calvados signale la crise agricole, la diminution de la natalité, le peu d'adaptation des programmes aux besoins de la région, le progrès de l'enseignement primaire supérieur, la lutte des établissements congréganistes.

(1) *Enquête*, t. III, p. 272.

« En Normandie, où les passions religieuses sont toujours très vives, où les idées réactionnaires ont encore de nombreux partisans, les établissements religieux conservent, malgré l'infériorité indiscutable de leur personnel et de leur enseignement, une riche et nombreuse clientèle (1). »

Cependant ils sont aussi en diminution.

Même remarque pour l'Eure la Manche et l'Orne, avec cette considération égale que la diminution est bien moins sensible que dans les lycées (2).

Le lycée d'Alençon, les collèges de Domfront, de Séez et d'Argentan ont perdu 350 élèves depuis 1870.

Dans la Sarthe, comme, du reste, partout, c'est l'internat qui a le plus souffert.

« Les dispositions bienveillantes des familles à l'égard de l'Université, qui s'étaient manifestées vers 1878, paraissent s'être quelque peu modifiées à partir de 1885. Les campagnes maladroites menées dans la presse contre l'internat et le surmenage, les imprudences de certains maîtres répétiteurs, le relâchement de la discipline, l'affaiblissement de l'autorité des proviseurs sont autant de faits qui, inquiétant et troublant les pères de famille, les ont engagés à placer leurs enfants dans les établissements rivaux..

» Une nouvelle cause de faiblesse, c'est qu'un certain nombre de fonctionnaires et d'officiers paraissent préférer les maisons religieuses au lycée,

(1) *Enquête*, t. III, p. 273.
(2) Le département de la Manche a perdu 100,000 habitants en moins d'un demi-siècle, et l'Orne 53,000 depuis vingt ans.

sous prétexte qu'ils se méfient de l'enseignement donné par certains professeurs politiciens, qu'il est impossible pour les chrétiens de séparer l'instruction de l'éducation et par conséquent des principes religieux appelés à donner à l'instruction sa vraie valeur éducative. Quelques bourgeois et négociants suivent par snobisme l'exemple donné (1). »

L'inspecteur d'Académie de la Seine-Inférieure est très optimiste. « La situation, dit-il, paraît plutôt rassurante. »

Cependant, peu après il ajoute :

« Il convient de remarquer que l'internat proprement dit (abstraction faite de la demi-pension) subit une baisse sensible et continue. Les causes de décadence sont multiples et faciles à saisir.

» L'opinion publique est devenue hostile à l'internat des lycées, pour l'avoir vu si souvent et si vivement battu en brèche, par les médecins, au nom de l'hygiène, et par certains éducateurs, qui trouvent que le régime se prête mal à l'éducation de la volonté.

» L'idée que nos internats sont mal composés, qu'ils ne se recrutent que parmi des enfants de condition sociale moins élevée, tend de plus en plus à se répandre dans les familles de la haute bourgeoisie ; de là, leur répugnance à nous confier leurs enfants, et leur empressement à les envoyer chez les congréganistes, où ils se flattent de retrouver, mieux que chez nous, le bon ton, les manières et les habitudes de « leur monde ».

(1) *Enquête*, t. III, p. 279.

» Dans un temps où l'on élève si mollement les enfants, la plupart de nos lycées, — et le lycée de Rouen, en particulier, — ne peuvent pas encore, sous le rapport du confort, soutenir la comparaison avec les établissements rivaux (1). »

Cela s'applique au lycée Corneille, à Rouen ; et au lycée du Havre.

Le principal du collège d'Eu critique surtout :

« Manque de stabilité dans le personnel des collèges ;

» Insuffisance des répétiteurs, sur lesquels on n'a pas laissé assez d'action aux principaux ;

» Programmes trop chargés et nullement appropriés au besoin des régions dans lesquelles sont situés les collèges ;

» Discipline pas assez ferme ;

» Polémiques de presse contre l'Université et ses programmes (2). »

Le recteur de l'Académie de Caen admet que, pour un quart, la diminution provient de la création de l'enseignement primaire supérieur. Et pour les trois autres quarts? Il répond :

« Presque uniquement de ce fait politique et social, contre lequel nous ne pouvons rien, que la clientèle de l'aristocratie libérale, de la bourgeoisie aisée, voire de la petite bourgeoisie, laquelle, par esprit d'imitation, se modèle sur la grande, nous a abandonnés et nous abandonnera de plus en plus.

» L'Université, en effet, en dehors des fils de

_______

(1) *Enquête*, t. III, p. 281.
(2) *Enquête*, t. III, p. 283.

quelques hauts fonctionnaires qui lui sont restés
fidèles, et des boursiers que l'intérêt bien entendu
lui rattache, ne se recrute plus que parmi les fils
des plus humbles fonctionnaires, des petits arti-
sans, des petits commerçants et des ouvriers, c'est-
à-dire parmi la population scolaire à laquelle l'enseignement classique, qui prépare surtout des professeurs et aussi, hélas ! des fonctionnaires, est de
tous celui qui convient le moins (1).

Quel remède peut-on trouver à cette situation :
« Nous répondrons très sincèrement que nous n'en
voyons pas et que nous ne croyons pas à l'efficacité
d'une réforme pédagogique, ni même d'une mesure
législative contre un fait politique et social... Cela
tient à bien des raisons : indiquons-en une immédiatement, peut-être la principale : nos maîtres
sont des libéraux irréductibles et des républicains
convaincus (2). »


ACADÉMIE DE CHAMBÉRY

*Résumé général.*

L'Académie de Chambéry (2 départements) n'a
que 4 établissements universitaires, 2 lycées et 2 collèges, dont la population totale ne s'élevait qu'à
720 élèves en 1898 contre 626 en 1879.

L'enseignement libre compte 8 établissements
dont la population totale est, à quelques unités près,

(1) *Enquête*, t. III, p. 285.
(2) *Enquête*, t. III, p. 286.

celle des 4 lycées et collèges, soit 686 en 1898 contre 538 en 1870.

Les chiffres ont à peine varié, dit le recteur d'Académie ; mais, si l'on y ajoute le nombre des élèves des *cinq petits séminaires* qui a été de 611 en 1897 et de 633 en 1898, on constate que le tiers seulement des jeunes gens appelés à recevoir l'enseignement secondaire fréquente les établissements de l'État (1).

### Causes des variations.

Au lycée de Chambéry la baisse continue. « Il est regrettable, dit l'inspecteur d'Académie, de voir des fonctionnaires de tout ordre, civils ou militaires, préférer l'enseignement ecclésiastique à celui de l'Université, et donner ainsi un exemple des plus fâcheux, malgré la haute valeur de nos maîtres et les brillants résultats que nous obtenons dans les concours et les examens.

» Il est de bon ton de dire dans un certain monde que l'éducation est négligée dans nos établissements et que nos élèves manquent de distinction ; la bourgeoisie vaniteuse, les officiers et les fonctionnaires, flattés de fréquenter la haute société, se croient tenus d'envoyer leurs enfants dans des établissements dits aristocratiques. »

Dans la Haute-Savoie, le lycée d'Annecy est en baisse, et les établissements libres — surtout Rumilly — sont en augmentation. Ces derniers doivent

(1) *Enquête*, t. III, pp. 287 et 291.

leur succès « à l'enseignement religieux recherché par les familles et aux soins donnés à cet enseignement ; aux progrès réalisés dans les études ; à la discipline (1)... » Les Frères ont une grande vogue, parce qu'ils ont su adapter leur enseignement aux besoins de la région, en préparant leurs élèves « à différents concours, tels que ceux des Écoles d'Arts et Métiers, d'Agriculture, de Vétérinaires, des Ponts et Chaussées, etc. (2). »

On reproche aux lycées « la fréquence des sorties, la longueur et la multiplicité des congés extraordinaires, peu goûtés des familles en raison des menues dépenses qu'elles occasionnent et du trouble qu'elles semblent apporter dans les études (3). »

### ACADÉMIE DE CLERMONT

*Résumé général.*

L'Académie de Clermont (6 départements) possède 7 lycées et 11 collèges. La population totale des établissements universitaires de l'Académie s'élève à 3.619 élèves en 1808 contre 3.218 en 1870, soit une augmentation de 401 unités (environ 12 0/0).

Les établissements ecclésiastiques, au nombre de 14, ont une population de 2.220 élèves en 1808, alors qu'ils n'en avaient que 1.031 en 1870, soit une augmentation de 1.189 unités (environ 117 0/0). A ces chiffres, il convient, d'ailleurs, pour avoir le

(1) *Enquête*, t. III, p. 288.
(2) *Enquête*, t. III, p. 289.
(3) *Enquête*, t. III, p. 290.

chiffre exact de la population des établissements libres d'enseignement secondaire, d'ajouter l'effectif des 10 petits séminaires de l'Académie, soit 1.873 élèves, ce qui donne un total de 4.093 élèves pour l'enseignement libre, supérieur de 474 unités au total de la population universitaire.

Quelque atténuation que ces chiffres puissent recevoir de l'examen, d'autre part, des progrès des écoles primaires supérieures publiques, il n'en reste pas moins que les lycées et collèges de cette région ne se sont pas développés comme se sont développés en face d'eux les établissements religieux, et il est intéressant de suivre les diverses phases de cette concurrence dans les rapports suivants, où l'on s'est efforcé en même temps de déterminer les causes des variations d'effectif spéciales à chaque établissement (1).

## *Causes des variations.*

Des considérations présentées par le recteur d'Académie, nous extrayons les suivantes :

Il n'oublie pas d'attribuer la diminution ou le peu de progrès des établissements publics à la diminution de la natalité, à la situation économique, et à la propagande que fait le clergé en faveur des établissements libres.

« En réalité, l'essor de l'enseignement public est surtout entravé par la concurrence de plus en plus active de l'enseignement libre.

(1) *Enquête,* t. III, p. 292.

» Pour bien connaître les causes et l'étendue du préjudice qu'elle nous porte, il serait nécessaire de faire le relevé de la condition des familles qui nous confient leurs enfants. On saurait ainsi dans quelles proportions l'on trouve, dans nos établissements, les fils de la grande et de la petite bourgeoisie, du grand et du petit commerce, de la grande et de la petite culture, des fonctionnaires des diverses administrations, etc. Les variations constatées par chacune de ces catégories permettraient de découvrir les vraies causes sociales, politiques et économiques, qui peuvent agir sur le recrutement de nos établissements (1). . . . . . . . . . . . . .

. . . . . . . . . . . . . . . . . .

» Les établissements ecclésiastiques se recrutent dans l'aristocratie et la bourgeoisie ; mais, en même temps, ils attirent de plus en plus la clientèle rurale, la plus nombreuse de ce ressort académique, par la modicité de leurs tarifs, par des concessions faites sur ces tarifs réduits, par des accommodements de toute nature et des gratuités habilement réparties entre les enfants intelligents des familles pauvres et bien pensantes (2). »

Suit une série d'aveux qu'il appelle humblement « une petite confession. »

« Nous avons fait, dans notre régime disciplinaire et nos programmes d'études, de trop brusques changements, qui ont été exploités contre nous.

(1) Il y a, en cet endroit, deux lignes de points qui semblent indiquer une coupure faite par la commission d'enquête, et qu'il serait peut-être intéressant d'avoir.

(2) *Enquête*, t. III, p. 305.

» Le personnel de nos lycées et de nos collèges est trop souvent renouvelé ; et il n'a pas le temps de se faire apprécier et de gagner la confiance des familles.

» Nos professeurs, dont les talents, les connaissances, la tenue et la haute moralité sont hors de conteste, ont quelquefois le tort de se tenir trop renfermés dans la tour d'ivoire de la science.

» Le corps des répétiteurs s'est grandement amélioré, mais on doit reconnaître que quelques-uns de ses membres, encouragés par une presse imprudente, n'ont pas toujours donné l'exemple d'une entière soumission à leurs chefs hiérarchiques.

» Parmi les professeurs et les répétiteurs, il en est quelques-uns, heureusement très rares, qui ont pris une part trop active aux luttes politiques. »

Le recteur s'est basé sur les rapports des inspecteurs d'Académie, des proviseurs et principaux qui donnent le détail des faits.

Le lycée de Clermont voit sa baisse enrayée momentanément à la rentrée de 1898 ; le collège de Riom doit la sienne à ce que, certain moment, on a sacrifié la qualité à la quantité ; d'où une population scolaire « fort indisciplinée. » Les collèges de Thiers et d'Issoire suivent une marche descendante ; Ambert, ascendante. Les établissements libres augmentent.

L'inspecteur d'Académie du Cantal se plaint de la campagne de presse menée contre l'Université et du trop fréquent changement du personnel.

Pour expliquer la situation solide de l'établissement libre de Felletin, l'inspecteur de la Creuse s'appuie sur le caractère religieux des professeurs et du supérieur, la puissance de la tradition, etc.

## ACADÉMIE DE DIJON

### *Résumé général.*

L'Académie de Dijon (5 départements) comprend 5 lycées et 15 collèges. La population totale de ces 20 établissements s'élevait en 1879 à 3.835 élèves. Elle s'élevait en 1898 à 3.579 élèves, soit une perte de 256 unités au cours des vingt dernières années (environ 7 0/0).

Les établissements ecclésiastiques sont au nombre de 15. L'effectif de l'enseignement secondaire ecclésiastique s'élevait en 1879 à 872 élèves. Il s'élevait en 1898 à 2.046 élèves, soit un gain de 135 0/0.

Il s'est donc produit dans l'Académie de Dijon un très fort mouvement vers l'enseignement libre (1).

*Causes des variations.* — Les rapports des inspecteurs d'Académie n'en indiquent aucune ; ils se contentent de relever les statistiques.

Le recteur divise les causes de diminution en extérieures et intérieures.

Les premières sont : économiques, politico-religieuses et sociales.

Il a le bon sens de ne pas s'appesantir sur les causes économiques qui, dit-il, « font sentir leurs effets à tous les établissements publics ou privés, sans distinction. »

(1) *Enquête*, t. III, p. 308.

6

Il attribue la plus grande importance aux causes politico-religieuses qui ont occasionné la fondation ou la restauration de nombreux établissements ecclésiastiques.

« Ces établissements enlèvent à nos lycées une partie des élèves qui devaient naturellement nous revenir : je veux dire les fils de pères qui presque tous jadis ont été lycéens. Ainsi, dans bien des familles où les parents continuent de se fréquenter, de se tutoyer même, en souvenir de leur enfance ou de leur jeunesse passée coude à coude sur les mêmes bancs des mêmes classes, les enfants aujourd'hui ne se connaissent plus : ils grandissent séparés les uns des autres et soigneusement maintenus dans cette séparation, les jours de congé n'étant pas les mêmes, si bien que toute réunion est impossible ; une division se creuse de plus en plus profonde dans des villes naguère encore renommées pour l'agrément de leurs relations de société. A cet égard, la fondation des établissements nouveaux a été et sera, de plus en plus, un malheur public. Non pas que l'effectif total de nos lycées et collèges ait beaucoup diminué. Seulement, pour conserver ou même accroître leur effectif, nos lycées se sont adressés de plus en plus à une clientèle un peu différente : puisque la bourgeoisie des villes se détournait d'eux (sauf une élite toutefois, qui comprend que le travail et déjà le talent ne sont nulle part mis en valeur comme dans les lycées), ceux-ci ont adopté de plus en plus les enfants du peuple, non moins intelligents et plus laborieux, et qui presque toujours font le plus grand honneur à nos établissements universitaires. Et ce ne sont pas, comme on affecte de le dire, des boursiers (le nombre des boursiers a été réduit partout), mais des enfants dont les familles ne craignent pas de s'imposer de lourdes charges pour les instruire.

» D'ailleurs, ces causes sont pour beaucoup un prétexte, qui dissimule mal une cause autrement grave, et celle-ci d'ordre *social*. C'est la séparation de plus en plus profonde de la bourgeoisie et du peuple, c'est l'aversion que l'on a de l'égalité dans les mêmes études et les mêmes jeux, sentiment anti-démocratique, s'il en fut, et qui fait que pères et mères se préoccupent surtout de savoir avec qui leur fils se trouvera en contact dans ses classes, plus soucieux des relations de société ou même d'affaires dans le présent et l'avenir que des études que font les élèves (1). »

*Causes internes.* — Les causes internes des variations dans l'effectif de nos lycées et collèges tiennent :

1° Au *personnel*; 2° aux *programmes* et aux *sanctions de l'enseignement.*

*Personnel.* — « Ce sont les bons principaux qui font les bons collèges », me dit l'inspecteur d'Académie de la Côte-d'Or. Et ce qui est vrai des principaux l'est aussi des proviseurs, pour les lycées. En fait, l'abaissement de l'effectif d'un collège coïncide presque toujours avec une administration mauvaise; les tableaux que j'ai sous les yeux en font foi, bien que les principaux actuellement en fonctions

_________

(1) *Enquête*, t. III, p. 318.

n'indiquent cette cause qu'avec discrétion, par égard pour leurs prédécesseurs. »

Sur les professeurs, les répétiteurs, les programmes et les sanctions, le recteur de l'Académie de Dijon suggère, pour l'avenir, des idées que nous verrons souvent ailleurs.

### ACADÉMIE DE GRENOBLE

*Résumé général.*

L'Académie de Grenoble (4 départements) compte 3 lycées et 11 collèges dont la population totale était en 1879 de 2.350 élèves (lycées, 1.005; collèges, 1.345) et en 1898 de 2.361 (lycées, 1.106; collèges, 1.255), soit une augmentation de 11 unités. Mais, si cet effectif est à peu près stationnaire depuis quelques années, il a été sensiblement plus élevé vers 1883 et 1884, et en tout cas son accroissement n'est plus maintenant ce qu'il pourrait être (0,4 0/0 d'augmentation).

Les maisons religieuses ont vu leur effectif doubler de 1870 à 1890, en passant de 469 à 951 unités (102,77 0/0 d'augmentation) (1).

*Causes des variations.* — L'inspecteur d'Académie de l'Isère s'exprime ainsi :

« Il est une cause morale qui a eu une répercussion considérable sur l'éloignement de certaines familles de nos établissements universitaires : c'est l'attitude de certains membres de corps élus, de

(1) *Enquête*, t. III, p. 323.

fonctionnaires civils ou militaires qui, plaçant leurs enfants dans des maisons rivales, affirmaient ainsi publiquement leur suspicion à l'égard de l'Université et encourageaient la désertion. La question de mode y est aussi pour beaucoup, et à Vienne, par exemple, aucune famille de la bourgeoisie locale n'a son fils au collège. Médecins, avocats, avoués et, en général, toutes les familles de profession libérale font suivre à leurs enfants les cours de l'institution ecclésiastique Saint-Maurice qui, fondée en 1882, compte aujourd'hui 110 élèves.

» Si l'on examine la qualité de la population scolaire, dit le principal du collège de Vienne, on constate — ici du moins — que, dans ces dernières années notamment, la partie de la bourgeoisie qui comprend les professions dites libérales, — avocats, médecins, avoués, notaires, officiers, gros industriels, — s'éloigne de plus en plus du collège, et montre une préférence marquée pour les maisons religieuses.

» Sont-ce les vieilles méthodes d'enseignement ou les procédés particuliers d'éducation qui attirent la bourgeoisie vers ces maisons? Peut-être. Mais n'est-ce pas plutôt pour s'y rencontrer entre gens du même rang, qui se connaissent et se fréquentent, qui partagent les mêmes opinions? et, selon d'autres, pour échapper au contact de la classe laborieuse, autrement pensante, de la petite industrie, du petit commerce, qui forme le gros de notre clientèle (1)? »

(1) *Enquête*, t. III, p. 325.

A ces causes d'ordre général, l'inspecteur en ajoute d'ordre particulier : désordres en 1894 au lycée de Grenoble, politique pour le collège de La Mure, établissement rival pour le collège de Vienne, etc.

Le lycée de Gap, dit l'inspecteur des Hautes-Alpes, est aujourd'hui tombé à 261, de 303 en 1897. Causes : changements trop fréquents du personnel et rivalité des maisons ecclésiastiques ; il ajoute aussi la diminution de population qui, de 122.024 en 1886, est à 113.224 en 1896.

L'Ardèche n'offre rien de particulier ; la Drôme voit trois collèges sur quatre « diminuer sensiblement pendant ces dernières années et particulièrement depuis six ou sept ans » (1).


## ACADÉMIE DE LILLE

### *Résumé général.*

L'Académie de Lille (5 départements) comprend 9 lycées et 21 collèges avec une population totale de 6.793 élèves (lycées, 3.031 ; collèges, 3.762) en 1898. Cette population était en 1870 (pour 6 lycées et 20 collèges) de 7.851 élèves, soit une diminution de 1.058 unités (environ 13 0/0), d'autant plus significative que la population générale s'est beaucoup accrue.

L'enseignement libre compte un nombre considérable d'établissements qui, depuis vingt ans, n'a

(1) *Enquête*, t. III, p. 331.

cessé de s'accroître, du moins en ce qui concerne les établissements religieux. Les établissements laïques ont en effet à peu près disparu, et les 2.302 élèves qu'ils comptaient en 1879 se sont réduits en 1898 à 367.

Les établissements religieux, au contraire, dont la population totale s'élevait en 1870 à 5.408 élèves, en comptent aujourd'hui 9.272, soit une augmentation de 3.864 unités (71 0/0) (1).

*Causes des variations*. — Appréciation générale du recteur :

« Mais si l'enseignement secondaire public a perdu des élèves de ce côté, comment se fait-il, avec les qualités du personnel dont il dispose, qu'il n'en regagne pas d'autres sur les établissements libres, où le personnel possède moins de grades ?

» Il est certain qu'une partie de la bourgeoisie par mode, par intérêt dans certains commerces ou industries, par des considérations politiques ou religieuses, va de préférence aux institutions secondaires libres. Il y a là un courant d'opinion qui ne peut se modifier brusquement (2). »

L'inspecteur d'Académie de l'Aisne avoue que « assurément une partie de la clientèle bourgeoise, par mode, par « snobisme », par entraînement de diverses sortes, par passion politique, par méconnaissance voulue, sinon de l'instruction donnée par l'Université, du moins de son éducation, regarde

(1) *Enquête*, t. III, p. 335.
(2) *Enquête*, t. III, p. 318.

avec coquetterie les institutions religieuses » (1), mais que, pour bien se rendre compte, il faut considérer le mouvement de la natalité générale de la France.

L'inspecteur des Ardennes attribue la diminution du lycée de Charleville à ce « courant d'opinion fait de mode et de vanité plutôt que de conviction, qui entraîne les parents à chercher pour leurs enfants une institution congréganiste » (2).

Le principal du collège de Sedan énumère onze causes, entre autres : « L'enseignement moderne, qui ne répond pas aux besoins locaux... les critiques faites à l'internat universitaire... changements de leurs programmes... inexpérience des répétiteurs... »

L'inspecteur d'Académie du Nord ne fait que constater la baisse continue des établissements publics, la hausse ininterrompue des congréganistes.

Mêmes faits et mêmes remarques dans le Pas-de-Calais.

La Somme offre ceci de particulier que « si nous examinons leur effectif à la date du 31 décembre 1897 et 1898, nous sommes encore obligés de conclure que nous gardons nos positions, comme nos adversaires les leurs. »

Ainsi parle l'Inspecteur d'Académie. Il se demande, néanmoins, pourquoi l'Université ne gagne pas. Il en voit une des raisons dans les attaques et

(1) *Enquête*, t. III, p. 336.
(2) *Enquête*, t. III, p. 337.

les critiques faites contre l'enseignement d'Etat. « Par conscience, par désir du mieux, par devoir, par prévoyance de l'avenir, par amour de la patrie, quelquefois par simple inquiétude d'esprit, nous voyons bien et nous disons tout haut ce qu'il y a de faible ou de défectueux dans nos programmes, dans notre enseignement, dans notre discipline, dans l'éducation que nous donnons. Je suis loin de blâmer cette clairvoyance et cette franchise : elles sont salutaires. Mais nos adversaires les exploitent contre nous. Ce que nous avons dit, on le grossit partout, on le dénature, on le répand partout ; et les familles, que les défauts relevés par nous-mêmes dans notre enseignement inquiètent et tourmentent, qui ne jugent pas nos critiques à leur juste valeur, qui n'en découvrent ni la portée, ni le but, que trouble le bruit fait autour de nos établissements, qui veulent la tranquillité pour leurs enfants, vont les remettre aux directeurs des maisons religieuses (1). »

Que pensera donc l'inspecteur d'Académie, des critiques et des attaques suscitées par la Commission d'enquête ?

## ACADÉMIE DE LYON

### *Résumé général*

« L'Académie de Lyon (4 départements) compte 5 lycées et 8 collèges, dont la population totale s'élevait à 3.910 élèves en 1898 contre 3.000 en 1870,

(1. *Enquête*, t. III, p. 316.

soit une augmentation presque insignifiante de 10 unités.

» Mais d'autre part, les établissements libres, très nombreux dans la région, ont une population de 3.808 élèves pour 40 établissements religieux (non compris les petits séminaires) et 11 établissements laïques, qui comptent 235 élèves. Or, si ces derniers ont perdu plus de la moitié de leur effectif depuis vingt ans, les établissements religieux ont gagné plus de 1.200 élèves pendant la même période (environ 48 0/0 d'augmentation).

» Cette augmentation est due pour une grande partie d'ailleurs à la transformation en établissements secondaires d'établissements primaires ; néanmoins, il n'est pas douteux que le recrutement des établissements universitaires ne s'opère pas aussi facilement que celui des établissements rivaux.

» Deux départements en particulier sont, à cet égard, en notable infériorité : le Rhône et la Loire. Au contraire, dans l'Ain et la Saône-et-Loire, la concurrence n'est pas sérieusement organisée, et l'enseignement de l'État conserve une supériorité marquée (1) ».

*Causes des variations.* — Tandis que les établissements de l'État restent, dans le Rhône, stationnaires ou à peu près, la population scolaire des maisons ecclésiastiques, suit une progression ascendante dans les trois catégories d'élèves : pensionnaires, demi-pensionnaires et externes.

_____

(1) *Enquête*, t. III, p. 349.

L'inspecteur d'Académie en donne plusieurs raisons :

«Je placerai en première ligne, dit-il, la campagne faite contre l'internat dans ces dernières années. Poussés par une sensiblerie exagérée, certains publicistes, certains universitaires même, ont étalé au grand jour, en les amplifiant, les défauts du régime intérieur de nos lycées, mais ils ne se sont point demandé si les mêmes défauts n'        staient pas dans les maisons religieuses. Nos rivaux ont très habilement tiré parti de ces critiques : ils sont arrivés à faire croire aux familles que l'éducation et la discipline laissent, chez nous, fort à désirer. Aussi, l'internat des établissements libres a-t-il gagné à Lyon ce que le lycée à perdu. »

« D'autre part, il semble, dit le proviseur, qu'après une entente amiable, les diverses congrégations enseignantes se sont distribué ici leur rôle respectif. Telle maison ne s'occupera que de la préparation aux grandes Ecoles; telle autre aura le baccalauréat pour but unique de son enseignement; une troisième fera de l'enseignement spécial moderne, et, grâce à la souplesse de ses programmes, dont elle est maîtresse, pourra offrir aux familles de condition médiocre une préparation soit aux écoles d'ordre secondaire, soit aux administrations qui n'exigent pas le baccalauréat : postes et télégraphes, voirie, ponts et chaussées, douanes et octroi. Elles se sont également partagé leur clientèle d'après les degrés de la fortune ou de la hiérarchie sociale. Les unes ne s'adressent qu'aux familles. riches, les autres à la bourgeoisie aisée, d'autres, enfin, au petit commerce et à la partie la plus élevée de la classe ouvrière et leurs frais de pension, comme leurs frais d'études, varient d'après la nature de la clientèle. Il y a plus : comme elles sont maîtresses de leurs tarifs aussi bien que de leurs programmes, même dans les maisons qui s'adressent aux classes privilégiées, on accepte des élèves à tout prix et, si l'enfant est intelligent, on le prendra pour rien. Rien de semblable dans les lycées. »

« L'attitude de certains fonctionnaires de la République est aussi une des causes du discrédit jeté sur nos lycées. Plusieurs ne craignent pas d'afficher leur dédain pour l'éducation de l'État, en plaçant leurs enfants dans les maisons religieuses. L'exemple donné par ces fonctionnaires amène d'autres défections; on ne manque pas, d'ailleurs, de le citer à l'occasion pour montrer le peu de confiance que nos établissements inspirent aux familles (1). »

L'inspecteur d'Académie de l'Ain constate que le lycée Lalande, à Bourg, a subi, depuis vingt ans, une diminution à peu près uniforme.

Cause? « Depuis une quinzaine d'années, lui écrit le proviseur, l'on a pu constater, chez les familles de la haute bourgeoisie, une défiance de plus en plus accusée à l'égard des établissements universitaires et une préférence croissante pour les établissements congréganistes. Le département de l'Ain n'a pu échapper à cette influence ; c'est ainsi qu'à

(1) *Enquête,* t. III, p. 350.
(2) *Enquête,* t. III, p. 352.

ses portes mêmes le lycée Lalande a vu s'élever un établissement rival qui, depuis 1884, n'a cessé de gagner en importance, en même temps que les autres maisons congréganistes de la région conservaient à peu près leur ancienne clientèle. »

L'inspecteur ajoute :

« Je dois noter encore, au sujet du lycée Lalande, que l'abaissement considérable qui se produit un peu avant 1895 coïncide avec l'administration d'un proviseur qui manquait de prestige et d'autorité. »

Il fait, du reste, remarquer qu'en vingt ans (1879-1899) le lycée de Bourg a eu à sa tête, successivement, huit proviseurs (1).

Le lycée de Saint-Etienne subit en ce moment une crise de décroissance due, fait remarquer l'inspecteur de la Loire, aux insuccès de ses élèves aux examens de l'Ecole des Mines.

En 1896, l'effectif était encore de 530 ; sur 38 élèves présentés, 6 seulement sont reçus ; l'année suivante, nouvel échec, et cette fois plus grave encore : sur 33 élèves présentés, 4 seulement sont admis ; en deux ans le lycée perd près de 70 élèves.

Mais à côté de ces circonstances particulières, qui sont propres au lycée de Saint-Etienne, il est certain qu'il faut faire aussi une place à certaines causes générales : le groupement à Saint-Etienne ou dans les environs des principaux établissements congréganistes en concurrence avec le lycée ; l'infériorité du prix de la pension dans les maisons d'éducation religieuse, sauf pour les élèves de la division

(1) *Enquête*, t. III, p. 353.

des mineurs, là où il y a un cours de mineurs organisé ; la faveur de plus en plus grande dont jouissent les maisons religieuses auprès de la bourgeoisie et trop souvent des hauts fonctionnaires et des officiers de l'armée ; les préventions habilement entretenues contre les lycées, que l'on accuse de donner un enseignement irréligieux ; enfin, il faut bien le dire aussi, l'instabilité des programmes et des méthodes sont autant de causes qui ont exercé l'influence la plus fâcheuse sur le recrutement de nos lycées et en particulier de celui de Saint-Etienne (1). »

En Saône-et-Loire, outre, naturellement, comme partout la tendance de la bourgeoisie et des fonctionnaires — ainsi parlent les rapports — à envoyer leurs enfants chez les congréganistes, l'inspecteur d'Académie note, comme causes de la baisse, la diminution des boursiers, l'indifférence des professeurs (Autun), la suppression de l'aumônier (Châlons), l'inutilité pratique de l'enseignement moderne (Charolles), la part active prise dans les luttes politiques par divers professeurs de l'établissement (Tournus) (2).

A tout cela, le recteur ajoute :

« Les attaques dirigées contre l'internat et particulièrement celui des lycées, attaques qui ont eu d'autant plus de portée qu'elles avaient parfois pour auteurs des universitaires.

» Les incartades individuelles ou collectives de

<hr>

(1) *Enquête*, t. III, p. 355.
(2) *Enquête*, t. III, p. 358.

certains répétiteurs qui ont, au même point de vue de l'internat, impressionné défavorablement l'opinion des pères de famille, etc. (1). »

Et l'instabilité des programmes.


## ACADÉMIE DE MONTPELLIER


### *Résumé général.*


L'Académie de Montpellier (5 départements) compte 4 lycées et 13 collèges (dont 8 dans le seul département de l'Hérault) avec une population de 4.648 élèves (2.294 dans les lycées et 2.354 dans les collèges) en 1898. En 1879, l'Académie comptait un lycée en moins (Alais) et 2 collèges en plus. L'effectif total de la population scolaire était de 4.630 élèves (2.014 pour les lycées, et 2.616 pour les collèges), soit un bénéfice de 18 unités en faveur de 1898.

L'enseignement libre avec 23 établissements accuse, en 1898, un effectif total de 2.593 élèves dont 2.210 appartiennent aux maisons religieuses. Depuis 1879, l'enseignement ecclésiastique est en grand progrès (68 0/0 d'augmentation, même en défalquant l'accroissement qui résulte de la transformation de certains établissements d'enseignement primaire) (2).

(1) *Enquête*, t. III, p. 361.
(2) *Enquête*, t. III, p. 362.

### Causes des variations.

Le proviseur du lycée de Carcassonne constate « que la dépopulation ne peut être imputée ni à la proportion des réceptions aux examens, qui n'a guère varié, ni à la compétence ou au dévouement du personnel enseignant qui sont toujours dignes d'éloges. Sans se prononcer sur les résultats de l'application du régime disciplinaire libéral de 1890, il se contente d'émettre l'avis qu'en raison du caractère souvent peu docile des nouveaux venus, défaut qu'il attribue avec beaucoup de raison à l'éducation reçue dans la famille, un système bien compris de fermeté est le seul moyen selon lui de prévenir les défections, de ramener les hésitants et de relever graduellement l'internat. Il montre les raisons qui écartent de nos établissements universitaires, lesquels donnent cependant une instruction solide et une bonne éducation, les enfants de l'aristocratie, ceux de la haute bourgeoisie (1). »

Il trouve ces raisons dans la diminution des boursiers de l'État, la diminution de la richesse régionale, le relèvement des tarifs de l'internat, l'ouverture du lycée de Foix et surtout du collège de Narbonne.

Ce dernier, à son tour, est en baisse sur 1892; il reçoit le contre-coup de la lutte politique si vive en cette région.

Les inspecteurs d'Académie du Gard, de l'Hé-

(1) *Enquête*, t. III, p. 363.

rault et de la Lozère ne trouvent rien de mieux à donner qu'une vague statistique, basée sur des raisons générales de prospérité commerciale.


## ACADÉMIE DE NANCY

### *Résumé général.*

L'Académie de Nancy (3 départements) compte 2 lycées et 14 collèges qui en 1879 avaient une population totale de 3.459 élèves (1.198 dans les lycées, 2.261 dans les collèges). Cette population n'est plus en 1898 que de 3.285 élèves (1.077 dans les lycées et 2.208 dans les collèges), soit en vingt ans une perte de 174 unités.

Les établissements ecclésiastiques sont au nombre de 9. Les statistiques donnent pour ces établissements un effectif de· 1.255 en 1879 et un effectif de 1.766 élèves en 1898, ce qui constituerait un gain de 511 unités (environ 40 0/0), si ce chiffre ne devait être en réalité singulièrement réduit. Les deux tiers de cet accroissement d'effectif sont dus en effet au passage de 2 établissement importants du régime primaire au régime secondaire.

L'enseignement secondaire libre, dans la région de l'Est, n'a pas moins souffert que l'enseignement public de l'influence de certaines causes générales (1).

---

(1) *Enquête*, t. III, p. 370.

### *Causes des variations.*

Le recteur est optimiste. « Malgré une légère diminution dans les effectifs, dit-il, je ne crois pas qu'on puisse parler d'une crise universitaire, à plus forte raison d'une faillite universitaire. Tout ne va pas pour le mieux ; il y a des remèdes à chercher et à appliquer ; mais précisément pour ne pas se tromper sur leur application, il importe de savoir exactement quelle est la gravité du mal et où est le mal. Or, je prétends qu'en dehors de certaines causes générales, dont les conséquences me paraissent exagérées et qui tiennent à l'état social et politique du pays, on peut le plus souvent attribuer aux variations, que nous relèverons dans les effectifs, des causes particulières et précises, dont nous avons nous-mêmes la responsabilité (1). »

Et il parle de l'impéritie des proviseurs et des principaux, de la crise agricole, de la stagnation ou diminution de la classe aisée, de la concurrence congréganiste, du peu de zèle des instituteurs à envoyer des élèves, du mauvais enseignement donné dans les classes primaires des lycées.

Toutes ces causes sont indiquées dans les rapports particuliers des inspecteurs d'Académie. Celui de Meurthe-et-Moselle constate que partout l'internat se dépeuple, mais que le mouvement est beaucoup plus rapide dans les lycées que dans les maisons congréganistes. Car « il est de bon ton,

_______

(1) *Enquête*, t. III, p. 378.

dans la bourgeoisie, et même parfois dans les administrations publiques, de préférer les institutions congréganistes (1) ».

Celui de la Meuse se demande pourquoi le nombre des externes lui-même est resté stationnaire ou a diminué dans son département. « Il faut reconnaître qu'une clientèle d'externes sur laquelle, semble-t-il, nous avons quelque raison de compter, nous échappe et va aux établissements libres. A Commercy, à Saint-Mihiel, à Verdun, cette clientèle comprend des fils d'officiers qui recherchent les grands établissements, de préférence des établissements dirigés par des prêtres. Les fonctionnaires civils eux-mêmes montrent parfois pour les établissements d'enseignement secondaire de l'État une sévérité mal fondée, et réservent pour les établissements libres une bienveillance qu'ils dissimulent mal ou n'essayent même pas de dissimuler.

« Sourde ou déclarée, cette opposition se remarque partout, bien qu'à des degrés divers, dans les milieux civils et militaires. Elle exerce son influence dans les villes qui alimentent l'externat de nos établissements, et c'est par elle qu'il y a lieu d'expliquer les variations relevées dans l'effectif des externes de nos collèges et lycées (2). »

Dans les Vosges, la décadence constatée aux collèges de Neufchâteau et de Bruyères provient du mauvais choix des principaux.

(1) *Enquête*, t. III, p. 371.
(2) *Enquête*, t. III, p. 375.

### ACADÉMIE DE PARIS

## *Résumé général.*

« L'Académie de Paris comprend 9 départements, qui comptent 19 lycées et 25 collèges. Sur ce nombre 12 lycées et 2 collèges (y compris le collège Chaptal) appartiennent au seul département de la Seine. En 1879 la Seine ne possédait que 6 lycées et 2 collèges.

» En 1879 la population scolaire des lycées était de 8.595 élèves ; elle s'élève en 1898 à 12.034. Celle des collèges a passé, en vingt ans, de 4.770 à 6.020 élèves. Soit, au total, une augmentation de 5.580 élèves (environ 41 0/0).

» L'enseignement libre laïque a perdu, de 1879 à 1898, 7.605 élèves (5.741 au lieu de 13.346). Par contre, l'enseignement ecclésiastique a monté de 6.953 élèves en 1879 à 14.855 élèves en 1898 ; soit une augmentation de 113 0/0.

» Cette augmentation se réduit à 62 0/0 environ, si l'on ne tient pas compte des établissements primaires qui, au cours de cette période, ont été transformés en établissements d'enseignement secondaire. L'augmentation n'est même, en réalité, que de 40 0/0 environ, si l'on considère que le collège Stanislas a été compté pour la première fois en 1898 (1). »

_____________

(1) *Enquête*, t. III, p. 383.

## *Causes des variations.*

Le département de la Seine est dans une situation toute particulière. Aussi le vice-recteur, M. Gréard, parle peu des causes de décadence ; il s'appesantit de préférence sur les perfectionnements à apporter (1).

A considérer, néanmoins, sa note sur l'enseignement libre.

« De 1870 à 1898, la population scolaire de l'enseignement libre laïque est tombée de 10.011 à 4.801 ;

» Celle des établissements ecclésiastiques dirigés par des religieux s'est élevée de 2.995 à 5.350 ;

» Celle des établissements ecclésiastiques dirigés par des prêtres séculiers a monté de 1.242 en 1870 à 3.367 en 1886, pour retomber à 2.667 en 1898 ;

» Enfin, au collège Stanislas, elle a passé de 1.159 en 1879 à 1.553 en 1895 et redescendu à 1.486 en 1898.

» Quant aux causes de la surélévation dans l'enseignement congréganiste et de l'abaissement dans l'enseignement laïque, elles se réduisent à une seule : l'impossibilité pour l'enseignement laïque de soutenir la concurrence, à la fois contre l'enseignement public, qui, au cours de la même période, s'est développé dans des proportions considérables, et l'enseignement congréganiste, qui a de plus en plus les faveurs de certaines corporations de l'Etat, — de

(1) *Enquête*, t. I, p. 1.

l'armée notamment, — et de la plus grande partie de la haute bourgeoisie et qui trouve, dans des associations riches, les larges subsides dont il a besoin (1). »

Des rapports des proviseurs nous citerons :
De *Louis-le-Grand* :

« S'il convient de ne pas exagérer la décroissance de notre population scolaire, il importe de ne pas la nier.

« Ce qui a fléchi, c'est surtout l'internat ; et cela pour des raisons multiples, particulièrement par l'effet d'attaques injustes ou imprudentes, dont quelques-unes venues de haut ; par l'effet aussi de l'attitude d'une partie du personnel des répétiteurs (2). »

Le proviseur de *Henri IV* apporte les mêmes raisons. Celui de *Charlemagne :*

« Décadence bien marquée pour l'enseignement classique, non dans la force des études, mais dans le nombre des élèves ; de 530 en 1888, il est tombé à 341 aujourd'hui (3). » Le moderne a une moyenne de 320 élèves.

« La diminution de la demi-pension est la conséquence directe et fatale de la campagne menée depuis bien des années contre le régime intérieur des lycées. L'enseignement libre ecclésiastique a profité des coups portés à l'Université par des plaintes trop fréquentes, trop bruyantes et trop facilement accueillies.

(1) *Enquête*, t. III, p. 381.
(2) *Enquête*, t. III, p. 381.
(3) *Enquête*, t. III, p. 386.

» Une seconde cause est dans l'extension qui a été donnée à l'externat surveillé. La seule différence entre le demi-pensionnaire et l'externe surveillé consiste en effet dans le repas de midi que le demi-pensionnaire prend au lycée et que l'externe surveillé va prendre chez lui. Les parents, par motifs d'économie, les élèves, pour jouir d'une somme plus grande de liberté, préfèrent le second système au premier. Les intérêts matériels de nos lycées en souffrent; mais, ce qui est bien plus grave, la discipline générale en souffre également (1). »

De *Condorcet :*

« En 1894 l'effectif s'est élevé à 1.954 élèves dont 1.167 pour le grand lycée et 787 pour le petit lycée.

» De 1894 à 1898, le mouvement de diminution s'accentue et s'accélère.

» La population descend en 1898 à 1.522 élèves dont 993 pour le grand lycée et 529 pour le petit lycée (2). »

De *Janson-de-Sailly :*

« Il résulte des chiffres donnés que le lycée Janson-de-Sailly est toujours très prospère, que son recrutement n'est point compromis ; mais qu'en présence, depuis quelques années, d'une concurrence locale très sérieuse et très puissante, on doit s'estimer heureux s'il maintient son effectif au chiffre extraordinaire que, depuis plusieurs années déjà, il a pu atteindre (3). »

(1) *Enquête,* t. III, p. 387.
(2) *Enquête,* t. III, p. 387.
(3) *Enquête,* t. III, p. 389.

De *Montaigne* :

« Je ne puis attribuer la décroissance de notre internat à des raisons spéciales, propres à notre maison, dont l'installation matérielle, très confortable, n'a fait que s'améliorer encore, et qui possède un excellent personnel de professeurs.

» Elle ne peut s'expliquer que par les raisons générales qui paraissent avoir pesé, dans ces derniers temps, sur la presque totalité des établissements universitaires :

» 1° Critiques, souvent amères et trop facilement acceptées, de l'internat, provenant des amis mêmes de l'Université ;

» 2° La campagne néfaste des répétiteurs ;

» 3° Diminution de l'autorité des proviseurs ;

» 4° L'externement des aumôniers ;

» 5° L'infériorité prétendue de l'éducation universitaire ;

» 6° Les changements trop fréquents dans les programmes ;

» 7° Causes politiques et sociales contre lesquelles l'Université ne peut rien (1). »

Le directeur du collège *Rollin* accuse une augmentation considérable : de 763 élèves en 1879, à 1.237 en 1898. Les internes cependant ont diminué de 200 et plus. Il ajoute :

« Les critiques de l'internat, qui ont été si vives de la part des familles faibles et auxquelles se sont associés des amis mêmes de l'Université, ont exercé une influence bien autrement fâcheuse. En outre,

(1) *Enquête*, t. III, p. 390.

les préjugés et les divisions des partis s'accentuant depuis plusieurs années, on a vu affluer dans les établissements ecclésiastiques les enfants de la haute bourgeoisie qui désertaient les maisons de l'Etat pour ne plus s'y trouver en contact avec des élèves payants ou boursiers, appartenant à toutes les classes de la société. Aussi l'extension de l'enseignement secondaire, qui donnait à tout sujet intelligent l'espoir d'arriver à un rang élevé dans une démocratie et aurait dû, par conséquent, augmenter la population des lycées et collèges, ne devint qu'un empêchement à leur prospérité (1). »

Depuis 1870, on constate, au lycée de Bourges, une diminution de 113 élèves. L'inspecteur d'Académie du Cher s'exprime ainsi :

« La mode et l'exemple sont l'une des causes de l'abaissement de la population scolaire de notre lycée ; beaucoup de familles de la bourgeoisie imitent l'aristocratie et croient qu'il est de bon ton de confier leurs enfants aux établissements ecclésiastiques. A l'éducation que les élèves reçoivent dans les lycées de l'Etat, elles préfèrent celle que leurs fils trouvent au contact de professeurs qui se mêlent plus intimement à leur travail, qui prennent part à leurs jeux, qui dirigent leurs promenades, etc. Beaucoup de parents préfèrent enfin cette éducation parce qu'elle est basée sur des pratiques religieuses (2). »

Il ajoute cette remarque qui est à retenir :

(1) *Enquête*, t. III, p. 391.
(2) *Enquête*, t. III, p. 392.

« Il faut reconnaître aussi que le niveau intellectuel du personnel enseignant des établissements libres s'est sensiblement élevé, que ses méthodes se sont améliorées et qu'il n'a pas hésité à emprunter à l'Université sés meilleurs ouvrages classiques. »

Nous trouvons, en Eure-et-Loir, les mêmes symptômes de « désaffection de la bourgeoisie, de l'armée, des fonctionnaires à l'égard des établissements publics; phénomène qu'il serait puéril de nier, qui fut général, et qui, il faut bien l'avouer, est loin d'être enrayé (1). »

« Les causes de l'abaissement des effectifs dans l'enseignement secondaire agissent à peu près également — pour le département de Loir-et-Cher — sur les établissements libres et sur les établissements publics (2). »

Ces causes, il les trouve dans la situation géographique des établissements secondaires du département, dans les souffrances de l'agriculture, dans la concurrence de l'enseignement primaire supérieur.

L'inspecteur d'Académie fait, cependant, une réserve qu'il exprime ainsi :

« J'ai montré plus haut que la réduction des effectifs avait été à peu près la même dans nos établissements publics et dans les établissements privés. Mais je n'ai envisagé la question qu'au point de vue du nombre. Si l'on considère les éléments dont se compose notre population scolaire, on peut regretter

_____

(1) *Enquête*, t. III, p. 393.
(2) *Enquête*, t. III, p. 396.

que tout ce qu'on appelle la noblesse et la plus grande partie de la bourgeoisie riche nous soit devenu étranger et même hostile (1). »

Dans le Loiret, un mouvement de bascule s'établit entre les établissements des deux ordres public et libre : quand les uns sont en baisse, les autres sont en hausse, et réciproquement.

Rien de spécial dans la Marne; seul ce vœu du proviseur du lycée de Reims appuyé par le Recteur.

« Le proviseur demande que les professeurs soient mis dans l'impossibilité de prendre part aux luttes publiques et municipales qui divisent les citoyens et dont le contre-coup est parfois fâcheux pour nos établissements.

» J'appuie le vœu qu'il émet d'intéresser les professeurs au recrutement des lycées en faisant entrer l'augmentation ou l'abaissement de l'effectif dans le traitement éventuel des maîtres. Mais cette réforme est délicate et elle demanderait à être étudiée de près (2). »

L'inspecteur d'Académie de l'Oise a une page qui est tout entière à citer : elle résume bien les causes des variations, les unes générales, les autres régionales ou locales.

« Il est inutile d'insister sur les premières. Il suffira de les rappeler. Quelques-unes sont indépendantes de notre volonté : c'est, par exemple, la désertion de la bourgeoisie, notre ancienne cliente, qui nous préfère maintenant nos rivaux, plutôt, je

(1) *Enquête*, t. III, p. 396.
(2) *Enquête*, t. III, p. 101.

pense, par mode et par snobisme que par conviction et par calcul; toutefois, la mode est si forte qu'à la suite de la bourgeoisie elle entraîne parfois certains fonctionnaires publics. Mais nous sommes bien aussi un peu, il faut le reconnaître franchement, les auteurs responsables de la crise : certains de nos professeurs n'ont-ils pas autrefois éloigné de nous un assez grand nombre d'esprits rassis ou de gens modérés en se lançant inconsidérément dans la politique, en se mêlant aux querelles locales, en professant publiquement des opinions qui, pour n'être pas universitaires, passaient cependant pour telles, venant d'eux? Certains de nos répétiteurs n'ont-ils pas autrefois créé une agitation qui fut plutôt contraire que favorable à nos intérêts généraux? Ce n'est pas tout : avons-nous eu raison de décrier l'internat, de changer si souvent nos programmes, de modifier sans cesse le régime de nos examens? Était-ce à nous de déclarer la guerre, comme nous l'avons fait, à l'enseignement classique? Était-il indispensable de ruiner l'enseignement classique pour fonder l'enseignement moderne? L'enseignement moderne lui-même a-t-il été bien compris? On l'a fait à l'image de l'enseignement classique; on lui a donné le même développement et la même sanction ; mais, dans nos régions, beaucoup de cultivateurs, tout en désirant mettre leurs fils au collège, n'ont pas l'intention de les y laisser plus de trois ou quatre ans ; ils ne songent pas à en faire des bacheliers; ils ne comprennent pas qu'il leur faille apprendre deux langues vivantes ; ils voudraient seulement qu'en sortant du collège, après trois ou

quatre années d'études, leurs enfants fussent munis
de quelques connaissances pratiques, immédiatement utilisables. L'enseignement moderne, tel qu'il
est déterminé par les programmes officiels, ne leur
convient guère ; l'ancien enseignement spécial leur
convenait mieux. Et si, au collège de Beauvais, par
exemple, on n'avait pas eu le soin de maintenir cet
ancien enseignement spécial à côté de l'enseignement moderne, on aurait eu à déplorer, une fois
passée la vogue du nouvel enseignement, la perte
d'un certain nombre d'élèves (1). »

« Le principal du collège de Meaux attribue exclusivement la responsabilité des pertes du collège à la
suppression de l'aumônier en 1883 et à la fermeture
de la chapelle de l'établissement. Les difficultés sans
cesse renaissantes, qui se sont élevées entre la mu-
nicipalité et l'administration, n'ont pas été sans
exercer aussi sur le recrutement une influence fâcheuse. Enfin, il ne semble pas que l'enseignement
moderne ait rencontré beaucoup de sympathies.
Beaucoup de familles le jugent à la fois trop étendu
et peu pratique (2). »

La baisse du collège de Melun fut causée par le
manque d'ordre et de discipline.

Le proviseur du lycée Hoche, à Versailles :

« Les enfants qui ne viennent plus à nous sont
certainement allés dans les maisons religieuses,
puisque, pendant que nous perdons des élèves, nos
concurrents en gagnent. Non pas chez les jésuites

(1) *Enquête*, t. III, p. 403.
(2) *Enquête*, t. III, p. 107.

ou dans les établissements de premier ordre qui
coûtent cher et ne s'adressent pas au même monde
que nous ; mais dans les séminaires, dans ces nombreuses institutions d'ordre inférieur dirigées par
des ecclésiastiques, ou dans les pensionnats des
Frères, qui, maintenant, peuvent préparer au baccalauréat (1). »

### ACADÉMIE DE POITIERS

### *Résumé général.*

« L'Académie de Poitiers (8 départements)
compte 9 lycées et 20 collèges, dont la population
totale était en 1808 de 5.559 élèves (lycées, 3,507 ;
collèges, 2.052). En 1870 cette population s'élevait à
5.365 (3.261 pour 8 lycées, 2.404 pour 18 collèges),
soit entre ces deux années extrêmes une perte
de 100 élèves, d'autant plus significative que le
nombre des établissements s'est augmenté d'un
lycée et de 2 collèges dans la même période.

» Les statistiques de l'enseignement ecclésiastique, au contraire, accusent un progrès considérable dans l'effectif total, qui de 2.103 élèves monte
à 4.141, soit une différence de 1.078 unités. Mais
les chiffres font ici illusion. Il est d'abord, en effet,
deux établissements dont l'effectif ne figure que
pour l'année 1808 et qui n'ont pu donner de renseignements pour 1870. Il en est d'autres, au nombre
de 4, qui ne sont venus ajouter leurs effectifs au

(1) *Enquête*, t. III, p. 411.

total de l'enseignement libre que par un changement purement nominal de qualification.

» Si l'on tient compte de ces considérations, la différence entre les deux dates extrêmes se trouve réduite, pour les établissements ecclésiastiques, à un chiffre qui n'excéderait pas 305 unités environ (1). »

## *Causes des variations.*

L'inspecteur d'Académie de Poitiers ne conteste pas le succès des établissements libres qui sont, dit-il, « de sérieux concurrents ».

« Au fond, ce qui surtout est une promesse de vitalité pour tous ces établissements, c'est l'esprit même du pays et l'attachement aux vieilles traditions qui règne encore dans les classes aristocratique et bourgeoise. J'entends aussi, fréquemment, exprimer la crainte que l'éducation donnée dans nos établissements ne soit pas suffisante. On la considère comme inférieure à celle que reçoivent les élèves de la Grand'Maison et surtout ceux de l'école Saint-Joseph ; ces idées s'échangent couramment dans les salons de la ville ; mais on les formule sans y réfléchir ; on ne voit pas ce qu'il y a de superficiel et d'insignifiant dans une éducation qui est de pure forme et s'applique plutôt, sans d'ailleurs y réussir toujours, à créer un vernis extérieur qu'à tremper les caractères. On ne conteste pas d'ailleurs la supériorité de notre enseignement, mais on ne

(1) *Enquête*, t. III, p. 113.

semble pas y attacher une grande importance. Il est démontré par l'expérience que les établissements libres conduisent sans trop de peine leurs élèves au baccalauréat; on se tient pour satisfait de ce médiocre résultat. J'ajoute que les familles peu aisées trouvent dans les maisons ecclésiastiques des facilités de payement ou même obtiennent des réductions que nous ne pouvons accorder dans les établissements publics; et c'est un avantage que naturellement elles apprécient beaucoup (1). »

Après ces considérations faites, semble-t-il, d'un cœur léger, l'inspecteur concède un demi-aveu :

« On a pu enfin, dans certaines régions, incriminer des imprudences de langage, imputables à quelques répétiteurs de nos lycées, et tendant à faire mettre en doute la vigilance de l'administration et la bonne tenue matérielle et morale de ces établissements.

» On doit aussi considérer comme regrettables les fréquents changements qui se produisent dans le personnel enseignant et administratif de nos établissements universitaires. »

Nous retrouvons la même note sous la plume de l'inspecteur de la Charente, y compris le goût des « bonnes familles » pour le « bon ton » et les « belles manières » (2).

Dans la Charente-Inférieure, « la variation la plus importante à constater est celle du lycée de la

----

(1) *Enquête*, t. III, p. 115.
(2) *Enquête*, t. III, p. 117.

Rochelle », qui a perdu 125 élèves depuis 1894. Et pourtant la population a augmenté de 9.000 habitants.

Après avoir allégué quelques causes, telles que la suppression de la classe de mathématiques élémentaires, le déchet provenant de l'enseignement moderne, le progrès de l'enseignement primaire supérieur, le proviseur ajoute :

« Plusieurs des fonctionnaires de l'État, et non des moins haut placés, dit le proviseur du lycée, donnent, à l'imitation de l'armée, leur préférence à la maison rivale et sont, par suite, conduits à nous dénigrer. Les reproches qu'on nous adresse sont toujours les mêmes : éducation trop négligée, morale trop détachée des idées religieuses, promiscuité désagréable des enfants de toutes les classes. C'est en réalité ce dernier point qui touche le plus, et c'est au fond le désir de se trier qui pousse vers l'école congréganiste la bourgeoisie, l'armée et quelques fonctionnaires. Ce qui le prouve bien, c'est que plusieurs de ceux qui croient devoir soustraire leurs fils au libéralisme de l'enseignement officiel, trouvent très bon d'y exposer leurs filles dans les maisons de la Légion d'honneur.

» Il est donc malheureusement à craindre que tout ce qu'on pourra faire pour perfectionner la marche ou l'action des lycées n'empêche pas une certaine clientèle de se porter vers les maisons religieuses ou vers d'autres maisons non accessibles à tous (1). »

-----

(1) *Enquête*, t. III, p. 419.

A Saintes, on trouve « la mauvaise installation du collège, notamment des dortoirs, et l'insuffisance des cours ».

Dans les Deux-Sèvres, le lycée de Niort, aux collèges de Parthenay et de Saint-Maixent, la décroissance est rapide et continue. La question de la discipline, dans le premier de ces établissements surtout, n'y serait pas étrangère, comme, dans le dernier, quelques choix malheureux dans le personnel (1).

Tandis que, depuis 1886, les établissements libres de la Haute-Vienne virent « leur effectif total suivre une marche presque continuellement ascendante », la population des lycées et collèges a subi de nombreuses fluctuations, et l'internat a diminué de moitié (2).

Raisons d'économie, dit le proviseur du lycée de Limoges, et de gêne commerciale :

« A toutes ces raisons pourraient s'en ajouter d'autres d'un ordre plus général, telles que la campagne menée depuis quelques années contre l'Université, la rivalité des maisons congréganistes, soutenues par le clergé qui exerce une influence prépondérante sur beaucoup de mères de famille, et enfin la mode et une sorte d'engouement qui jouent dans la question un rôle considérable.

» Cette dernière cause est, à mon avis, ajoute l'inspecteur, la plus importante. La bourgeoisie aisée, qui confiait autrefois ses enfants à l'Université, ne

(1) *Enquête*, t. III, p. 122.
(2) *Enquête*, t. III, p. 125.

reculait pas devant les dépenses relativement élevées de l'internat, et nos lycées regorgeaient de
pensionnaires. Depuis lors, la clientèle des lycées a
changé. Ils se recrutent principalement parmi les
fonctionnaires, dans la petite bourgeoisie et dans
les classes ouvrières. Quant aux fils d'officiers, ils
ne viennent pas volontiers à nous. Or, les fonctionnaires se contentent de faire suivre à leurs fils les
cours du lycée en qualité d'externes et surveillent
eux-mêmes leur travail. Les petits commerçants et
les ouvriers ne peuvent pas s'offrir le luxe de l'internat (1). »

Les principaux des collèges d'Eymoutiers et de
Saint-Yrieix sont plus nets :

Le principal du collège d'Eymoutiers ne redoute
pas la concurrence des maisons religieuses. « Ce ne
sont pas elles qui ont causé les variations constatées
dans la population scolaire du collège... Un établissement ne vaut que par le chef, les professeurs et
les répétiteurs. Si la direction est sûre et ferme, s'il
y a de la discipline, du travail et quelques succès ;
si les professeurs sont consciencieux et dévoués ; si
les répétiteurs ont de l'autorité sur les élèves, un collège se maintiendra à peu près au même niveau. » (2)

Le principal de Saint-Yrieix reconnaît, lui aussi,
que le personnel administratif et enseignant exerce
une grande influence sur la prospérité d'une maison
d'éducation.

« Il est hors de doute que, depuis plusieurs

(1) *Enquête*, t. III, p 425.
(2) *Enquête*, t. III, p. 425.

années, l'effectif du lycée de Châteauroux et des trois collèges communaux de l'Indre éprouve une diminution progressive.

» A quelle cause attribuer cette diminution? A la concurrence des établissements d'enseignement secondaire privé? En partie, assurément. Il n'est pas douteux que les établissements d'enseignement secondaire public de l'Indre seraient plus peuplés s'ils n'avaient pas de rivaux et si ces rivaux n'étaient pas servis par de grandes ressources, par de belles installations et par une propagande active (1). »

Et, tout aussitôt, nous apprenons que « une partie de la bourgeoisie, par opinion ou par mode, et un certain nombre de cultivateurs, de négociants, par intérêt ou par pression (2) », envoient leurs enfants dans les établissements ecclésiastiques.

L'inspecteur d'Académie d'Indre-et-Loire fait quelques aveux mêlés à de non moindres réticences.

« La principale cause des variations qui se sont produites dans la population scolaire des établissements secondaires consiste dans les efforts faits méthodiquement par le clergé séculier et les congrégations religieuses pour soustraire la clientèle riche de l'enseignement secondaire à l'influence libérale de l'Université. On a soin d'exploiter par tous les moyens cette idée que l'Université est hostile à la religion. Nos adversaires en ont donné, entre autres preuves, l'externement de l'aumônier

_________

(1) *Enquête*, t. III, p. 127.
(2) *Enquête*, t. III, p. 128.

et le remplacement des sœurs de l'infirmerie et de la lingerie par des laïques au lycée de Tours, la suppression de la chapelle au collège de Chinon. Ils ne craignent pas de répéter que les cours de philosophie et d'histoire en particulier sont faits avec l'intention manifeste ou latente d'affaiblir, sinon de ruiner, les croyances religieuses des élèves. Les modifications relatives à la discipline sont interprétées comme tendant à détruire tout principe d'autorité; l'esprit de liberté critique et de tolérance, que nous cherchons à inculquer à nos élèves, conduirait, selon nos adversaires, à la négation même de la morale. Et l'on voit ainsi un certain nombre d'anciens élèves du lycée Descartes envoyer leurs fils chez les Jésuites. S'ils agissaient autrement, ceux qui sont dans le commerce auraient à craindre de perdre la partie la plus importante de leur clientèle; de plus, les fonctionnaires ne sont pas rares qui, s'autorisant de plus en plus des déclarations faites à la tribune de la Chambre, préfèrent les maisons religieuses aux établissements de l'Etat; enfin, dans le monde militaire, il est à peine admis qu'un officier puisse confier ses enfants à l'Université.

» L'immixtion de certains professeurs dans la politique militante, leur participation aux luttes électorales ont parfois servi de prétexte aux parents pour soutenir que la neutralité politique n'était pas observée dans nos établissements. Si l'on y joint les articles de l'ancien journal *La Réforme Universitaire* et d'autres réclamations publiques des répétiteurs, il est facile, hélas ! de constater le tort que l'Université a subi de la part de ceux-là même qui n'auraient dû être préoccupés que de la servir (1). »

« Variations imperceptibles » dans le département de la Vendée, dit l'inspecteur.

### ACADÉMIE DE RENNES

#### *Résumé général.*

L'Académie de Rennes (7 départements) compte 9 lycées et 14 collèges, qui représentent une population totale de 6.601 élèves (3.946 pour les lycées, 2.655 pour les collèges), en diminution de 64 unités sur les effectifs constatés en 1879, qui s'élevaient au total de 6.665 élèves (3.689 pour les lycées, 2.976 pour les collèges).

L'enseignement libre ecclésiastique a au contraire considérablement accru le nombre de ses établissements depuis vingt ans; aussi l'effectif total de sa population scolaire, qui était déjà de 4.681 élèves en 1879, en compte-t-il 7.082 en 1898, soit une augmentation de 2.391 unités (environ 51 0/0) (2).

#### *Causes des variations.*

*Rapport de l'inspecteur d'Académie du Finistère. — Lycées. —* De 1879 à 1887, le département ne possédait qu'un lycée : celui de *Brest.* Pendant cette période, le nombre de nos élèves s'accroît d'année en année. Il passe de 588 en 1879 à 871 en

(1) *Enquête,* t. III, p. 429.
(2) *Enquête,* t. III, p. 437.

1887, soit une augmentation de 283 unités en huit ans. La population scolaire du lycée s'élève même, en 1888, au chiffre important de 904 unités, qu'elle n'avait jamais atteint. Mais, à partir de ce moment, elle décroît d'une façon continue pour tomber en 1898 à 700 environ.

« Le lycée de *Quimper*, ouvert en 1886-1887 avec 248 élèves, en compte 293 en 1890; puis ce nombre descend à 285 en 1897 et à 255 en 1898.

» Dans ces deux établissements, la diminution porte principalement sur l'enseignement classique et sur l'internat.

» Les causes de cet abaissement de notre effectif sont nombreuses et complexes. Je me bornerai à signaler les plus caractéristiques. En première ligne, je dois indiquer, d'accord avec les proviseurs, les attaques dont l'internat des lycées a été l'objet dans ces dernières années. « Beaucoup de familles, écrit le proviseur du lycée de Brest, ont fini par être persuadées que l'éducation universitaire est inférieure à celle qui est donnée dans les maisons dirigées par les congréganistes, et ont agi en conséquence (1). »

*Collèges.* — Le département du Finistère possède les collèges communaux de Morlaix, de Lesneven et de Saint-Pol-de-Léon. Le premier est entièrement laïque ; les principaux des deux autres, ainsi qu'une partie des professeurs, sont des ecclésiastiques. Quoique le régime intérieur de ces trois établissements et l'esprit qui y règne ne soient pas

(1) *Enquête,* t. III, p. 137

tout à fait les mêmes, ils ont eu néanmoins, en ce qui concerne leur développement, une fortune à peu près identique : leur population s'est presque constamment accrue depuis vingt ans. Seul le collège de Lesneven a, pendant ces cinq dernières années, perdu une quarantaine d'élèves (1).

Les deux seuls établissements libres : Notre-Dame-de-Bon-Secours, à Brest, et l'Ecole Saint-Yves à Quimper, sont en pleine prospérité.

Dans l'Ille-et-Vilaine, le lycée de Rennes a perdu 200 élèves depuis 1885, « progressivement et sans arrêt ».

« Les dissentiments politiques et religieux qui divisent le pays, les discussions auxquelles se sont livrés dans les journaux et dans les assemblées publiques les amis ou les ennemis de l'Université, les partisans de l'enseignement classique et ceux de l'enseignement moderne, les défenseurs ou les adversaires du baccalauréat, les attaques dirigées contre nos internats n'ont pas été non plus sans ébranler la confiance des familles, détourner de nous les hésitants et enrayer le recrutement des lycées et des collèges universitaires (2). »

Les collèges ont moins souffert de la crise ; celui de Fougères a subi quelques variations occasionnés « par l'insuffisance de certains administrateurs ».

*Établissements secondaires libres.* — Le département d'Ille-et-Vilaine comprend dix établisse-

_____

(1) *Enquête*, t. III, p. 439.
(2) *Enquête*, t. III, p. 441.

ments secondaires libres, en dehors du Petit Séminaire : deux à Rennes (Saint-Vincent et Saint-Martin), un à Redon, un à Saint-Malo, deux à Vitré, deux à Saint Servan, un à Montfort, un à Saint-Méen.

« Sur ces dix établissements, cinq seulement, Saint-Vincent, Saint-Martin, Saint-Malo, Saint-Sauveur et Saint-Augustin, font à l'Université une concurrence sérieuse, soutenus qu'ils sont par tout le clergé départemental qui exerce en leur faveur une propagande active dans les villes comme dans les campagnes. Ils ont d'ailleurs à leur tête des directeurs capables, et le personnel enseignant n'est pas non plus sans valeur : beaucoup de leurs professeurs ont suivi les cours de la Faculté et sont pourvus du grade de licencié ; enfin le prix de l'internat est moins élevé que celui des lycées, et chez eux l'éducation reposant exclusivement sur l'enseignement religieux, les études classiques n'ont point pour but une instruction éducative supérieure : elles sont simplement le chemin direct qui mène au baccalauréat, et ils ne s'en écartent pas (1). »

M. l'Inspecteur d'Académie me permettra de lui faire remarquer que cet enseignement religieux qui conduit au baccalauréat, et qui réussit, n'est pas à dédaigner. Je gage qu'il s'en contenterait pour, suivant son expression « repeupler les lycées ».

Dans Maine-et-Loire, la situation se règle ainsi : en quatre ans (1885-1889), la population scolaire du lycée d'Angers s'est affaiblie de 137 élèves ; l'enseignement libre est resté stationnaire. Depuis, le lycée

(1) *Enquête*, t. III, p. 112.

8.

a continué ses pertes, les collèges ont gagné ; les établissements ecclésiastiques se sont maintenus, l'un avec un léger gain, les autres avec une légère perte (1).

Dans la Mayenne, nous trouvons un fait digne de remarque. L'inspecteur d'Académie le relate en ces termes :

« *Lycée de Laval.* — Au 1ᵉʳ janvier 1873, le lycée comptait 253 élèves, chiffre sensiblement égal à celui des années précédentes, et composé de 161 internes et de 92 externes. Dans le courant de février, avec la nomination d'un proviseur ecclésiastique, un accroissement rapide se produit dans la population scolaire, principalement dans l'internat ; il est de 62 élèves en 1874, de 162 en 1875 ; l'effectif s'élève ainsi chaque année jusqu'en 1886, où il atteint le chiffre de 565, comprenant 395 internes et 170 externes. Ce nombre est assurément hors de proportion avec la population du département et l'importance de la ville de Laval.

» On peut affirmer que cette prospérité est l'œuvre personnelle du proviseur. On venait à Laval, un peu parce que les études étaient bonnes, mais surtout parce que le proviseur était prêtre. C'est ainsi que le lycée de Laval a pu posséder le plus fort internat de tous les établissements de la région, bien que le département de la Mayenne soit de beaucoup le moins peuplé.

» En 1886, un proviseur laïque est nommé. Dès la première année, le lycée perd 31 élèves, la deuxième

(1) *Enquête*, t. III, p. 420.

année 00 ; en quatre ans l'effectif tombe de 505 à 372, présentant une perte de près de 200 élèves, portant presque entièrement sur l'internat. Cependant le personnel est sensiblement le même, les études sont aussi bonnes que par le passé, les succès aux divers examens et au concours général sont aussi brillants qu'autrefois ; mais le proviseur est laïque.

» A partir de 1890, le nombre des élèves diminue encore chaque année, mais beaucoup moins jusqu'au 1er janvier 1895, où il est de 338 (1). »

Le même fait de la prospérité d'un lycée occa·sionnée par la présence et la bonne administration d'un proviseur prêtre se reproduit à Nantes. Ecoutons l'inspecteur d'Académie :

« *Lycée de Nantes.* — Le proviseur partage les vingt dernières années en deux périodes : une période de décadence, de 1879 à la fin de l'année scolaire 1889-1890, et une période de relèvement depuis lors jusqu'aujourd'hui. Il explique la décadence par le mauvais état des bâtiments, le relèvement par la bonne administration d'un proviseur ecclésiastique — nommé à Nantes en août 1890 — jointe à la reconstruction du lycée, qui était sur le point de s'achever à cette date.

» Ces explications me paraissent exactes ; toutefois j'estime que la première est incomplète : le mauvais état des bâtiments n'eût pas, à lui seul, amené la décadence, de même que la reconstruction de cet établissement n'eût pas suffi pour le relever, si

(1) *Enquête,* t. III, p. 451.

elle n'avait coïncidé avec l'arrivée d'un administrateur d'élite (1). »

Les établissements ecclésiastiques du département offrent la statistique suivante :

<pre>
Période 1879-1884, moyenne 1.032
   —      1885-1888,    —      1.143
   —      1889-1893,    —      1.077
   —      1894-1898,    —      1 069
</pre>

Et l'inspecteur conclut, pour les établissements de
l'État comme pour les autres :

« Les clientèles des deux catégories d'établissements ne se mélangent pas et le gain des uns ne
se fait que pour quelques unités aux dépens des
autres.

» La valeur des chefs placés à la tête des établissements est de beaucoup l'élément le plus important de leur prospérité ou de leur décadence (2). »

L'inspecteur d'Académie du Morbihan n'apporte
aucun chiffre. Il se contente d'indiquer que la crise
a frappé surtout les lycées et d'avancer, tout simplement, « que l'on considérerait comme un bien la loi
qui écarterait de l'enseignement les religieux et les
prêtres (3) ».

Le recteur de Rennes ne fait que résumer les
rapports des inspecteurs d'Académie. Du sien, il
faut citer cependant ce passage :

« Ce n'est pas seulement l'absence de l'éducation

(1) *Enquête*, t. III, p. 454.
(2) *Enquête*, t. III, p. 456.
(3) *Enquête*, t. III, p. 456.

religieuse que l'on nous reproche à tort; c'est l'insuffisance de l'éducation en général. Sur ce dernier point, il faut en convenir, nous ne sommes pas à l'abri de toute critique. Assurément, le personnel des répétiteurs, qui est plus particulièrement chargé de la surveillance intérieure, vaut mieux qu'autrefois et l'amélioration que je signalais dans mon rapport de mai 1890 s'est accentuée. Pourtant il reste encore dans nos rangs quelques maîtres dont le manque de tenue, de dignité, de conduite, jetant le discrédit sur le corps tout entier (et leurs collègues sont les premiers à s'en plaindre), inspire une défiance excessive, mais non sans fondement en certains cas, à l'égard des internats universitaires (1). »

ACADÉMIE DE TOULOUSE

*Résumé général.*

L'Académie de Toulouse comprend 8 départements, qui comptent 8 lycées et 15 collèges. La population totale de ces établissements s'élevait en 1898 à 4.830 élèves (2.972 pour les lycées, 1.867 pour les collèges). Elle était en 1878 de 5.995 élèves (3.305 pour les lycées, 2.690 pour les collèges), soit une perte de 1.158 unités (environ 19 0/0).

Dans l'espace de ces vingt années, ces établissements ont connu des chiffres plus élevés, et à leur apogée (1884-1885), ils atteignaient 6.281 élèves, ce

_______

(1) *Enquête*, t. III, p. 460.

qui représente par rapport à 1898 une perte de
1.442 unités ou de 22 0/0.

L'enseignement secondaire libre est représenté
dans l'Académie par 52 établissements (dont 8 institutions laïques et 15 petits séminaires) qui donnaient, en 1898, un effectif total de 6.033 élèves.
L'absence de renseignements précis sur la population de ces établissements en 1879 ne permet pas
d'établir une comparaison à cette date ; mais cette
comparaison est possible à la date de 1885, et le
résultat de cette comparaison marque pour cet enseignement une augmentation de 1.490 unités.

Il convient d'ajouter que l'enseignement libre
laïque a beaucoup perdu dans cette période. Il n'est
plus représenté en effet dans l'Académie que par
4 établissements avec 369 élèves, sur 18 maisons
qu'il comptait encore en 1885, avec 1.343 élèves.

Si l'on examine séparément les effectifs de l'enseignement libre religieux, c'est une augmentation
de 1.110 unités que l'on constate par rapport
à 1885 (3.129 élèves en 1885, contre 4.245 en 1898),
soit une proportion de 35 0/0 (1).

*Causes des variations.*

L'inspecteur d'Académie de la Haute-Garonne a
résumé de cette sorte la situation des établissements libres :

« A part les séminaires qui continuent à se recruter dans les mêmes conditions depuis 1879, et les

_______

(1) *Enquête*, t. III, p. 461.

établissements dirigés par les Jésuites, dont la clientèle, diminuée en 1881, se reforme d'une manière lente, depuis quatre ou cinq ans, à la suite de l'ouverture d'une nouvelle maison, les établissements libres d'instruction secondaire ont tous de la peine à se développer et quelques-uns même à vivre (1). »

*Les établissements publics.* — Considérés dans leur ensemble, les établissements publics d'instruction secondaire dans la Haute-Garonne ont maintenu les positions qu'ils occupaient il y a vingt ans. C'est en 1870 que nous constatons le chiffre le plus bas 1.316 : — Aujourd'hui il est de 1.437, soit, sur 1870, une augmentation de 121, et sur 1882 une diminution de 107 unités. Il n'y a rien là que de rassurant (2).

Cependant il y a, depuis dix ans, 1.700 élèves fréquentant les établissements privés. L'inspecteur d'Académie, suivant en cela plusieurs de ses collègues, s'obstine à ne pas les mettre dans l'enseignement secondaire. C'est la loi, pourtant.

Il ne néglige pas l'observation commune sur « la noblesse, la haute bourgeoisie, la haute magistrature et une grande partie de l'armée », soustrayant leurs enfants à l'éducation universitaire, pour éviter « les contacts humiliants avec des enfants de toute provenance et de toute éducation (3) ».

Le lycée de Foix, qui avait 325 élèves en 1882, n'en a plus 250 ; le collège de Pamiers tombe de

(1) *Enquête*, t. III, p. 462.
(2) *Enquête*, t. III, p. 463.
(3) *Enquête*, t. III, p. 464.

224 à 155. Les établissements ecclésiastiques sont en hausse.

L'inspecteur d'Académie conclut :

« En résumé, si l'on compare l'effectif total de la population scolaire des établissements de l'État en 1879 et en 1898, et si l'on considère, d'autre part, qu'un école primaire supérieure, ouverte en 1882, compte aujourd'hui 94 élèves et explique le mouvement descendant qui s'est produit depuis 1883 dans la population des lycées et collèges, on constate que le nombre des élèves de l'enseignement public n'a subi qu'une diminution insignifiante dans le département de l'Ariège.

» Quant aux raisons d'ordre général qui peuvent expliquer l'augmentation progressive des effectifs des établissements ecclésiastiques, ce sont, à mon avis, les suivantes :

» 1° La campagne menée contre nos internats soit par nos rivaux, soit par l'Université elle-même ;

» 2° L'engouement de la bourgeoisie républicaine pour l'enseignement congréganiste, aujourd'hui que l'enseignement universitaire est accessible aux enfants du peuple ;

» 3° Le taux de la pension ou de la rétribution collégiale comparé au tarif des établissements congréganistes. Ces établissements bénéficient de la crise que subissent l'agriculture et l'industrie dans le département. Ils reçoivent, en effet, les élèves pour des sommes insignifiantes, souvent même gratuitement. La dépense consentie par les familles est proportionnée à leur situation de fortune.

» Pour contre balancer la propagande cléricale

dans nos campagnes et lutter avantageusement avec les maisons rivales sur la question des tarifs, il serait urgent qu'un plus grand nombre de bourses ou de réductions de frais de pension fussent accordées par l'État aux familles pauvres et nombreuses » (1).

La statistique, dans l'Aveyron, se passe de commentaires. L'inspecteur d'Académie écrit :

« Le nombre total des élèves fréquentant les lycées et collèges publics de l'Aveyron atteint aujourd'hui 472 unités ; il était en 1880 de 980 unités. Il a donc diminué de moitié. Dans le même intervalle de temps, les écoles secondaires libres passent de 817 unités à 1.843 ; elles ont donc plus que doublé leur population. En suivant la série des effectifs que donne la statistique, on voit que jusqu'en 1885 nos établissements l'emportent par le nombre des élèves sur leurs rivaux : cette année-là nous ne comptons plus que 806 élèves et les écoles ecclésiastiques en comptent 866. Nous sommes dépassés et depuis lors l'écart s'augmente d'année en année à notre désavantage. Le nombre total des élèves de l'enseignement secondaire privé est aujourd'hui quadruple de celui des élèves de l'enseignement secondaire public.

» C'est surtout si l'on considère l'internat que la différence paraît plus sensible. De 330, en 1880, le chiffre des internes de nos établissements est tombé à 123 au 31 décembre 1898 ; dans les écoles libres il monte au contraire de 563 en 1880 à 1.165 de nos

(1) *Enquête*, t. III, p. 467.

jours. Fait intéressant à constater : même à l'époque
où le nombre total des élèves des lycées et collèges
l'emportait sur celui des élèves des établissements ecclésiastiques, ceux-ci avaient déjà une supériorité numérique de 230 pensionnaires. Tandis
que les établissements publics ont une tendance
marquée à s'acheminer de plus en plus vers l'externat, les institutions libres recrutent surtout leur
clientèle scolaire parmi les internes dont ils renfor-
cent chaque année le nombre.

» Aujourd'hui le nombre de leurs pensionnaires
est presque décuple du nombre des internes renfermés dans le lycée de Rodez, les collèges de Millau
et de Villefranche (en exceptant même les deux
petits séminaires qui comptent ensemble 350 élèves
environ) (1). »

Causes : 1° *Economique*, dans la crise agricole
et industrielle qui sévit sur la population de l'Aveyron, et lui fait rechercher des tarifs plus doux ;

» 2° *Une cause religieuse*. Cette cause a également une importance capitale L'état d'âme des
Aveyronnais, leurs sympathies invétérées pour les
membres du clergé, soit comme ministres du culte,
soit comme éducateurs publics, expliquent le succès
des écoles secondaires libres.

» Profitant de ces sympathies et exploitant ces
besoins, le clergé a pu entreprendre avec succès la
lutte contre les établissements de l'État enseignant.

» Et, dans cette croisade contre l'enseignement
universitaire, le clergé a d'abord eu pour lui le

_______

(1) *Enquête*, t. III, p. 467.

parti de la réaction qui forma le noyau de la clientèle congréganiste. Ce parti s'est bientôt vu renforcé par l'appoint d'une portion notable de la bourgeoisie.

« Les classes dirigeantes, comme on les appelait autrefois, ont par engouement et parti pris, par recherche d'une fausse distinction, déserté le chemin de nos maisons d'éducation et pris, de plus en plus goût pour les maisons religieuses. Ce qu'il y a de triste à constater, au point de vue moral, c'est que maints fonctionnaires ont été les premiers à donner ce funeste exemple.

» Pour suivre l'exemple de la bourgeoisie « bien pensante », les populations rurales, elles aussi, se dirigent de préférence vers les établissements libres (1). »

3° *Cause universitaire*, dans la multiplication inconsidérée des établissements d'instruction, dans les trop fréquents changements du personnel.

Dans le Gers, le Lot, les Hautes-Pyrénées, la décroissance des établissements scolaires des deux sortes est à considérer : l'état d'appauvrissement de la région en serait la cause. Dans le Tarn, les lycées et collèges seraient en baisse ; les maisons ecclésiastiques resteraient stationnaires. Le Tarn-et-Garonne a retrouvé ses positions d'il y a vingt ans ; les petits séminaires seuls ont perdu 204 élèves. La population du département est passée de 221.364 habitants à 200.390.

Pour tout le ressort de l'Académie, soit huit départements, la diminution de la population est de

_______________

(1) *Enquête*, t. III, p. 470.

160.076 habitants, sur une population totale (en 1886) de 2.394.560, soit 75, 0/0.

Dans son rapport, le recteur de Toulouse s'élève contre « l'immixtion de certains professeurs dans la politique et particulièrement dans la politique locale. Nous avons, encore, dans nos lycées et collèges, des élèves de familles qui ne sont pas toutes enthousiastes de notre régime républicain ; il n'est ni de notre intérêt, ni de notre droit de les froisser (1). »

Parmi les mesures à prendre pour enrayer la baisse :

« Il serait désirable que les tarifs des lycées pussent être abaissés quant au prix de la pension, puisqu'il est en général rémunérateur. Il en résulterait une perte pour le Trésor, attendu que les bénéfices de l'internat servent à couvrir en partie les déficits de l'externat. Mais il y a un intérêt supérieur, *d'ordre politique et social*, qui semble l'exiger (1). »

(1) *Enquête*, t. III, p. 486.
(2) *Enquête*, t. III, p. 485.

# CHAPITRE V

## LES FONCTIONNAIRES ET LA BOURGEOISIE DEVANT L'ENSEIGNEMENT GOUVERNEMENTAL

Quiconque aura lu, sans parti pris, de bonne foi, les pages précédentes, à la vue de cette désertion générale des lycées et collèges officiels, en aura tiré cette conclusion, facile du reste, qu'il y a, suivant une expression de Shakespeare, « quelque chose de pourri dans le royaume de Danemark ».

Une étude moins rapide de certains passages de ces rapports ne pourra que confirmer cette appréciation.

« Les fonctionnaires, y est-il dit, envoient presque partout leurs enfants dans les maisons ecclésiastiques. »

Je parlais, dernièrement, de ce fait avec un de mes amis : « Oh ! s'écria-t-il, ayez soin de ne pas vous appesantir sur cette question ; vous attireriez sur les fonctionnaires les foudres gouverne mentales ! » — « Eh ! mon cher, lui répondis-je, je n'apprendrai rien au gouvernement ; il le sait bien, il ne le sait même que trop, puisque la constatation de ce fait, qui le flagelle comme un blâme permanent, fut la cause de la campagne inaugurée, en ces derniers temps, contre l'enseignement libre. Du reste, les fonctionnaires me semblent avoir assumé l'entière responsabilité de leur acte, et, agissant dans la plénitude de leurs droits, n'avoir manqué à aucun de leurs devoirs. »

Ils sont, évidemment, de toutes sortes. Nous avons rencontré, sous la plume des rapporteurs, les « fonctionnaires » en général, des « hauts fonctionnaires », des « hauts universitaires », des « professeurs de facultés », des « officiers » de terre et de mer, etc., etc., etc.

M. Combes, dont on connaît les projets liberticides, fut un peu moins violent devant la Commission d'enquête.

« Ce qu'il y a de plus déplorable, c'est que, dans plusieurs administrations, la grande majorité des fonctionnaires prend parti contre les établissements de l'État. Oui, dans certaines administrations, l'armée, la marine notamment, les fonctionnaires envoient en masse leurs enfants aux écoles congréganistes. Je constate le fait, et, sans discuter ici le droit du père de famille, je dois me borner à regretter que ce droit ne soit pas contrebalancé par le sentiment du devoir qui incombe au fonctionnaire, devoir au moins d'ordre moral s'il n'est pas d'ordre légal. Je le répète, je ne discute ici ni les droits ni les intentions de personne ; je déplore seulement que, dans les administrations dont il s'agit, les fonctionnaires tournent le dos à notre euseignement et aillent à l'enseignement congréganiste.

» Est-ce parce qu'ils trouvent notre enseignement inférieur? Non, messieurs, ce n'est pas pour ce motif. Consultez vos recteurs, consultez le plus haut placé, le premier de tous, il vous dira, s'il ne l'a déjà fait, ce qu'il m'a dit à moi-même : « Les familles qui envoient leurs enfants aux écoles congréganistes ne se défient pas autant qu'on le dit de notre enseignement, puisqu'elles nous rendent ces mêmes enfants dans les dernières classes afin de leur faire affronter, d'une façon plus sûre, les grandes épreuves des écoles de l'Etat. » Ce n'est donc pas par défiance pour notre enseignement que ces fonctionnaires agissent de la sorte; c'est par suite de convictions personnelles, de sentiments politiques qui les disposent défavorablement à l'égard des doctrines enseignées dans les établissements de l'Etat.

C'est « absolument navrant, » conclut M. Combes; il y a « urgente nécessité de ramener aux établissements de l'Etat une clientèle scolaire qui lui a jadis appartenu ». Son dernier mot est celui-ci : « Il faut rattraper cette clientèle (1). »

Le recteur de l'Académie de Besançon parle ainsi :

« Il est certain que de pareils faits nous portent le plus grave préjudice. Qu'est-ce, en effet, que l'Université? C'est l'Etat enseignant; si des fonc-

_______

(1) *Enquête*, t. I, p. 132.

tionnaires civils ou militaires, désavouant l'Université, mettent leurs enfants dans des maisons notoirement hostiles à la République, quel doit être l'effet produit sur les populations ? L'Etat, pour elles, ce sont les hommes qui le représentent d'une manière concrète. Si les fonctionnaires de l'Etat se détournent de l'Université, ils donnent aux maisons rivales le prestige qu'eux-mêmes tiennent de l'Etat. Comment après cela les simples particuliers, comment surtout les subordonnés de tels chefs ne se croiront ils pas autorisés à les imiter (1)? »

Il serait bon de savoir ce que signifie « ce sentiment du devoir qui incombe au fonctionnaire, devoir au moins d'ordre moral s'il n'est pas d'ordre légal » en quoi consiste ce « prestige » que les fonctionnaires « tiennent de l'Etat ».

Nous avons vu ci-dessus que ce mot « Etat » n'a plus sa raison d'être, à notre époque. L' « Etat », si l'on tient véritablement à ce vocable, n'est aujourd'hui qu'un assemblage plus ou moins solidement cimenté qui s'appelle un « ministère » et dont le pouvoir est très éphémère. Entendez bien que, sur les lèvres de tous ceux qui disent : « Etat » ou « Gouvernement », cela signifie « ministère ».

Au fond, tous ces grands mots reviennent à ceci : « Le gouvernement paye les fonctionnaires, ils doivent épouser ses amours et ses haines! » Eh bien ! je les plains, les fonctionnaires, d'avoir à changer si souvent de sympathies ou d'antipathies. Et pourquoi seraient-ils obligés à ces variations? Le

_________

(1) *Enquête,* t. III, p. 255.

gouvernement n'est rien qu'un vulgaire représentant, un caissier de la Nation, de la France ; aujourd'hui en faveur, il sera demain cassé aux gages. L'argent qu'il compte aux fonctionnaires n'est pas à lui ; il le puise dans les caisses de la Nation. Quelle reconnaissance les fonctionnaires doivent-ils à ce comptable ? Ce n'est pas lui qui donne le prestige, c'est la Nation ; et un fonctionnaire n'est pas « dans les honneurs » et par suite honorable, parce qu'il exerce sous tel ou tel ministre ; mais parce qu'il détient une parcelle de l'autorité nationale.

La France ne demande à ces fonctionnaires qu'une chose : la bien et fidèlement servir. Or, un fonctionnaire, qu'il soit officier ou préposé aux tabacs, juge ou contre-amiral, n'en est pas moins dévoué à la Patrie s'il fait donner à ses enfants une éducation religieuse que celui de ses collègues qui met les siens dans les établissements officiels.

La Patrie a les idées et le cœur plus larges que ses caissiers provisoires.

Ceux-ci, il est vrai, peuvent tourmenter, taquiner — pour ne pas employer le grand mot de « persécuter » — les fonctionnaires qui ne pensent pas comme eux. Cela s'est vu ; mais alors, pour s'exposer ainsi aux tourments, taquineries et persécutions, il faut que ces fonctionnaires soient guidés par des intérêts majeurs, par des intérêts qui ne puissent même pas être mis en parallèle avec une place ou une fonction !

Quel est donc l'intérêt majeur qui pousse les fonctionnaires à enlever l'éducation de leurs enfants à l'enseignement officiel ?

9.

Quel est le sentiment qui, d'un autre côté, guide la bourgeoisie dans son choix?

Il faut l'avouer, ils ne sont pas tendres pour la bourgeoisie, tous ces inspecteurs, recteurs, professeurs et autres universitaires qui ont déposé. Selon eux, si la bourgeoisie met ses enfants dans les établissements ecclésiastiques, les « regarde avec coquetterie », charmant euphémisme, c'est parce qu'elle est « vaniteuse » ; c'est, pour elle, une question de « bon ton », d'« engouement souvent irraisonné », de « convenance mondaine », de « fâcheux snobisme », par « esprit d'imitation », par crainte d'une « promiscuité désagréable des enfants de toutes les classes ».

Nous avons lu toutes ces expressions, et M. Brunot, maître de conférences à la Faculté des lettres de Paris, nous en résume la quintessence, quand il nous parle « d'une certaine partie de la bourgeoisie, qui, par snobisme, par imitation de ce qu'elle croit être aristocratique, devenue, moitié en apparence, moitié en réalité cléricale, de voltairienne qu'elle était, envoie ses enfants dans les établissements religieux au lieu de les envoyer dans ceux de l'État (1) ».

Il n'y a pas à le nier, sous ce nom générique de « bourgeoisie », il faut comprendre l'« aristocratie libérale », la « haute et moyenne bourgeoisie et même la classe ouvrière », la « bourgeoisie aisée », la « bourgeoisie rurale », le « haut commerce », la « haute industrie ».

(1) *Enquête*, t. I, p. 365.

Que penser de cette quasi-unanimité dans la réprobation contre les établissements d'instruction de l'Etat? Faut-il croire que la bourgeoisie en masse est devenue antirépublicaine? On voudrait l'insinuer! Combien donc serait-elle changée, depuis quelques années, et où seraient les causes de semblable revirement?

Mais la bourgeoisie, au contraire, la haute et la moyenne, ainsi que la classe ouvrière — rurale et citadine — forme l'ensemble des gros bataillons de l'armée républicaine. Cela se comprend au point de vue politique.

J'entends encore Gambetta, six semaines après la dissolution de la Chambre (25 juin 1877), chanter les louanges de cette bourgeoisie.

« Aujourd'hui, après le 16 mai comme après 1830, nous assistons à une véritable fusion du peuple et de la bourgeoisie. Les élections prochaines proclameront cette fusion, cette alliance; et, si je ne craignais pas de blesser leur modestie, je pourrais citer des noms, depuis les bords de l'Océan jusqu'au milieu des départements du centre et jusqu'à la frontière des Vosges, des noms de grands industriels, de propriétaires, de grands entrepreneurs, de constructeurs, d'hommes enfin qui tiennent le premier rang dans la banque, le commerce, l'industrie ou les assurances maritimes; depuis Cherbourg jusqu'à Dunkerque, je pourrais citer des hommes qui sont venus loyalement au parti républicain, sentant le péril de la situation et ne voulant pas compromettre l'existence de la nation. Ils sont venus à la République, afin qu'il soit bien évident, pour la

France et pour l'Europe, qu'il n'y a plus de divisions dans notre pays, que la République est faite et qu'elle est scellée du sceau de l'alliance de la bourgeoisie et du prolétariat. J'affirme, messieurs, que cette fusion, que cette alliance nous garantissent la victoire (1). »

Ce sont bien les mêmes hommes, n'est-ce pas, que l'on nous a cités plus haut comme refusant leurs fils aux lycées de l'Etat? Sont-ils donc devenus soudainement royalistes, bonapartistes ?

En aucune façon. Leurs sympathies sont toujours pour la forme républicaine ; ils votent pour des candidats républicains, radicaux même, parfois socialistes. Ils dénonceront tous les complots ou fantômes de complots qui pourraient être tramés dans l'ombre contre la République. Ils arrêteront de leur main tout prétendant royaliste ou bonapartiste. En un mot, ce sont de fermes républicains.

Mais, alors, que conclure de leur conduite qui paraît, tout au moins, imprégnée d'illogisme? Cette chose toute naturelle et toute simple : la question de République, de forme gouvernementale, n'influe en rien sur leur décision. Il y a donc autre chose.

Nos hommes d'Etat, — donnons-leur ce titre, — sont affolés par le spectre du cléricalisme. Le délire de la persécution ne leur laisse pas un instant de répit; ils se voient, sans cesse, renversés de leur siège, j'allais dire de leur trône. Toutes leurs lois, même celles qui sont relatives à l'enseignement,

(1) Gambetta. *Discours prononcé à Lille.* 15 août 1877.

sont des lois de « défense républicaine ». Les moins violents, ou les plus sensés, paraissent toujours s'inspirer de ces paroles de Danton :

« Il est temps de rétablir ce grand principe qu'on semble méconnaître, que les enfants appartiennent à la République avant d'appartenir à leurs parents. Personne plus que moi ne respecte la nature ; mais l'intérêt social exige que là seulement doivent se réunir les affections. Qui me répondra que les enfants, travaillés par l'égoïsme de leur père, ne deviennent pas dangereux à la République? Nous avons fait assez pour les affections, devons-nous dire aux parents ; nous ne vous les arrachons pas, vos enfants, mais vous ne pouvez les soustraire à l'influence nationale. Et que doit donc nous importer la raison d'un individu devant la raison nationale? Qui de nous ignore les dangers que peut produire cet isolement perpétuel? C'est dans les écoles nationales que l'enfant doit sucer le lait républicain (1). »

Les parents ne sont pas de cet avis. Ils prétendent que leurs enfants leur appartiennent; qu'ils ont le droit et le devoir de les élever comme bon leur semble ; que l'État, tout « père de famille » qu'il se targue d'être, ne saura jamais les remplacer. Est-ce là faire preuve d'idées antirépublicaines?

M. Jules Ferry l'affirmait, quand il s'écriait, au cours de la discussion des lois scolaires : « Il ne peut

(1) Danton. *Discussion du décret de frimaire an II.* Cité dans le *Moniteur* du 24 frimaire.

vous échapper que derrière cet appel fait au cœur des mères, à la sensibilité féminine et maternelle, il y a une action politique dirigée contre le gouvernement que vous avez fondé (1). »

Et quand M. Madier de Montjau appuyait ces paroles de celles-ci : « Il n'y a pas autre chose! » il se trompait. Il y avait autre chose ; et il y a, aujourd'hui encore, autre chose.

Que me parlez-vous de « mode », de « snobisme », d' « engouement », d' « antirépublicanisme » !

Il y a ceci, uniquement : ces parents, que vous traitez avec tant de désinvolture, veulent pour leurs enfants une éducation sérieuse. Ne la trouvant pas dans les établissements officiels laïques, ils vont la chercher dans les établissements ecclésiastiques. Peu leur importe que les maîtres soient « des libéraux irréductibles et des républicains convaincus » (2)! Ils veulent qu'ils s'occupent de leurs enfants; qu'ils développent leur esprit, mais aussi leur cœur.

Ne calomniez-vous pas la bourgeoisie, en avançant que si elle délaisse les lycées et collèges c'est parce qu'il y a entre elle et le peuple une séparation de plus en plus profonde, parce qu'elle craint « une promiscuité désagréable des enfants de toutes les classes? » Soyez donc conséquents avec vous-mêmes. Par ailleurs, vous prétendez que les établissements ecclésiastiques se mettent à la portée de toutes les bourses, qu'ils prennent même des

_______

(1) J. Ferry. Séance de la Chambre des députés. *Journal officiel*, 30. juin 1879.
(2) *Enquête*, t. III, p. 286.

élèves pour rien ; il s'en suit donc qu'ils en ont, eux aussi, de toutes les classes. Oui, certes, le fils du grand industriel y coudoie le fils de l'ouvrier, le fils de l'officier joue avec le fils du concierge, le fils du paysan mange à côté du fils du chatelain. Oui, on voit ces choses dans les maisons libres, dans les pensions ecclésiastiques, dans les petits séminaires ; et la bourgeoisie ne redoute pas « la promiscuité ».

Et pourquoi? Parce qu'on y trouve une éducation, une formation morale qu'on rechercherait en vain dans les établissements de l'État.

Si les fonctionnaires, tout fonctionnaires qu'ils sont, agissent comme la bourgeoisie, ils le font pour les mêmes raisons. Ils sont pères avant tout, et veulent que leurs enfants soient bien élevés.

.•.

Pour eux, comme pour beaucoup, cette formation morale doit avoir pour base l'enseignement de la religion. Nombreux sont les rapports qui constatent le réveil de l'esprit religieux. Nous ne reviendrons pas sur ce que l'on a vu au chapitre précédent; nous nous contentons d'attirer l'attention sur ce point. Beaucoup de parents ont retiré leurs enfants des lycées ou ont refusé de les y envoyer, parce que l'instruction religieuse y était nulle ou incomplète, et les ont confiés aux établissements ecclésiastiques.

Écoutons le R. P. Laberthonnière, directeur de l'École Massillon (Paris).

« On s'est demandé, en voyant le nombre des

élèves qui fréquentent les maisons d'éducation religieuse, quelle en était la raison. La raison en est
toute simple ; c'est que les familles veulent pour
leurs enfants une éducation religieuse. Si je dis cela,
c'est qu'on a l'air de supposer quelquefois que les
familles suivent une mode, ou bien cherchent à
garder ou à se donner un certain genre. Il peut
arriver qu'il en soit ainsi, mais c'est très rare. S'il y
a des contraintes subies, ce n'est pas de ce côté-là.
Quand j'ai pris la direction de l'École Massillon,
quelqu'un m'avait dit : « Vous trouverez beaucoup de
» familles indifférentes pour le fond de la question
religieuse. » Cela m'avait un peu inquiété. Mais je
n'ai pas tardé à reconnaître que c'était tout à fait
inexact. Et ce n'est pas non plus, comme on le dit
encore quelquefois, grâce uniquement à l'influence
des mères de famille que les enfants fréquentent les
maisons d'éducation religieuse. Les pères de famille
y tiennent également et ils le déclarent explicitement. Et c'est pour cela qu'ils ne craignent pas de
faire des sacrifices et qu'ils s'adressent aux maisons
d'éducation religieuse, bien que le prix de la pension y soit généralement plus élevé (1). »

Mgr Batiffol, recteur de l'Institut catholique de
Toulouse : « Une seconde raison explique l'avantage que nos établissements ecclésiastiques ont
dans la concurrence avec les établissements de
l'État : nous offrons des garanties religieuses (2). »

Le cardinal Mathieu, ancien évêque d'Angers,

(1) *Enquête*, t. II, p. 311.
(2) *Enquête*, t. II, p. 273.

ancien archevêque de Toulouse : « Les établissements de l'État préférés par les familles sont ceux où la direction est franchement religieuse (1). »

« Vous êtes orfèvre, monsieur Josse », direz-vous, en lisant ces lignes. Qu'à cela ne tienne, nous allons vous en mettre sous les yeux qui émaneront d'universitaires.

Voici d'abord l'abbé Follioley, le dernier proviseur ecclésiastique que l'État ait compté, et que l'on envoyait dans les lycées « coulés » pour les remettre à flot. C'était, dit Mgr Mathieu, « un homme que redoutaient beaucoup de directeurs d'écoles libres » parce qu'il avait « la spécialité de doubler la population des lycées dont il devenait proviseur (2) ».

L'abbé Follioley soutient qu'au « proviseur appartient l'initiative pour le choix des aumôniers. »

« La nécessité de cette prérogative découle de ce que le proviseur, étant chef d'internat, est, à ce titre, le mandataire des pères et mères de famille, qui s'en remettent sur lui seul du soin de les remplacer auprès de leurs enfants et comptent qu'il leur procurera le bienfait de la connaissance des vérités de la religion et de l'observance de son culte. Et c'est parce que certains parents, d'ailleurs amis de l'Université, ont conçu quelques doutes à ce sujet, que leur confiance a été ébranlée et que le nombre des petits pensionnaires a sensiblement diminué, même dans les lycées les plus justement en possession de la faveur publique... Le proviseur a le de-

_____

(1) *Enquête*, t. II, p. 211.
(2) *Enquête*, t. II, p. 211.

voir étroit de dissiper ces inquiétudes légitimes, et, pour lui en fournir le moyen, il faut qu'il ait voix prépondérante dans le choix de ses collaborateurs ecclésiastiques. C'est donc à lui qu'il incombe d'engager, le cas échéant, des négociations avec l'autorité diocésaine afin d'obtenir des aumôniers à la fois instruits, zélés, animés de sentiments suffisamment libéraux, qui aiment la jeunesse et sachent se faire écouter d'elle. Ces négociations sont souvent fort difficiles, je le sais par expérience. Elles sont toujours très délicates, mais lorsqu'on y réussit, elles donnent au proviseur un précieux auxiliaire, qui au dedans prête à l'administration un utile concours et qui au dehors soutient et défend la maison (1). »

Peut-être récusera-t-on l'abbé Follioley. Donnons la parole à d'autres. « Il est exact, dit le recteur d'Académie de Chambéry, que certaines familles désirent assurer à leurs enfants une éducation avant tout religieuse (2). »

L'inspecteur d'Académie d'Indre-et-Loire parle de l'accroissement de l'institution congréganiste Saint-Grégoire de Tours : « La recrudescence de prospérité qui est aujourd'hui très nettement marquée doit être attribuée à l'influence croissante de l'idée religieuse ou plutôt cléricale dans l'aristocratie tourangelle et dans une grande partie de la bourgeoisie industrielle et commerçante. Il paraît à peu près impossible de déraciner le préjugé d'après le-

(1) *Enquête*, t. I, p. 177.
(2) *Enquête*, t. III, p. 291.

quel l'*éducation* n'est véritablement assurée que chez les congréganistes (1). »

Supprimez les aumôniers des lycées et des collèges, et vous verrez instantanément la baisse s'accentuer davantage encore. Ce n'est point là pure hypothèse, et nous pourrions nous prévaloir du principe philosophique : *Ab actu ad posse valet consecutio.*

Le ministre de l'instruction publique, M. Berthelot, dans la dicussion du budget de 1888, disait : « Une suppression brusque des aumôniers, dans l'état de choses actuel, risquerait d'amener la ruine de nos établissements d'enseignement secondaire. La chose la plus simple à prévoir, c'est que beaucoup de parents retireraient leurs enfants des lycées. Il y a plusieurs collèges qui ont supprimé leurs aumôniers savez-vous quel a été le résultat? Ils ont perdu la moitié de leurs élèves (2). »

Ici nous aurions des faits multiples à citer. Bornons-nous à quelques-uns :

« Il y a quelques années, l'opinion publique fut vivement émue par des débats parlementaires qui avaient pu faire craindre à un moment la suppression des aumôniers. J'indiquais alors quels dommages nous avaient causés de simples discussions, malignement commentées (3). »

Ainsi parle le recteur de l'Académie de Rennes.

Pourquoi le collège de Saint-Flour fut-il en

(1) *Enquête*, t. III, p. 130.
(2) Disc. à la Chambre des députés. *Journal officiel*, 28 Janvier 1887.
(3) *Enquête*, t. III, p. 160.

baisse ? « La suppression de l'aumônier de l'établissement et la propagande du clergé amènent cette diminution (1). »

Pourquoi, par contre, le collège de Mauriac est-il prospère ? « L'administration collégiale a la confiance des familles, et, malgré la concurrence du petit séminaire de Pleaux, la prospérité de l'établissement se maintient. La présence d'un aumônier, dissipant les préventions intéressées, rassure les familles sur l'éducation religieuse donnée dans la maison, et c'est, dans le Cantal, un puissant élément de succès (2). »

Ne croyez pas qu'il y ait là question de pays. Si le Cantal est fervent au point de vue religieux, la Seine-et-Marne passe plutôt pour indifférente. Or, « de 1883 à 1887, un mouvement de prospérité se manifeste à l'institution ecclésiastique de Saint-Etienne (Meaux), au détriment du collège ; et, chose caractéristique, ce n'est pas seulement le nombre des internes, mais aussi celui des externes qui augmente. C'est qu'alors on venait de supprimer l'aumônier du collège et de fermer la chapelle de l'établissement. Le résultat fut immédiat ; et même quand l'arrêté fut annulé, le mal ne fut pas enrayé (3) ».

Tel est l'aveu de l'inspecteur d'Académie.

Paris lui-même, le sceptique Paris, veut des aumôniers ; il les veut « dans » le lycée, et non « à côté ».

M. Kortz, proviseur du lycée Montaigne, ne le

_____________

(1) *Enquête*, t. III, p. 298.
(2) *Enquête*, t. III, p. 298.
(3) *Enquête*, t. III, p. 339.

cache pas : « Une autre raison de la diminution de l'internat, c'est l'externement des aumôniers.

« Au lycée Janson-de-Sailly, ouvert en 1884, un appartement avait été préparé pour l'aumônier. Au dernier moment, M. Zévort me fit savoir que l'aumônier ne logerait pas dans la maison. Je dis alors respectueusement au directeur que, dans l'intérêt même du lycée, il serait préférable de loger ce fonctionnaire, les familles, les mères, surtout, tenant pour la plupart à ce que l'aumônier se trouve près de leurs enfants pour les assister en cas de nécessité urgente.

» M. LE PRÉSIDENT. — Le ministère de l'aumônier est aussi libre qu'autrefois ?

» M. KORIZ. — Oui, mais, par un abus de synonymie, on a traduit le mot externement par exclusion, et, au regard des élèves internes, l'opinion qui a prévalu était fâcheuse.

» Bien des gens ont cru qu'il n'y avait plus d'aumônier, par conséquent plus d'enseignement religieux. Vous comprenez le parti qu'on a pu tirer de cette allégation, qui a induit en erreur plus de familles qu'on ne pense.

» Mes collègues et moi en avons des preuves nombreuses (1). »

M. Fallex, professeur au lycée Carnot, est bon à entendre : « En matière de religion, la neutralité a-t-elle toujours été scrupuleusement respectée ? Je ne le pense pas. Un de nos collègues a signalé le fait, avec une ferme courtoisie, à une des dernières

(1) *Enquête*, t. I, p. 535.

sessions du Conseil académique de Paris : la question posée par lui a été immédiatement écartée et soustraite à toute discussion. Il n'en reste pas moins ceci, c'est que, dans maint établissement scolaire, la situation du prêtre catholique ne paraît pas égale à celle du pasteur et du rabbin. Nos adversaires se sont empressés d'en tirer argument contre l'Université (1). »

De toutes ces dépositions et de celle-ci encore, faite par le recteur de l'Académie de Besançon : « Mieux que Paris, la province peut apprécier la gravité du tort qu'a fait au recrutement de l'Université la campagne menée jadis contre l'aumônier des lycées (2). » De ces dépositions, dis-je, que faut-il conclure ?

Ceci : 1° Que les parents veulent, pour leurs enfants, une instruction religieuse, base de l'éducation morale ;

2° Que l'enseignement gouvernemental croîtra ou décroîtra suivant le respect et l'influence qui seront accordés aux aumôniers des lycées et des collèges.

(1) *Enquête*, t. III, p. 168.
(2) *Enquête*, t. III, p. 255.

# CHAPITRE VI

## LA FAILLITE DE L'ÉDUCATION ET DE LA DISCIPLINE

Dans une conférence faite le 1er novembre 1880, au théâtre du Château-d'Eau, à Paris, M. Spuller s'écriait :

« Ce que nous avons voulu établir, en fondant la République, c'est un régime de science et de justice, un gouvernement d'assistance et d'éducation mutuelles, afin de vivre désormais dans des conditions de paix, de liberté et d'ordre, qui permettent à chacun de nous le complet développement de ses facultés. Si la République n'est pas ce gouvernement, elle manque à sa mission. Pour exprimer vraiment mon idée, je me servirai volontiers d'un mot célèbre, et je vous dirai : « La République sera éducatrice, ou elle ne sera pas (1). »

Eh bien ! la République a manqué à sa mission ; elle a fait faillite : elle n'est pas éducatrice.

(1) E. Spuller. *Démocratie et instruction du peuple.*

Que de fois n'a-t-on pas reproché à M. Guizot
d'avoir dit que, dans les collèges de l'Etat, « l'éducation n'était pas au niveau de l'instruction » ! C'est
lui, ajoutait-on, qui est la cause première de ce préjugé, colporté de salon en salon, et d'après lequel
il n'y a pas d'éducation dans l'Université.

Ecoutez M. Albert Petit, professeur au lycée
Janson-de-Sailly :

« Je crois que la question de l'éducation est très
grave au point de vue de la crise universitaire. On
entend tous les jours dire : « L'instruction est très
» bien donnée dans les lycées ; il n'en est pas
» de même de l'éducation. »

» Cette phrase est colportée dans les salons, dans
les *five o'clock*, et elle fait à l'enseignement de
l'Etat un tort considérable. Il faut bien se dire, en
effet, que, chez nous, ce sont les mères de famille
qui jouent le rôle principal dans l'éducation de
l'enfant ; on ne reçoit guère de communication que
de la mère, on n'a de visite que d'elle ; il est rare
qu'on voie le père. Celui-ci parle, écrit quelquefois
sur les questions universitaires, mais, quand arrive
le jour de la pratique, c'est la mère qui a fait sa petite enquête auprès de ses amies et de ses connaissances, qui a entendu dire : « On ne va pas au
» collège, il est mal tenu », c'est la mère qui décide que l'enfant n'ira pas. Le père, qui a fait ses
études au lycée, s'étonne un peu : on lui répond :
« Tu n'y entends rien : c'était très bien de ton temps,
» mais c'est changé. » Et c'est une affaire entendue(1).

(1) M. Albert Petit n'avait pas lu le tome III de l'Enquête ;
il y aurait vu les plaintes des proviseurs et des recteurs, au

» Il faut bien se pénétrer de cette vérité pour toutes les réformes qu'on voudra apporter à l'enseignement secondaire : ce sont les femmes qui jugeront ces réformes et leur donneront ou leur refuseront leur confiance (1). »

Les hommes, cependant, ont bien leur manière d'apprécier, et ne se font pas faute de l'exprimer. Voici, par exemple, un extrait de l'enquête, auquel nous laissons sa forme dialoguée :

M. LE PRÉSIDENT. — Monsieur de Monbrison, vous êtes conseiller général de Tarn-et-Garonne. Ce n'est pas en cette qualité que vous venez. Vous avez demandé à être entendu comme père de famille. Vous avez recueilli les vœux d'un grand nombre de pères de famille?

M. DE MONBRISON. — 72 pères de famille, qui sont de ma génération, c'est-à-dire de quarante à cinquante ans.

M. LE PRÉSIDENT. — Vos fils sont à l'Ecole Alsacienne?

M. DE MONBRISON. — Oui, monsieur le président; j'aime beaucoup l'Université, et je ne le cache pas.

M. LE PRÉSIDENT. — Les pères de famille dont vous avez pris l'avis ont leurs fils dans les lycées?

M. DE MONBRISON. — Presque tous. Il y a parmi eux des internes et des externes, mais presque tous les parents se plaignent de la mauvaise éducation au point de vue des manières ; même à Paris, au lycée Janson-de-Sailly, à Michelet, à Versailles, il

sujet des anciens élèves des lycées qui refusent de confier leurs enfants à l'Université.

(1) *Enquête*, t. II, p. 142.

y a des choses que les parents voudraient éviter de faire suivre à leurs fils, à cause de la mauvaise éducation qu'on leur donne ; il y a des mères de famille qui trouvent les professeurs tout simplement grossiers ; ce n'était pas mon cas ; j'ai été, moi, au collège Rollin et à Sainte-Barbe : j'ai toujours trouvé les professeurs très corrects (1). »

Ils sont juges et parties, dira quelqu'un. Qu'à cela ne tienne. Nous allons apporter d'autres témoignages, nullement suspects ceux-là ; et il est à présumer que, dorénavant, la parole de Guizot prendra la forme d'un aphorisme, sinon d'un axiome.

Aujourd'hui, en effet, comme il y a cinquante ans, l'éducation est nulle dans l'enseignement gouvernemental.

« L'éducation, dit M. Seailles, ne l'oublions pas, est la chose essentielle. Nous n'aurons rien fait, tant que nous n'aurons pas reconnu sincèrement les graves lacunes de notre système. Ici je voudrais d'abord la franchise d'avouer le mal et la ferme volonté d'y porter remède (2). »

« L'éducation, dit M. Poincaré, est beaucoup trop souvent abandonnée au hasard (3). »

« C'est l'éducation qui nous manque (4), » dit M. Billaz, professeur au lycée Buffon.

Les causes de la crise ? dit M. Beck, directeur de l'Ecole Alsacienne ; mais « c'est l'absence d'éducation morale des élèves ».

(1) *Enquête*, t. II, p. 452.
(2) *Enquête*, t. I, p. 268.
(3) *Enquête*, t. II, p. 670.
(4) *Enquête*, t. II, p. 107.

Et il ajoute : « Je vais vous en donner deux preuves assez frappantes.

» Tous les ans je reçois la visite de bien des personnes qui viennent prendre des renseignements sur l'école et qui me disent : Nous avons l'intention de vous confier notre enfant, mais nous hésitons entre Stanislas ou Arcueil et vous, Ecole Alsacienne. Je réponds : Nous sommes pourtant animés d'un tout autre esprit, nous entendons l'éducation d'une tout autre façon. — Sans doute, me dit-on, mais au moins il y a chez vous une éducation, comme dans les écoles religieuses.

» Je donne les renseignements désirés et, suivant qu'on insiste plus sur le côté religieux que sur le côté purement moral de l'éducation, on se décide pour tel établissement ayant un caractère nettement religieux ou pour le nôtre. Mais on exige, à côté de l'enseignement, une éducation.

» Un autre exemple : des parents viennent me parler de leurs fils et me proposer de les recevoir dans notre maison.

» Je leur demande avant tout où ils sont allés précédemment et ce qu'ils ont fait. Ils me répondent : « Ils sortent de tel ou tel lycée. » Mon premier mot est invariablement celui-ci : Il faut les y laisser, ils y sont bien; c'est un excellent lycée : il y a un proviseur très entendu et très dévoué et de fort bons professeurs. Pourquoi les retirer? Y a-t-il une raison déterminante pour les enlever du lycée et les mettre dans un établissement qui n'est pas universitaire, dans une institution libre? Et on me répond presque toujours : Non, il n'y a rien de particulier; mais on ne s'occupe pas assez de nos enfants.

» — Peut-être ne vous en apercevez-vous pas ; on s'en occupe très certainement.

» — Non ; il y a trop d'élèves dans la classe, et, par conséquent, on ne peut pas s'occuper de tous et de chacun. Mon enfant est ignoré, perdu dans le nombre. Nous savons que, dans vos classes, les élèves sont beaucoup moins nombreux, et nous venons ici, parce que nous demandons une action individuelle sur nos enfants. Nous voulons qu'en de·hors de l'instruction on développe en eux la personnalité morale et qu'à cet égard on les suive de très près.

» Voilà deux exemples qui, j'estime, donnent matière à réflexion (1). »

M. Péquignat, répétiteur divisionnaire au lycée Henri IV dépose : « Au point de vue moral, il n'y a pas d'éducation, de direction (2). »

M. Clairin est conseiller municipal de Paris, nommé par le Conseil président de la Commission de l'Enseignement. C'est plutôt en « père de famille » qu'il veut parler ; il le fera en s'occupant du côté « administratif et éducatif ».

« Nous autres, pères de famille, que demandons-nous au directeur chez qui nous plaçons nos enfants ? De s'occuper de leur instruction, certes, mais aussi de leur éducation. Fait-on sur ce point tout ce qu'on pourrait faire? On est justement préoccupé de la diminution du nombre des élèves des lycées.

(1) *Enquête*, t. II, p 1.
(2) *Enquête*, t. II, p. 419.

N'en trouverait-on pas là une des raisons, et des plus importantes? Fils de l'Université, ayant pour elle le plus respectueux dévouement, je puis me permettre de parler franchement...

» Or, ce que nous reprochons au lycée, c'est d'être une administration et non pas une maison d'éducation ; observez ce qui s'y passe.

» Un élève entre au lycée. S'il se conduit en enfant tranquille et de bonne conduite, s'il fait ses devoirs à peu près, pas trop mal, mais aussi pas trop bien, il va user ses habits sur les bancs du lycée sans que personne lui dise quoi que ce soit. Entré en huitième, il roulera ainsi jusqu'à la rhétorique et la philosophie, où il arrivera tant bien que mal, pour ainsi dire fatalement, sans que personne ne se soit jamais enquis de ses aptitudes (1). »

M. Sigwalt, professeur au lycée Michelet, membre du conseil supérieur de l'Instruction publique, prononce ces paroles que l'on devra méditer: « L'éducation ne se donne pas en ce moment ; on sacrifie la partie la plus essentielle, la plus noble de l'enseignement, pour obtenir l'unité de la maison... »

Aussi, qu'arrive-t-il? Cette chose épouvantable :

« ... La grande masse des élèves, les honnêtes médiocrités, ceux-là, quoi qu'on en dise, et abstraction faite de l'influence éducatrice de l'enseignement que nous donnons, je ne crains pas d'exagérer en affirmant que ce sont, au lycée, des enfants moralement abandonnés (2). »

(1) *Enquête*, t. II, p. 292.
(2) *Enquête*, t. II, pp. 117 et 118.

S'étonnera-t-on, maintenant, de cette réponse d'un père de famille, professeur lui-même dans un grand lycée de Paris? Elle est citée par M. Sabatier, doyen de la Faculté de théologie protestante de l'Université de Paris.

« Je causais, hier, dit-il, avec un professeur de Louis-le-Grand et je lui ai dit : « Mon cher collègue, mettriez-vous vos enfants dans l'internat de votre lycée? » Il me répondit carrément : Non. J'aime bien mieux et je crois de mon devoir de les garder chez moi (1). »

Qu'advient-il de ces enfants moralement abandonnés? Il est facile de le prévoir.

A l'intérieur du lycée :

« Que peut devenir dans tout cela un jeune enfant que vous avez interné? » C'est la question que se pose M. Gaufrès, ancien chef d'institution, ancien membre du Conseil académique. Et il y répond :

« Quand on se représente ce qu'est l'enfant avec cette imagination vive, cette sensibilité extraordinaire, avec ce besoin d'action, il semble impossible qu'il puisse être heureux et se développer normalement dans ces conditions. Tout lui est défendu, il ne peut pas bouger, tous ses désirs se heurtent à des obstacles.

« Autre inconvénient : les enfants ne vivent qu'entre eux, n'ayant de rapport avec l'administration que pour en recevoir des ordres ou des punitions. Or, la pire des écoles, c'est celle des enfants entre

_______

(1) *Enquête*, t. I, p. 200.

eux ; c'est ce qui rend si dangereuse l'école de la rue (1). »

« Les enfants restent écoliers, passifs, faciles à entraîner ; et en même temps ils sont indisciplinés et ennemis de la règle. Ils ont souvent une morale à part, où les notions du bien et du mal sont bouleversées... D'un autre côté, je dois dire qu'on entend souvent ceux qui ont été internes dans les lycées se plaindre des conditions morales au milieu desquelles ils se sont trouvés (2). »

M. Péquignat, que nous avons déjà rencontré ci-dessus, va donner quelque précision à ces assertions générales. Mieux que tout autre, il est, par sa fonction, capable de nous renseigner.

« Une partie seulement de nos élèves joue ; la plupart se promènent autour du préau : cela ne constitue pas un exercice assez violent... Les récréations se passent en conversations dommageables à la moralité de l'élève... Ces heures de récréations sont les plus tristes et les plus dangereuses pour eux, actuellement (3). »

Si de l'intérieur nous passons au dehors, le même spectacle navrant s'offre à nos regards :

« Si un père de famille, ayant à placer son fils dans une maison d'éducation, passait dans la rue à la sortie des classes de certains lycées, en voyant les élèves se conduire plus mal dans la rue que des enfants de nos écoles primaires, il aurait quelque hésitation à confier son fils à cette maison. Beau-

(1) *Enquête*, t. II, p. 436.
(2) *Enquête*, t. I. p. 330.
(3) *Enquête*, t. II, pp. 417, 418.

coup de bons républicains, même avancés, des esprits très libéraux, ne mettent pas leurs enfants au lycée, à cause de ce manque de tenue. C'est là une petite critique, dira-t-on ; elle a son importance, car beaucoup de personnes jugent sur ces apparences, et elles n'ont pas toujours tort (1). »

Qui parle ainsi ? M. Clairin, conseiller municipal de Paris.

Si les enfants étaient mieux élevés, cela n'arriverait pas ; et si les abords du lycée étaient surveillés, il ne s'y passerait pas ces scènes révoltantes que l'on a vues plusieurs fois, même à Paris, par le fait de personnes de mauvaise vie.

M. Gaufrès ne le cache pas :

« Des précautions morales très importantes sont omises : on voit parfois autour de l'établissement des choses peu convenables, des exhibitions, des gravures licencieuses, des journaux pornographiques, quelquefois pis. A côté du lycée d'une grande ville, il y a une brasserie de femmes.

» On a fait, me dit-on, des efforts pour la supprimer ; on n'y est pas parvenu.

» Certes, ces questions concernent la police, non l'instruction publique. Mais l'une et l'autre relèvent de l'Etat et il dépend de lui de faire concorder leur action. Les familles, en tout cas, le demandent et se plaignent qu'il n'en soit pas ainsi.

» Un autre point montre que l'on ne fait pas assez attention à l'intérêt moral des enfants : il y a des sorties de classe à toutes les heures ; les familles

____

(1) *Enquête*, t. II, p. 292.

ne peuvent à chacune surveiller leurs enfants (1). »

M. Boudhors, professeur au lycée Henri VI, confirme, tout en voulant faire des restrictions :

« Si par hasard on trouve que certains élèves négligent leur tenue ou leur langage, l'Université n'en est pas responsable. Je tiens même ici à dire que ce n'est pas à l'Université qu'on peut attribuer le caractère fâcheux d'un certain laisser-aller dont la rue donne l'exemple : étalages, journaux, images, etc. Nous avons toujours protesté contre certains voisinages qui entourent les lycées d'une façon fâcheuse. Et enfin, c'est aux familles de veiller, et à la police de prendre des mesures (2). »

M. Boudhors ne se trompe-t-il pas ? L'enseignement gouvernemental est fautif parce que, exigeant ou acceptant que les parents lui confient leurs enfants, il en a la garde, tant qu'ils ne sont pas dans leurs familles : il doit donc leur apprendre, de façon positive, à se bien tenir et à se bien conduire, et veiller à ce que rien, à l'extérieur, ne vienne combattre ou diminuer la bonne impression des conseils donnés.

Mais où M. Boudhors a parfaitement raison, c'est quand il ajoute :

« Il y a une sorte de tenue extérieure que quelquefois on regrette de ne pas trouver chez les élèves, les internes, par exemple, de l'enseignement universitaire ; sans doute la correction purement matérielle peut atteindre quelquefois un peu

(1) *Enquête*, t. II, p. 436.
(2) *Enquête*, t. II, p. 137.

jusqu'à la tenue morale même. Il est bien certain qu'il y a des détails de propreté, de convenance dans la tenue, qui peuvent être des signes de correction ou d'incorrection morale. »

D'où vient cet état lamentable ? De ce qu'il n'y a, dans l'Université, ni doctrine morale, ni doctrine disciplinaire, ni maîtres capables d'appliquer l'une et l'autre.

Reprenons la déposition de M. Péquignat :

» Au point de vue moral, il n'y a pas d'éducation, de direction. Nous n'avons pas, dans l'Université, de doctrine morale comme nous n'avons pas de doctrine disciplinaire. Nous n'enseignons rien de précis sur ce point important. Les maisons religieuses ont sur nous l'avantage d'enseigner au moins la morale d'une religion ; nous, nous n'enseignons même pas la morale de la solidarité, qu'on enseigne dans les écoles primaires. Nos élèves n'ont part aux théories morales qu'en philosophie ; à ce moment ils sont déjà formés, il est trop tard (1). »

Ce manque de direction morale fait le bonheur de M. Boudhors :

« Il me semble qu'on reste sous l'impression de ce qu'était autrefois, officiellement, l'éducation morale, à savoir l'éducation confiée à la religion, aux représentants d'une opinion confessionnelle ; et je crois que lorsqu'on dit que l'Université ne donne pas l'éducation, on veut dire, souvent, qu'on ne trouve pas dans l'Université, forcément et libérale-

_____________

(1) *Enquête*, t. II, p. 119.

ment neuf, puisqu'elle est l'enseignement de l'État, l'équivalent de cette direction morale que donnent, par exemple, les établissements ecclésiastiques, à quelque religion qu'ils appartiennent... »

La supériorité de l'éducation (?) universitaire vient de ce que l'élève « fait ainsi, dans le lycée, l'expérience, pour ainsi dire insensible et continuelle, de la vie intellectuelle et morale la plus complète, puisque, au lieu de le restreindre, de l'enfermer dans une méthode fixe, dans une formule rigide, on le met à même de constater par lui-même, de comparer, une série de méthodes différentes, de s'étendre, de s'ouvrir, de *s'élever* l'esprit et le cœur (1) ».

M. Léon Bourgeois, oui, lui-même, repousse absolument cette opinion :

« Comment peut-on supposer que l'enfant soit en âge d'exercer sa liberté personnelle d'esprit et de choisir entre les enseignements ?

» Ce que je redoute, au contraire, c'est que se trouvant entre des maîtres qui, dit-on, lui offrent des théories différentes et se contredisent entre eux, l'enfant ne soit embarrassé, dérouté, et finisse par n'avoir confiance ni dans l'un, ni dans l'autre (2). »

Au point de vue de l'éducation morale, il n'y a rien, dans les lycées, mais rien, vous dis-je, absolument rien. On n'y fait même pas apprendre la *Déclaration des droits de l'homme.*

Entendez à ce sujet M. Clairin :

(1) *Enquête,* t. II, p. 138.
(2) *Enquête,* t. II, p. 69.

« Aujourd'hui, nous le répétons, l'enfant est seul dans cette foule; le temps marche, les années s'écoulent, sans que personne exerce aucune action salutaire sur lui.

» Je ne parle pas de l'enseignement de la morale ; il est, je crois, plus surveillé dans les écoles primaires que dans les lycées, et nous sommes heureux d'avoir à la direction de l'enseignement de la Seine un homme qui a compris la nécessité de faire apprendre aux enfants la Déclaration des droits de l'homme et de baser sur elle l'enseignement moral et civique parce que cette charte est la base de nos lois et de notre vie démocratique ; j'estime qu'on devrait l'enseigner, la commenter, partout et toujours, dans nos établissements d'éducation quels qu'ils soient, si l'on ne veut pas voir, encore pendant longtemps, des jeunes gens, au sortir du collège, ne croire à rien, étouffer systématiquement en eux-mêmes tout élan généreux et faire parade d'un scepticisme de mauvais aloi (1). »

M. Morlet est un ancien proviseur de Troyes et de Marseille ; actuellement, il est censeur au collège Rollin. Il estime que « la question de l'éducation morale tient une grande place dans la crise actuelle; que, en dehors de la question religieuse et de bien-être matériel, les parents qui envoient leurs enfants dans les établissements ecclésiastiques le font parce qu'ils sont persuadés que leurs enfants « y seront mieux surveillés dans leur travail personnel, par des hommes qui, n'étant pas absorbés par le souci

(1) *Enquête*, t. II, p. 292.

de leurs intérêts particuliers, dégagés des préoccupations multiples de la vie quotidienne, seront plus disposés à se consacrer tout entiers à leur tâche ; enfin, et surtout, qu'ils y seront mieux élevés, par des hommes que le caractère de leurs fonctions, que la robe même dont ils sont revêtus, que l'habitude du langage de la prédication semblent douer d'une autorité plus grande et plus respectable ».

Qu'a-t-on fait pour leur donner satisfaction ?

« Pour la direction du travail personnel et surtout pour l'éducation morale, qu'a-t-on fait ? Des commissions ont étudié la question, de grands esprits l'ont traitée dans la presse, dans les livres ; le nom de M. Marion est dans toutes les bouches. Mais si, au point de vue théorique, des systèmes et des méthodes ont été établis de façon magistrale, au point de vue pratique les résultats ne sont pas encore de nature à nous satisfaire.

» C'est qu'on a eu raison de dire que la pire des méthodes peut donner de bons résultats avec un maître habile, et la meilleure échouer avec un maître inexpérimenté (1). »

Nous concluons avec M. Gaufrès :

« En somme, nos jeunes gens ne sont pas assez avec des personnes qu'ils aiment et qui les aiment. Les établissements religieux n'ont évidemment pas une supériorité réelle sur les établissements laïques, mais ils tiennent compte des sentiments des enfants, ils occupent leur imagination, ils excitent leurs bons sentiments. Je lisais même récemment dans un

_______________

(1) *Enquête*, t. II, p. 341.

livre snr les patronages catholiques que dans les écoles classiques les grands garçons sont peu à peu habitués à se préoccuper de leurs futurs devoirs, de leur futur rôle dans la société.

» On leur enseigne, bien ou mal, à s'intéresser aux autres, surtout aux petits, aux faibles ; enfin, on leur trace une sorte de programme moral, tandis que ces précautions d'ordre élevé ne sont pas prises chez nous.

» En résumé, notre erreur en ce qui concerne la tenue et l'enseignement des lycées, particulièrement de l'internat, a été de nous imaginer que l'enseignement suffit. Nous donnons de bonnes leçons ; nous avons des professeurs d'une supériorité éclatante et qui ne sont pas seulement des savants, mais des hommes de cœur ; seulement ils n'ont pas assez l'idée qu'à des enfants, soit dans la classe, soit ailleurs, il faut autre chose que le savoir.

» Les bons pères ne donnent pas tout ce que les familles en attendent, mais ils donnent des soins visibles ; les mères voient qu'on s'occupe de leurs enfants, et c'est ce qu'elles demandent. La devise de la société des chefs d'institution, dont j'ai longtemps été président, était : *Parentis esse loco.* Tous n'appliquaient pas également leur devise ; mais ceux qui le faisaient suffisamment avaient plus d'élèves qu'ils n'en voulaient (1). »

Au manque d'éducation morale vient se joindre le manque de discipline.

Il y aurait beaucoup à dire sur cette question ;

(1) *Enquête,* t. II, p. 136.

nous nous en tiendrons à quelques faits, parce que nous aurons occasion d'en parler à diverses reprises en nous occupant des proviseurs, des professeurs et des répétiteurs.

Comment est comprise, aujourd'hui, la discipline dans l'enseignement gouvernemental? On n'a pas oublié que, depuis une dizaine d'années, il a été inauguré une nouvelle méthode.

M. Gréard nous en parle en ces termes :

« L'éducation, ai-je besoin de le dire? ne se fait pas toute seule. Le relâchement n'y serait pas d'un moindre danger, certes, que la contrainte. Toute discipline digne de ce nom implique une direction, c'est-à-dire l'esprit de suite, la vigilance, l'effort, de la part de ceux qui la donnent comme chez ceux qui la reçoivent. La question est de bien orienter cette direction et d'avoir moins un corps de règles qu'un esprit de discipline. Or, aux commandements de l'espèce de code militaire que nous avions plus ou moins hérité du premier empire ont été substituées les prescriptions d'un régime de raison ; aux règles qui s'imposaient et aux peines qui en étaient la sanction, les obligations, les habitudes morales d'une discipline consentie. Au fur et à mesure que l'élève monte dans la hiérarchie des classes, les liens se détendent autour de lui (1). »

M. Léon Bourgeois, qui fut un peu l'initiateur de ce système, se félicite de son œuvre, et il est tout fier de pouvoir affirmer que l'on n'entend pour ainsi dire jamais plus parler de troubles graves dans

_______________
(1) *Enquête*, t. I, p. 6.

aucun de nos établissements. « M. Gréard a rappelé devant vous que, dans les moments troublés que nous venons de traverser, aucun lycée, chose frappante, n'avait été atteint par les agitations extérieures, et que nulle part, il n'y avait eu de manifestations dans nos établissements, alors que partout au dehors les esprits semblaient si passionnément divisés (1). »

Comment, parce que les lycéens n'ont pas monté de barricades, ne se sont pas tiré des coups de revolver en étude ou en classe, à propos de l'affaire Dreyfus, on entonnera un hymne de triomphe en l'honneur de la discipline consentie !

Il faudrait, pour se faire une notion plus exacte de la situation, entendre ceux. qui, professeurs ou répétiteurs, sont chargés d'appliquer cette discipline, qui en voient les effets et qui, peut-être, en souffrent.

Nous avons appris déjà de M. Péquignat qu'il n'y avait aucune doctrine disciplinaire.

M. Rambaud, ancien ministre de l'instruction publique, n'est pas de l'avis de son ex-collègue, M. Bourgeois.

M. LE PRÉSIDENT. — Mais même dans l'établissement, n'admettez vous pas que sous la responsabilité du proviseur on puisse rendre moins militaire la discipline des grands élèves ? M. Dupuy nous disait tout à l'heure que certains proviseurs avaient supprimé la surveillance dans les études et s'en étaient bien trouvés.

(1) *Enquête*, t. II, p. 684.

M. Rambaud. — C'est évident pour les grands élèves, car ceux-là travaillent sérieusement; ils ont la préoccupation des examens, de l'entrée dans telle ou telle grande école; ils ne cherchent pas les occasions de perdre leur temps, au contraire.

M. le président. — N'y a-t-il pas intérêt à développer le plus tôt possible le sentiment de la responsabilité?

M. Rambaud. — Sans doute, mais nous ne devons pas oublier qu'il suffit de deux ou trois élèves qui ne veulent pas travailler pour troubler une étude de quarante.

M. le président. — Cela se voit même dans les Chambres (*Rires*.) (1).

M. Péquignat voit, chaque jour, les résultats d'une telle méthode :

« Avec notre discipline paterne plutôt que paternelle, nous ne pouvons plus quitter les élèves des yeux, sans quoi ils s'amusent aussitôt. »

M. le président. — Il en est ainsi, même pour les grands, qui ont la sanction prochaine de l'examen. Ne croyez-vous pas qu'on puisse obtenir de bons résultats en s'adressant à leur raison?

M. Péquignat. — Je suis persuadé du contraire. Il faut vivre avec nos élèves pour se douter de cette difficulté ; nous ne pouvons pas attendre un résultat en nous adressant à la raison de nos élèves.

M. le président. — Vous êtes pour la manière forte?

M. Péquignat. — Oui, j'aime assez de la fermeté

(1) *Enquête*, t. I, p. 256.

dans la discipline. Je crois que c'est nécessaire. On n'est l'ami de l'élève d'une façon utile pour lui que si l'on est son maître incontesté (1). »

« Autrefois, dit M. Fretillier, proviseur du lycée Carnot, nous avions une discipline organisée autrement, et il fallait que les élèves s'y soumissent; aujourd'hui, nous l'avons relâchée (2). »

M. Seailles, dans son langage philosophique, ne dit pas autre chose : « Avec les meilleures intentions du monde, on a voulu changer l'âme, sans toucher au corps; on a affaibli la discipline, on n'a pas créé l'autorité morale. Le lycée est resté la machine impersonnelle : imaginez une machine dont on desserrerait un peu toutes les vis, tous les rouages, et qu'on laisserait aller comme devant; la machine marcherait plus mal, elle n'aurait pas été changée, et l'ingénieur paraîtrait naïf qui s'étonnerait de n'avoir pas obtenu de meilleurs résultats par un procédé si simple (3). »

« La discipline! s'écrie M. Follet, professeur au lycée Carnot; mais elle a été énervée au point que, bien souvent, l'élève, sous le beau prétexte de faire l'apprentissage de la liberté, n'a suivi que sa fantaisie ou sa paresse naturelle. »

Et aussitôt il apporte des exemples : « Dans nombre d'établissements, l'insuffisance ou même l'absence de moyens de répression est digne d'attirer l'attention.

» Prenez par exemple les lycées d'externes de

(1) *Enquête*, t, I, p. 119.
(2) *Enquête*, t. I, p. 590.
(3) *Enquête*, t. I, p. 268.

Paris. L'unique moyen de répression un peu sévère est la « retenue ». Elle dure deux heures et se fait dans la matinée du jeudi.

» Supposez que l'élève appartienne à une classe où, ce jour-là, à cette heure-là, se font des cours (le cas est fréquent) : Quelle ressource reste-t-il aux proviseurs, censeurs, professeurs et maîtres, pour atteindre et frapper les coupables ?

» Un jour, dans un lycée, tous les élèves d'une classe, sans exception, complotèrent une absence générale au cours d'un de leurs professeurs. Ils firent grève.

» Une semonce très forte leur fut adressée et collectivement et individuellement par le proviseur.

» Fort de l'autorité morale qu'il a sur ses élèves, il comptait bien que le fait ne se renouvellerait pas. Il se renouvela dans la quinzaine. C'est qu'en effet, il n'était pas facile de réprimer pareil acte d'indiscipline ; les élèves savaient qu'il n'y avait d'autre recours contre eux que l'expulsion du lycée : la mesure est tellement grave qu'elle n'est prise que dans des cas exceptionnels (1). »

M. Bernès, professeur à Lakanal, nous semble avoir nettement condensé en quelques lignes le grand défaut de la prétendue réforme disciplinaire de 1890 :

« Aux yeux de la grande majorité de mes collègues, le mal le plus grave est que, dans les lycées même et dans les collèges, à la suite des réformes

_______________

(1) *Enquête*, t. II, pp. 168, 170.

de la discipline édictées en 1890, l'autorité s'est affaiblie; moins peut-être en raison de certaines des mesures particulières qui ont été prises alors, que sous l'action des tendances générales qui se sont manifestées à cette occasion, des interprétations qui ont été données de la réforme, de certaines déclarations officielles ou officieuses qui l'ont accompagnée.

» Il y avait, sans doute, quelque chose à faire. Il y a des détails à garder dans les règlements de 1890. Le séquestre, sous la forme qu'il prenait quelquefois, était mauvais; on abusait peut-être des retenues qui empêchaient les élèves de prendre l'air entre les classes.

» Le principe général de la réforme : faire reposer la discipline non sur le jeu mécanique des punitions, mais sur l'autorité personnelle des maîtres et l'attachement des élèves au devoir, était excellent. Mais ce principe, donné pour nouveau, l'Université s'en était de tout temps inspirée, et ceux qui ont cru le découvrir se sont trop imaginé qu'à lui seul, ou presque seul, sans l'appui des moyens disciplinaires qu'une longue expérience avait peu à peu fait adopter, il pouvait suffire. Or, on ne peut se contenter, pas plus dans un lycée que dans un régiment, d'une discipline idéale, établie pour un maître idéal et pour un élève idéal : s'il en était ainsi, on pourrait au régiment supprimer tout règlement disciplinaire; car un officier parfait, en présence d'un soldat parfait, saura toujours se faire obéir. Mais il faut que le régime disciplinaire établi soutienne même les moins expérimentés, ou les plus maladroits ; qu'il soutienne au besoin un maître expérimenté, quand il change de lycée par exemple, et se trouve au premier abord dépaysé dans un milieu moral quelquefois très différent de celui qu'il a quitté. Il faut qu'il le soutienne quand il a une mauvaise classe ; et cela arrive, il y a des années où les classes sont animées d'un mauvais esprit.

» Or, qu'a-t-on fait en 1890, sous prétexte de discipline purement morale, ou, comme on a dit, paternelle? On ne s'est pas contenté de dire aux maîtres : « Vous ne punirez pas *ab irato ;* vous attendrez d'avoir réfléchi, de vous être calmé si vous étiez en colère ; vous ne marquerez définitivement une punition qu'à la fin de la classe ou de l'étude. » On a retiré aux professeurs le droit de prescrire eux-mêmes les retenues du dimanche, qui subsistent à peu près seules comme punition matérielle effective ; aux répétiteurs, le droit d'infliger autre chose que de mauvaises notes.

» En principe, en dehors de l'obligation de rapprendre une leçon ou de refaire un devoir, il n'y a plus que le proviseur qui punisse ; les maîtres ne peuvent que lui demander une punition. Il est facile d'imaginer comment les élèves ont interprété cette réforme. Ils ont très bien compris que le professeur, le répétiteur, hésiteraient davantage dans la répression ; que plus d'une punition avait chance de se perdre en route ; que sur l'appréciation de la faute il pouvait surgir des désaccords, des conflits. La plus élémentaire psychologie, du reste, suffit à faire comprendre que la menace d'une peine, dût-elle être réalisée, a moins d'effet immédiat qu'une sentence définitive ; et c'est le plus souvent un effet immédiat qu'il est nécessaire de produire.

» Il faudrait donc, sous une forme ou sous une autre, rendre à tous les maîtres le droit personnel de punir ; si le chef de la maison estime que l'un d'eux en use mal, son rôle est d'en causer avec lui, de l'avertir, en vue d'occasions ultérieures. Mais la punition une fois donnée, annoncée à l'élève, la volonté seule de celui qui l'a donnée doit, aux yeux de l'élève, en atténuer, s'il y a lieu, l'effet.

» On dira peut-être : « Mais l'institution du conseil de discipline rend aux professeurs, aux répétiteurs, ce qu'on leur a d'autre part enlevé d'autorité. » Le conseil de discipline est une innovation excellente. S'il est réuni aussi souvent que cela peut devenir nécessaire ; si le proviseur ou le principal l'associe intimement à la direction morale de l'établissement ; si surtout, ce qui en fait ne se réalise pas assez, les sentences graves prononcées par lui, d'accord avec le chef de la maison, sont toujours suivies d'effet ; si aucune intervention hiérarchique, aucune influence extérieure ne vient lui faire échec, le conseil de discipline peut rendre les plus grands services. Mais, en dehors de ces réunions trimestrielles où il distribue aux élèves les félicitations et les blâmes, ce conseil n'a à intervenir que dans les cas graves. Les fautes courantes dont la répression est nécessaire au bon ordre des classes et des études, à la bonne marche du travail, ne sont pas de celles dont la répétition même, le plus souvent, doit entraîner les peines extrêmes, expulsion à temps ou définitive, qu'il a pour rôle de prononcer.

Le conseil de discipline est un soutien précieux, contre les mauvaises volontés obstinées, pour l'autorité des maîtres. Il ne peut dispenser de donner à cette autorité tous les moyens de se faire sentir (1). »

M. Bernès approuve l'institution du conseil de discipline, sous certaines conditions ; il sera parfait si... si... si...

M. Albert Petit, professeur au lycée Janson-de-Sailly, va nous faire entrer plus avant dans ce fonctionnement :

« La discipline actuelle est paternelle, j'en suis partisan. L'ancienne était excellente pour mater les mauvais esprits, mais je ne crois pas que nos établissements doivent être des maisons de correction. Les mauvais esprits, il faut pouvoir les éliminer vivement, sans bruit, sans trop de formalités.

» Un élève ne fait rien, il perd son temps, il le fait perdre aux autres, il est une cause de désordre, de fatigue pour les professeurs, on accumule les rapports sur lui. Le proviseur, quand la coupe déborde, convoque le conseil de discipline ; on examine le dossier ; on décide de renvoyer la brebis galeuse à sa famille. Vous croyez que c'est fait ? Il faut envoyer ce dossier au recteur ; si celui-ci approuve la décision, l'élève sera mis à la porte. Sinon, il restera, et sa présence ne sera pas faite pour rehausser le prestige de l'administration, du corps enseignant et de l'établissement. S'il y a un cas où il faut donner de l'autonomie au lycée, c'est

(1) *Enquête*, t. II, p. 126.

bien celui-là ; on parle de décentraliser, en voilà bien l'occasion. Un mauvais élève en gâte plusieurs bons, et quand on en vient à l'expulser, il est souvent trop tard.

» Si c'est un boursier, c'est bien autre chose. Il semble que son exclusion doive être très facile. Un boursier mauvais élève commet un véritable vol. Il prend une partie des sacrifices de l'État au détriment d'un élève qui pourrait en mieux profiter. Mais je défie bien le proviseur de s'en débarrasser. Il faut un arrêté ministériel : entre la décision du conseil de discipline et cet arrêté, il se produira des interventions extra-universitaires sur lesquelles il n'est pas nécessaire d'insister. Le boursier sera généralement maintenu. Peut-être le transférera-t-on dans un autre lycée, où il recommencera la même besogne destructive. C'est absolument fâcheux (1). »

Conclusion : « La fermeté est une chose nécessaire ; si les familles nous la demandent, si elles ne la trouvent pas chez nous, elles vont la chercher ailleurs (2). »

Ainsi parle M. Dalinier, professeur au lycée Buffon.

(1) *Enquête*, t. II, p. 142.
(2) *Enquête*, t. I, p. 557.

# CHAPITRE VII



## LES « MAUVAIS BERGERS » DE L'ENSEIGNEMENT GOUVERNEMENTAL

Ainsi donc, l'éducation fait totalement défaut dans les établissements d'enseignement officiel ; par quel hasard illogique s'y trouverait-il des éducateurs ?

De fait, il n'y en a pas.

Proviseurs, professeurs, répétiteurs sont tout ce qu'on voudra, sauf éducateurs. Eux-mêmes le reconnaissent et l'avouent en gémissant ; et c'est bien le plus désolant spectacle qu'on puisse voir : des hommes, au fond, animés des meilleures intentions, voulant faire quelque chose de bien, et ne le pouvant pas.

Le « mécanisme » s'y oppose. Pris dans un irrésistible engrenage, ils voient leur vie broyée peu à peu, sans profit pour personne. C'est l'anarchie complète.

« Le véritable défaut de nos lycées, c'est le manque de solidarité, d'unité, d'harmonie. Chacun va de son côté et il est fort heureux que, malgré ce défaut, les lycées ne marchent pas plus mal (1). »

C'est un professeur qui vient de parler.

## I. — *Le proviseur*.

En tête du lycée, le proviseur.

« Le directeur est l'âme de l'établissement. Rien ne se fait sans lui ; il partage en toutes choses la responsabilité de ses collègues. Il est chez lui dans chaque classe, il connaît individuellement tous les élèves, et suit leur travail de près. Il surveille leur conduite, dans le lycée et hors du lycée. Il a son personnel, dans la main (2). »

Où se trouve donc ce proviseur idéal ? En France ? Hélas ! non ; en Allemagne, où M. Boutroux l'a maintes fois rencontré.

En France, le proviseur est un vulgaire « rond-de-cuir » ou un « marchand de soupe », au choix ; — souvent il cumule ces deux fonctions.

Mal vus de ses subordonnés, ils n'a sur eux aucune autorité.

« Dans la réalité, dit M. Seignobos, le proviseur n'est nullement supérieur, comme culture, à ses collègues professeurs ; il leur est, en général, inférieur (3). » Entre eux règne une sorte de méfiance.

« J'avoue que jusqu'à un certain point cela se

(1) *Enquête*, t. II, p. 223.
(2) *Enquête*, t. I, p. 332.

comprend. Des professeurs, souvent fort distingués, auront quelque répugnance à déférer aux désirs d'un proviseur qu'ils sentiront manifestement inférieur, non seulement au point de vue de l'instruction, s'il n'a point les mêmes titres universitaires qu'eux, mais encore au point de vue de l'autorité, s'ils se trouvent en présence d'un homme qui n'est pas un véritable directeur de collège, mais un simple fonctionnaire administratif. C'est là un état de choses déplorable : il faut que le professeur se sente en face d'un égal, d'un supérieur même, en un mot d'un homme qui possède à fond la science de l'éducation, sa pratique si difficile, et puisse exercer une influence à la fois sur le personnel enseignant et sur les élèves...

» ... Un proviseur, en général, ne sait pas toujours exactement ce qui se passe dans son établissement. Il n'ose pas intervenir dans les classes. Il éprouve à l'égard du professeur un certain sentiment de défiance et il ne prend pas la liberté de lui donner des conseils. De son côté, le professeur le tient quelquefois en faible estime — et il n'a pas toujours tort, — parce qu'il sent qu'il n'est pas en face d'un égal (1). »

Cette parole de M. Gautier, professeur au lycée Henri IV, est corroborée par M. G. Monod, de l'Institut : « Les professeurs le considèrent d'ordinaire comme un intrus quand il se mêle d'enseignement (2). »

Ce mépris du proviseur va si loin que « beau-

(1) *Enquête*, t. II, p. 223.
(2) *Enquête*, t. I, p. 110.

coup de professeurs, affirme M. Poincaré, croiraient déroger en devenant proviseurs (1). » Et il ajoute que « ce n'est là un mystère pour personne. »

N'y a-t-il point là un vice originel?

Oui, répond M. Combes : « La nomination des proviseurs et des principaux de collège ne donne pas toujours satisfaction aux exigences de la fonction. Souvent, il leur manque la compétence administrative. Des professeurs un peu fatigués ou simplement dégoûtés deviennent proviseurs sans avoir une préparation suffisante. Cette absence de préparation spéciale est tout à fait fâcheuse. Si brillant qu'on soit comme professeur, on peut être un très mauvais administrateur (2). »

Cela ne tient-il pas aussi à la fonction elle-même, telle qu'on l'a rabaissée ?

« La direction d'un lycée exige des qualités qu'un excellent professeur peut ne pas avoir, que très souvent même il n'a pas, et qu'un professeur médiocre peut posséder. La fonction du proviseur est une fonction hybride ; il doit réunir des qualités qui n'ont rien de commun entre elles, celles de l'administrateur et celles de l'éducateur. En admettant qu'il les possède à un égal degré, ses fonctions mêmes l'invitent à sacrifier l'éducation à l'administration.

» Comme éducateur, en effet, le proviseur a une tâche immense, mais indéterminée, extrêmement élastique et aussi extrêmement compressible ;

(1) *Enquête*, t. II, p. 670.
(2) *Enquête*, t. I, p. 125.

comme administrateur, il a une tâche très vaste également, mais nettement définie, rigide et positive ; l'exercice de ses devoirs administratifs est méticuleusement contrôlé.

» Il arrive de cette manière que l'administrateur chez lui ne tarde pas à absorber complètement l'éducateur, et le proviseur ne fait plus que de l'administration ; c'est admis par tout le monde, par les proviseurs eux-mêmes (1). »

Ce que dit là M. Sigwalt, professeur à Michelet, et membre du Conseil supérieur de l'Instruction publique, n'est que trop vrai. Le proviseur « paperasse trop » (2), s'exclame M. Croiset. « Il y a quelques années, raconte M. Espinas, dans un voyage, j'allai voir un vieux camarade récemment nommé proviseur. Comme je le félicitais d'être devenu pasteur d'âmes, il soupira et me montra le tableau de ce qu'il avait à rédiger de rapports chaque semaine. « Je n'ai pas le temps, me dit-il, de faire de l'éducation (3) ».

Ce sont « des montagnes de papier », dit le même, qui vont à l'administration.

« Savez-vous, dit M. Chalamet, combien un proviseur peut recevoir en un an de communications rectorales ? J'ai eu sous les yeux, au 31 décembre, une circulaire qui portait le numéro 797. Soit, en moyenne, plus de deux circulaires par jour ! N'est ce pas excessif ?

» Un proviseur ne peut pas, de sa propre autorité,

(1) *Enquête*, t. II, p. 147.
(2) *Enquête*, t. I, p. 91.
(3) *Enquête*, t. I, p. 393.

donner 5 francs de gratification à un garçon, sans en prévenir le recteur !

» Voulons-nous faire placer dans la bibliothèque des professeurs un livre dont nous avons besoin ? Il faut le demander par lettre au proviseur, qui transmet la lettre, avec son avis, au recteur. Le recteur fait parvenir le tout, avec son avis, au ministre qui décide. La demande revient ensuite, en passant par la même filière et, au bout de six mois, si tout est régulier, on obtient enfin que le livre, dont nous n'avons plus besoin à ce moment, soit placé dans la bibliothèque (1). »

Le proviseur ne peut même pas nommer son concierge ; c'est le recteur qui décide, naturellement après une grosse accumulation de paperasses (2).

Comment voulez-vous, qu'il puisse exercer une action personnelle sur les élèves ou sur les professeurs : « Je veux dire cette double action morale et intellectuelle, qui serait le premier et le plus important de ses devoirs (3) ». (M. Berthelot).

« Il ne le peut, » dit M. Sigwalt. « En admettant même que toute la partie administrative de sa tâche lui soit enlevée, comment serait-il l'éducateur des 400, des 800, des 2,000 élèves même qu'il a dans l'établissement ? Comment serait-il pour chacun d'eux le conseiller, l'ami expérimenté, le confident, le directeur de conscience en quelque sorte, dont un enfant a besoin. N'est-ce pas matériellement impossible (4) ».

(1) *Enquête*, t. II, p. 160.
(2) *Enquête*, t. I, p. 166.
(3) *Enquête*, t. I, p. 15.
(4) *Enquête*, t. II, p. 147.

Aussi qu'est-il à leurs yeux? « Actuellement, dit M. Favre, directeur du collège Sainte-Barbe, ils le considèrent un peu trop comme celui qui inflige les consignes, toujours occupé à lire des rapports, comme une sorte de juge d'instruction, un chef qui punit et qui gronde, mais qui n'a jamais un mot aimable sur les lèvres, un mot de père de famille (1) ».

N'avions-nous pas raison de dire que le proviseur des lycées était un « rond-de-cuir ». Et nous avons ajouté : un marchand de soupe.

Il n'est pas possible, pas humain, de lui demander de se soustraire à l'atmosphère ambiante. Il sait que, en haut lieu la question primordiale, celle à laquelle tout doit être sacrifié, c'est la concurrence des établissements ecclésiastiques. Il pense comme M. G. Monod : « Toutes les fois que l'État veut faire quelque chose, il se dit : ce que je vais faire ne nuira-t-il pas à notre enseignement? N'allons-nous pas donner des armes à l'enseignement libre, qui souvent se trouve, par la fatalité même des choses, en concurrence avec le nôtre (2) » ?

Le proviseur est comme tout le monde. « On craint de prendre des responsabilités; on a peur des influences politiques; on ne veut pas se créer d'affaires (3) ». Aussi ne cherche-t-il qu'une chose, dit M. Seailles, « s'abriter derrière des commissions, des règlements, agir par routine (4) ».

(1) *Enquête*, t. II, p. 17.
(2) *Enquête*, t. I, p. 107.
(3) *Enquête*, t. I, p. 108.
(4) *Enquête*, t. I, p. 267.

« D'ailleurs, que demande-t-on au proviseur? dit M. Sigwalt. Sur quoi le juge-t-on? Sur la population de son lycée; le critérium n'est pas sans valeur, parce qu'on peut supposer qu'un lycée dont la population augmente est un lycée bien tenu, qu'on y travaille et que la police y est bien faite (1). »

Cette préoccupation du nombre prime tout, en effet.

Nous en avons un aveu déguisé dans la déposition de M. Foncin.

Au moment où il préconisait un nouveau système d'inspection, il fut interrompu par un des membres de la commission :

M. MARC SAUZET. — Dans le régime d'inspection de ce nouveau système, les inspecteurs généraux tiendraient compte non plus du nombre des élèves, mais de la valeur générale de l'établissement. Est-ce qu'on tient compte aujourd'hui du nombre des élèves ?

M. FONCIN. — Il ne faut pas dépasser ma pensée : je dis simplement que dans le nouveau système les inspecteurs n'auraient pas à s'occuper du nombre des élèves.

M. MARC SAUZET. — Vous paraissiez faire une critique du régime actuel.

M. FONCIN. — Je ne prétends pas que les inspecteurs actuels se préoccupent exclusivement du nombre des élèves; cependant on force ici même l'Université à s'en préoccuper, puisqu'on lui reproche la diminution du nombre de ses élèves. C'est

_______

(1) *Enquête*, t. II, p. 117.

justement cette préoccupation que je voudrais voir bannir formellement (1). »

En entendant, elle existe, et vicie tout l'organisme. M. Seailles nous le dit en termes explicites :

« L'idéal du proviseur, dans un petit lycée, c'est d'avoir de l'avancement ; et sa plus grande crainte est de perdre un de ses élèves ; mais il y a de mauvais élèves, et le fond de la discipline serait de s'en débarrasser. Si vous reculez devant cette nécessité, vous rendez la discipline difficile et presque impossible et alors vous déconsidérez de plus en plus l'établissement. Ici encore, je n'accuse pas les personnes, mais c'est un effet de cette inquiétude du proviseur, qui est surtout préoccupé de ne pas voir le nombre des élèves diminuer sous son administration (2). »

Il y a, direz-vous, les conseils de discipline, qui couvrent entièrement le proviseur. D'accord, mais... N'avons-nous pas vu ci-dessus, dans la déposition de M. Albert Petit, quel nombre incalculable de formalités il fallait pour en arriver à un renvoi de mauvais élèves?

M. Bougier, professeur au collège Rollin, nous

_______

(1) *Enquête*, t. II, p. 363. — On peut ajouter cette constatation de M. Ernest Dupuy (*Enquête*, t. I, p. 246. « Il est certain que nous avons, dans les classes, beaucoup d'élèves qui ne devraient pas y être admis ; les examens de passage ne sont pas suffisamment rigoureux.

« La raison, pour laquelle ces examens ne sont pas assez sévères, est la suivante : On craint de voir diminuer l'effectif des établissements et on redoute, si l'on ne laisse pas passer un élève de sixième en cinquième, par exemple, de le voir aller à un établissement voisin et rival. »

(2) *Enquête*, t. I, p. 268.

assure également, au sujet des boursiers, que
« quand ils sont mauvais, dans un grand nombre
de lycées, on ne peut pas s'en débarrasser » (1).

Et puis... mais, écoutez M. Chalamet devant la
Commission :

« A ce propos, on se plaint — je suis venu ici
pour vous dire exactement ce qui se passe et je ne
veux pas chercher à déguiser la vérité — on se
plaint que les décisions de ces conseils ne soient pas
toujours respectées, et que des interventions extérieures se produisent parfois pour faire réintégrer
dans un lycée un élève que le conseil a jugé bon
d'expulser (2). »

Que voulez-vous que fasse un malheureux proviseur ? Il se bouchera les oreilles et les yeux, se ter-
rera derrière ses paperasses, et s'efforcera de présenter à l'inspecteur de passage un gros effectif
d'élèves : la quantité prime la qualité ; et il y va
de son avancement.

Quelle différence avec le supérieur des maisons
ecclésiastiques !

« Il est certain que c'est un grand avantage, pour
les établissements religieux, par exemple, d'avoir
généralement à leur tête ou bien un supérieur qui
est un homme distingué ou, en sous-ordre, un préfet des études qui, alors, tient vraiment la place du
supérieur et qui est un homme de valeur. C'est, je
crois, la grande différence qu'il y a entre ces établissements et les nôtres (3). »

(1) *Enquête*, t. II, p. 239.
(2) *Enquête*, t. II, p. 160.
(3) *Enquête*, t. I, p. 239.

Nous trouvons ces paroles sur les lèvres de
M. Ernest Dupuy, inspecteur général de l Université.

## II. — *Les Professeurs.*

« Il n'y a donc nulle part des éducateurs, dit
M. Sabatier; le proviseur, parce qu'il passe trop
vite, n'a pas le temps de donner sa façon, sa marque,
son esprit, sa méthode à la grande famille qu'il dirige; le maître-répétiteur, parce qu'il se considère
comme un homme de passage, ou bien un sacrifié,
un paria (1). »

M. Sabatier omet les professeurs. Seraient-ils
donc, eux, des éducateurs? Pas davantage.

Quelques lignes plus bas, en effet, le doyen de la
Faculté de théologie protestante complète son assertion :

« Les leçons de nos professeurs peuvent défier
toute concurrence, non seulement en France, mais
à l'étranger. Je connais un peu l'étranger, et je
sais, d'autre part, ce qui se passe dans les grands
lycées. Tout le monde veut profiter de l'instruction
qu'on y donne. Mais l'éducation, nos professeurs
s'en sont complètement désintéressés. Si vous leur
en parlez, ils répondent que cela ne les regarde pas,
mais bien le proviseur, le censeur, le répétiteur.
Eux, ils donnent leurs leçons et s'en vont.

» Il s'ensuit que les professeurs sont d'admirables
instituteurs, mais pas du tout des pédagogues, des

(1) *Enquête*, t. I, p. 201.

éducateurs. Ils ne s'attachent pas non plus au lycée auquel ils appartiennent, parce qu'ils n'y ont pas d'action directe. »

« Quant au professeur, dit M. Poincaré, il arrive généralement avec l'idée de partir à la fin de sa classe ; il fait son travail très consciencieusement, mais il ne fait que son travail. Il vient, comme un bureaucrate ou un employé de ministère, passer deux heures dans le lycée. Il ne connaît pas ses élèves, il n'a aucun rapport avec eux (1). »

« Aujourd'hui, dans nos lycées, dit M. Berthelot, le professeur fait ses deux heures ou ses quatre heures de classe parfois, et il s'en va. En dehors de ces heures réglementaires, il se désintéresse de l'éducation de ses élèves (2). »

Ne dites pas que c'est par surcroît de besogne. Il semble que s'ils n'avaient presque rien à faire, ils ne s'occuperaient pas plus de l'éducation. C'est au moins ce qu'affirme M. Rigolage, un ancien principal de collège : « Les collèges ne progressent pas ; les professeurs ne travaillent pas, ils ont un métier de paresseux, ils ont quatre ou cinq élèves, ils ne font rien. Qu'est-ce qu'un homme qui fait quinze ou seize heures de travail par semaine?... Les professeurs font leur classe et ensuite ils sont censés travailler chez eux ; ils le font s'ils le veulent... (3). »

N'oublions pas que M. Rigolage parle des professeurs de collège ; mais comme, précédemment,

<hr>

(1) *Enquête*, t. II, p. 677.
(2) *Enquête*, t. I, p. 20.
(3) *Enquête*, t. II, p. 430.

on faisait le même reproche aux professeurs de lycée, on peut conclure à la généralité.

Cela tient, d'abord, au défaut de formation. Là-
dessus, il y a unanimité. « Le côté faible de nos
professeurs, dit M. Bréal, est le côté pédagogique,
la méthode d'enseignement (1). »

« Si l'on veut que nos mœurs et habitudes universitaires s'améliorent, dit M. Lavisse, que nos
professeurs se préparent à un rôle plus actif dans
l'éducation intellectuelle et morale, il faut se ré-
soudre à instituer une éducation professionnelle des
futurs professeurs. Cette éducation n'existe pas. On
devient professeur, parce qu'on est licencié ou
agrégé, et l'on peut être licencié et même agrégé
et incapable de donner un bon enseignement.

» A sa tâche d'éducateur moral, le professeur
n'est nullement préparé. Nous avons vu que le régime actuel de nos lycées n'est pas propre à lui
donner l'idée qu'il a charge d'éducation. Rien n'est
donc plus urgent, à mon avis, que d'instituer une
préparation au professorat (2). »

M. Rocafort est professeur au lycée de Nîmes; il
s'exprime ainsi :

« Il faut les former; on ne s'improvise pas éducateur. Actuellement, nous ne sommes que des
éducateurs improvisés. Où est la garantie qu'un
maître universitaire soit bon éducateur? Son éducation à lui n'est pas toujours irréprochable. Sa vocation pédagogique, je n'y crois guère : les vo-

(1) *Enquête*, t. I, p. 78.
(2) *Enquête*, t. I, p. 41.

cations déterminées sont rares, aussi bien dans l'Université qu'ailleurs. L'Université est, de toutes les carrières, celle qui assure le plus vite une situation matérielle convenable et dans laquelle le travail et l'intelligence arrivent le plus sûrement à triompher des inégalités sociales. Voilà pourquoi elle est recherchée par un certain nombre de jeunes gens déshérités de la naissance et de la fortune. Mais cela ne fait pas la vocation. Il faudrait donc qu'on y suppléât par une formation pédagogique préalable. Or, lorsqu'un jeune bachelier se destine à l'Université, il va à l'école normale ou dans une faculté où il trouve des professeurs de sciences ou de lettres à son choix. Sous leur direction il fera lui-même un maître instruit, mais un pédagogue? Quelle plaisanterie! Ayons le courage de reconnaître que la préparation que ces jeunes gens auront reçue à leur future mission n'aura été que partielle, et puisqu'on ne cesse de répéter, dans les sphères officielles comme ailleurs, que, de cette mission, c'est l'éducation la plus importante, il suit que c'est justement le principal qui a été omis (1). »

M. Sigwalt, que nous avons déjà rencontré plusieurs fois, nous donnera une autre explication de cette abstention du professeur. « Le professeur, dit-il, qui voit l'enfant tous les jours dans sa classe, qui est en contact perpétuel avec lui pendant une ou plusieurs années, n'en connaît que le nom; son rôle est nettement limité à enrichir une mémoire et à orner une intelligence.

(1) *Enquête*, t. II, p. 631.

» On nous dira : « Qu'est-ce qui empêche les professeurs de s'occuper de la direction morale des élèves? Qu'est-ce qui les empêche de se réunir, de s'entendre, d'échanger des confidences sur les enfants qu'ils ont dans leurs classes? Ce qui les empêche c'est notre organisation même ; car il ne faut pas supposer, comme on le fait d'une façon peu philosophique à mon avis, que le professeur ne s'intéresse pas à l'éducation. Il n'est pas naturel que la grande majorité des professeurs de France entrent dans l'enseignement avec une prédisposition à en négliger les devoirs non seulement les plus importants, mais encore les plus intéressants. Si les professeurs n'interviennent pas dans la direction morale des enfants, c'est que rien ne les y convie et que tout les en détourne.

» Toute action en ce monde rencontre des obstacles et suscite des difficultés. Au professeur qui tenterait de sa propre initiative d'exercer une action morale sur ses élèves, l'obstacle se présenterait sous une forme quelconque, par exemple une plainte de mère de famille qui provoquerait une observation du proviseur ou une réclamation d'un autre fonctionnaire qui aurait entrevu un empiètement. Exemple : un professeur confisque un couteau à un élève et le remet au répétiteur, en lui disant : « Voici le couteau de l'élève un tel, vous le lui rendrez, s'il vous plaît, quand vous serez content de lui. » Et le répétiteur, qui connaît ses attributions, ses droits et l'esprit de nos règlements, a eu parfaitement raison, dans la circonstance, de répondre : « Faites votre discipline ; moi, je fais la mienne. »

» Ce qui s'est passé vis-à-vis d'un répétiteur pourrait se passer vis-à-vis d'un surveillant général, d'un censeur, d'un proviseur; les attributions de chacun sont nettement déterminées: il faut s'y maintenir strictement, sous peine de risquer sa tranquillité sans profit pour personne. Notre organisation tout entière aboutit à l'émiettement des forces et favorise un individualisme jaloux et farouche, contre lequel ne pourrait prévaloir qu'une organisation toute nouvelle, fondée sur l'initiative individuelle et la solidarité (1). »

Mais, répondrons-nous à M. Sigwalt, elles existent, ces réunions de professeurs. Jules Simon, qui les rétablit, en 1872 nous semble-t-il, en attendait le plus grand bien. Il s'en exprime en ces termes émus : « Les professeurs y prendront goût, surtout quand ils verront que leurs opinions sont comptées et utilisées. Ces réunions mensuelles contribueront à leur faire aimer leur profession et à rétablir entre eux les liens de fraternité qui se sont un peu relâchés. On se hâte un peu trop d'oublier le collège, quand on a pendu sa robe au vestiaire et qu'on a le pied dans la rue. Il faut que le prêtre aime son église, que le médecin aime son hôpital, que le professeur aime son collège; qu'il s'y plaise plus que partout ailleurs, qu'il y concentre son ambition, qu'il y cherche ses amitiés, qu'il y mette son orgueil; que ce soit pour lui une patrie et un foyer. Je crois que si ces liens se fortifient, les membres de la famille universitaire s'en trouveront bien,

(1) *Enquête*, t. II, p. 147.

même pour leurs succès dans le monde. Il faut réussir par les voies naturelles, grandir par le devoir accompli (1). »

De son vivant même, Jules Simon a entendu le mauvais son de cloche que fit retentir à ses oreilles F. Sarcey. Celui-ci ne se montrait pas très favorable à ces réunions de professeurs, parce que sous le ministère de M. Fortoul, qui les avait momentanément rétablies, elles furent sans résultats utiles.

Sarcey avait raison ; elles n'ont pas mieux réussi de nos jours, et, qu'on me permette cette expression commune : si elles ne font pas de mal, elles ne font assurément pas de bien.

Tout le monde est d'accord. Commençons par les anciens ministres de l'instruction publique :

M. Poincaré : « Elles existent à présent, mais c'est tout ; elles se réunissent très rarement et, lorsqu'elles se réunissent, c'est pour prendre des délibérations illusoires ou dérisoires. Elles préparent tous les deux ou trois mois les bulletins à envoyer aux familles des élèves, elles s'occupent de l'attribution des prix d'excellence et des prix d'honneur ; mais elles ne sont pas, dans l'état actuel des choses, maîtresses d'établir entre les diverses parties de l'instruction les proportions nécessaires ; elles n'ont aucune influence efficace sur l'éducation des enfants, elles ont encore moins d'influence, s'il est possible, sur la direction de l'enseignement (2). »

M. Rambaud fait appel à ses souvenirs de pro-

(1) J. Simon. *La réforme de l'enseignement secondaire*, 2ᵉ édition, 1874, p. 210.
(2) *Enquête*, t. II, p. 670.

fesseur : « On se réunissait chez le proviseur après
une classe ; pour beaucoup de nous c'était une sur-
charge de travail ; on avait d'autres devoirs à remplir... Il y avait toujours des manquants ; à la réunion suivante, c'étaient d'autres qui manquaient ;
dans ces conditions, il était difficile que l'assemblée
apportât quelque suite dans les idées (1). »

M. Berthelot : « Le principal souci de ces assemblées tend à les transformer au bout de peu de
temps en syndicats d'intérêts professionnels ; trop
souvent, ce qui préoccupe la majorité, ce ne sont
pas les questions d'intérêt général, c'est l'augmentation des avantages, du traitement, des attributions de toute nature des membres du syndicat,
ainsi que la tendance à réclamer en même temps
une . diminution de besogne. Au bout de peu de
temps tout dérive vers les combinaisons individuelles, souvent même vers des rivalités personnelles, comme toujours : ce qui arrive d'autant plus
aisément que ces assemblées sont assez limitées
comme nombre. Certes, de telles assemblées sont
utiles pour permettre aux professeurs de défendre
leurs propres intérêts ; mais je doute qu'elles
soient bien efficaces pour les réformes à introduire
dans l'enseignement (2). »

M. Manuel est inspecteur général de l'Université ; il fut chargé par Jules Simon d'organiser ces
assemblées :

« Elles n'ont pas donné beaucoup de résultats,

_______

(1) *Enquête*, t. I, p. 252.
(2) *Enquête*, t. I, p. 18.

soit que les proviseurs les aient considérées comme
gênantes pour leur autorité, soit que les professeurs aient voulu s'immiscer dans des questions qui n'étaient pas de leur compétence, soit que
le peu d'intérêt de ces réunions, réduites à de
menus détails de discipline ou de congés, ait lassé
leur attention et leur ait infligé des dérangements
stériles, soit surtout que la nature même de ces
assemblées n'ait pas été suffisamment étudiée et
que leur mode d'action n'ait pas été réglementé. A
Paris, il y a encore d'autres causes : souvent les
professeurs ont des élèves particuliers, des répéti-
tions ; ils souffrent impatiemment d'être retenus ou
rappelés au lycée ; ces convocations leur prennent
un temps qu'ils occupent ailleurs, et il leur est arrivé
de s'en plaindre. La conséquence frappe les yeux.
En province, les effets sont presque nuls. Dans mes
inspections, je me fais souvent montrer les procès-
verbaux de ces conseils, je les trouve généralement
vides ; quand on ne s'occupe pas de questions disciplinaires, de renvois d'élèves, de punitions à infliger ou à lever, de congés à accorder, il n'y a pas
grand'chose (1). »

M. Joubert, inspecteur général, avoue « qu'elles
n'ont jamais réussi et ne peuvent guère réussir : il
y a trop de personnes et des compétences trop diverses. Elles ne peuvent traiter que des questions
très générales, et il n'y en a guère qui puissent intéresser tout le monde, sauf celles qui auraient trait
à un relèvement des traitements (2). »

(1) *Enquête*, t. I, p. 111.
(2) *Enquête*, t. II, p. 50.

« Ces assemblées n'ont rien à faire, dit M. Chabanel, et lorsqu'elles prennent des décisions, on ne leur donne aucune suite (1). » « Elles ne signifient rien, dit à son tour M. Pouthier, professeur au lycée Voltaire ; j'ai fait plusieurs fois observer qu'il était inutile de me demander mon avis, puisque je n'étais pas libre de donner celui que je trouvais préférable (2). »

Terminons par la déposition de M. Dalimier, proviseur du lycée Buffon : « Les professeurs, dit-il, n'y viennent pas, ou en fort petit nombre.

» M. LE PRÉSIDENT. — Cela tient peut-être à ce que leurs attributions ne sont pas suffisamment définies ?

» M. DALIMIER. — Ils doutent de l'utilité de leurs délibérations.

« J'ai aussi cherché, dans les réunions générales, à intéresser les professeurs à la prospérité de la maison, j'y ai peu réussi. Leur concours et même leur appui moral nous manque pour cette besogne que nos rivaux font si bien.

M. PERREAU. — Les professeurs se sentent un peu de passage dans tous les établissements et ne sympathisent pas assez avec les populations.

M. DALIMIER. — Évidemment (3). »

En résumé, ce qui rend difficiles ces réunions, c'est que : « Le professeur de lycée est tellement habitué à être une sorte de bureaucrate qui a des heures fixes de travail en dehors desquelles il ne

(1) *Enquête*, t. II, p. 161.
(2) *Enquête*, t. II, p. 179.
(3) *Enquête*, t. I, p. 559.

doit rien, que, si on lui demande quelque chose en dehors de ce qui est strictement prescrit, il se croit lésé (1). »

Qui, après avoir lu les dépositions précédentes, protesterait contre ces paroles de M. G. Monod?

En second lieu, ils ne s'intéressent pas au lycée, parce qu'ils se sentent trop de passage.

L'instabilité du personnel est encore une des plaies de l'enseignement gouvernemental.

« Ce qui fait un mal énorme, dit M. Clairin, professeur au lycée Montaigne, c'est le chassé-croisé de proviseurs d'un bout de la France à l'autre, les uns ayant la spécialité de couler les maisons, que les autres sont chargés de remonter (3). »

« Autrefois, dit M. Monod, on n'avançait guère qu'en changeant d'établissement; c'était une course éperdue de tous les professeurs, à travers le territoire, pour monter de degré en degré d'avancement. Aujourd'hui, on avance sur place, au moins en partie, car on continue toujours à considérer certains lycées comme supérieurs aux autres. Il arrive souvent aussi que, pour faire avancer un professeur, on le fasse changer de ville, sans compter ceux qu'on change de ville sans les faire avancer : si l'on sait qu'un professeur désire aller dans une certaine ville, on lui donne la satisfaction qu'il désire pour ne pas avoir à faire la dépense qu'entraînerait un avancement de classe. Il est satisfait dans une certaine mesure et cela n'a rien

(1) *Enquête*, t. I, p. 113.
(2) *Enquête*, t. II, p. 182.

coûté ; il n'y a que l'enseignement qui souffre (1). »

M. Seignobos. — « Actuellement ils n'ont pas de raison de ne pas changer. Que leur importe d'être dans un lycée ou un autre, puisque le lycée n'a pas de personnalité ? Si le lycée acquérait une certaine personnalité, les professeurs s'y intéresseraient. J'ai connu un certain nombre d'étudiants devenus professeurs ; quand ils tombaient dans un lycée où se trouvaient quelques-uns de leurs collègues et où ils pouvaient donner une certaine direction intellectuelle, ils s'y rattachaient ; sinon, s'ils ne s'entendaient pas avec leurs collègues, ils ne s'y intéressaient pas et demandaient à s'en aller (2). )

— « A quoi tiennent les mutations trop fréquentes dont on se plaint ? » demande M. Ribot à M. Manuel.

Et M. Manuel répond : « On demande toujours de l'avancement. C'est l'importance de la ville qui fait la situation du proviseur ; on est à Tulle ou à Cahors, on aurait tous les avantages possibles ou on pourrait les obtenir sur place ; mais on veut aller à Limoges, de là à Bordeaux ; on est à Tarbes, à Pau ou à Gap ; on veut Toulouse, Montpellier ou Marseille. On ne sait pas se résigner à une situation modeste, ni être heureux à l'ombre ; et ce que je dis des proviseurs et des censeurs, je le dirai des professeurs ; de bons professeurs pourraient être très heureux dans de petites villes : ils y atteindraient les traitements les plus élevés ; ils de-

(1) *Enquête*, t. I, p. 109.
(2) *Enquête*, t. I, p. 229.

mandent sans cesse de l'avancement. D'autre part, il faut bien dire que l'administration elle-même ne saurait se priver des services d'hommes distingués. Pourquoi laisserait-elle à Bourg ou à Tarbes un professeur de mérite, intelligent et brillant, si sa place est tout indiquée à Lyon ou à Bordeaux, et s'il y a intérêt pour le service qu'on l'y appelle ? Et de même pour les proviseurs (1). »

Arrivons aux exemples : le premier nous est donné par M. Plançon, proviseur du lycée Michelet :

« J'ai été d'abord deux ans répétiteur à Strasbourg, en 1866 et 1867 ; c'est là que j'ai pris ma licence ès-lettres ; j'ai été nommé alors professeur de rhétorique à Remiremont, dans les Vosges ; j'y suis resté quatre ans, et ayant pris mon agrégation sur ces entrefaites, j'ai débuté à Saint-Omer en troisième, puis je suis allé ensuite au lycée de Lons-le-Saunier, dans la classe de seconde — c'était en 1876. A cette époque-là j'ai demandé à entrer dans l'administration comme censeur d'abord, et j'ai été successivement censeur pendant cinq ans et demi aux lycées de Bourg, de Pau et de Besançon. En 1882, étant à Besançon, j'ai été nommé proviseur du lycée de Niort, puis je suis venu à Bourges, puis à Reims et enfin, en 1893, j'ai été nommé proviseur du lycée Michelet.

M. LE PRÉSIDENT. — Vous êtes un exemple des mutations assez fréquentes dans la carrière. (*Rires.*)

M. PLANÇON. — A cette époque on changeait beaucoup, parce qu'il y avait quatre catégories de

_______________

(1) *Enquête*, t. I, p. 412.

lycées, et généralement il fallait passer par les quatre catégories, parce qu'elles représentaient des lycées de plus ou moins d'importance (1). »

L'abbé Follioley, outre son caractère de prêtre qui fut sa principale force, est un modèle de stabilité : « La permanence des chefs de lycée, dit-il, leur avancement sur place, sont autant de conditions excellentes de succès. C'est ainsi que je suis resté près de quinze ans dans la Mayenne. J'étais arrivé à connaître tout le monde et à être connu de tout le monde. J'avais une très grande supériorité sur des collègues qui y seraient restés trois ou quatre ans seulement, ce qui est la moyenne de ce qu'un proviseur demeure dans une localité. Voyez ce qui s'est passé à Nantes, lycée qui a été presque toujours en souffrance : j'en ai été le vingt-cinquième proviseur. Comme il y avait quatre-vingts ans qu'il était fondé (1809-1890), cela faisait une moyenne de trois ans et quelques mois pour chacun » (2).

Dans une note manuscrite qu'il envoya à la Commission, il revient sur cette importante question. « Chez nous, on a eu le tort de déplacer trop fréquemment les proviseurs. Je pourrais citer des exemples bien extraordinaires de la mobilité du personnel administratif. Je connais un de mes collègues qui, en moins de vingt ans, a traversé huit lycées. Parti de Saint-Étienne, il est venu finir à Quimper, en passant par Saint-Omer, Évreux, Lorient, Montauban, Agen et Bourg. Comment aurait-il pu

(1) *Enquête*, t. I, p. 581.
(2) *Enquête*, t. I, p. 467.

accomplir quelque bien durable à la tête de maisons
où il ne passait que deux années entières (1). » ?

Que faire pour remédier à cet état lamentable si
préjudicieux aux enfants confiés aux établissements
officiels ? Est-ce à nous d'indiquer les remèdes ?

Laissons parler le recteur de l'Académie de Besançon :

« La prospérité des établissements congréganistes
tient à des causes intrinsèques sur lesquelles il convient de ne pas fermer les yeux ; ils ont une liberté
d'allure, une souplesse peu compatibles avec les habitudes de centralisation administrative de l'État ;
ils ne sont pas entravés par des règlements financiers : ils peuvent aisément éviter les déplacements
du personnel enseignant ou dirigeant. Un directeur
laisse-t-il péricliter la maison ? Il disparaît aussitôt.
La fait-il prospérer ? On se garde bien de l'envoyer
ailleurs. Ainsi, l'abbé X... dirige depuis plus de
quinze ans l'école des Maristes de Besançon, et
l'abbé X. ., depuis plus de vingt ans, celle des Maristes de Belfort. Chez nous, un proviseur qui a
réussi dans un lycée médiocre demande de l'avancement, on l'envoie dans un grand lycée où parfois
il échoue. Serait-il impossible de récompenser les
bons administrateurs par un avancement sur place ?
En tout cas, les principaux devraient, à mon avis,
être toujours choisis et maintenus dans la région...

» ... L'administration, dit-on, n'a pas d'entrailles ;
je souhaite que parfois elle en ait moins encore pour
les personnes et davantage pour les établissements :

(1) *Enquête*, t. I, p. 188.

« Ce fonctionnaire, monsieur le recteur, a cinq en-
» fants. » Je réponds à l'ami qui intercède : « Ce
» lycée, ce collège est mon enfant adoptif à moi
» aussi et, avec ses trois cents ou cent cinquante
» élèves, il doit plus m'intéresser que la famille, si
» intéressante qu'elle soit, de M. X... »

» ... L'administration centrale est malheureusement désarmée à demi contre des fonctionnaires,
même notoirement mauvais (1). »

Et alors, vous concluez, Monsieur le Recteur ?
« Une réforme de la loi du 27 février 1880 me paraît
indispensable ! »

Ne serait-ce pas, hélas ! « un cautère sur une
jambe de bois ? »


### III. — *Les Maîtres-Répétiteurs.*


« Parlons maintenant du fonctionnaire le plus important dans nos internats, du dédaigné, du mé-
prisé, encore plus par les professeurs que par les
administrateurs, de l'ancien pion, du maître répétiteur, comme on l'appelle dans notre langue moderne » (2).

M. Potot, surveillant général au collège Sainte-
Barbe, ne met pas de sourdine à ses expressions.
A-t-il raison ?

M. Henry Bérenger n'est point de l'enseignement;
mais il s'est occupé de ces questions, et son témoignage est à retenir, parce qu'il est basé sur des don-

(1) *Enquête*, t. III, p. 256.
(2) *Enquête*, t. II, p. 391.

nées solides. « Le point particulier sur lequel je me permettrai d'insister concerne cette sorte de duel entre les professeurs et les répétiteurs.

» Il y aurait sans doute beaucoup d'autres choses à dire sur chacun des rouages universitaires; mais une réforme profonde, possible, pratique, serait celle qui aurait pour but d'unifier le corps des professeurs et celui des répétiteurs. Le professeur est un homme qui enseigne sans surveiller; le répétiteur, au contraire, surveille sans enseigner; entre les deux, l'enfant glisse et passe sans être éduqué.

» Additionnez le professeur et le répétiteur, vous ne faites pas un éducateur; et je pose en fait que pour un homme de sens rassis, qui veut bien réfléchir à cette question, il n'est possible de substituer l'éducation d'un internat à celle de la famille, que dans le cas où ce sera le même homme qui sera professeur et répétiteur et qui s'appellera, si vous voulez bien, l'*éducateur*.

» Les preuves de cette différence entre les professeurs et les répétiteurs sont innombrables; je me contenterai de prendre quelques petits exemples qui la préciseront :

» Vous savez que toutes les semaines, le proviseur et le censeur passent dans les classes pour lire ce qu'ils appellent les notes hebdomadaires. Lorsque le proviseur entre dans la classe d'un professeur, il lui serre généralement la main, s'entretient quelque temps avec lui, puis lit les notes et passe à une autre classe.

» Or, le même proviseur et le même censeur iront dans une étude où se trouve le maître répétiteur qui a affaire aux mêmes enfants que le professeur de tout à l'heure, et je puis vous affirmer qu'il n'y a presque pas d'exemple que le proviseur vienne serrer la main du maître répétiteur; il ne le regardera pas, il tirera à peine son chapeau et procédera à la lecture des notes, après quoi, il sortira, comme il est entré, avec la même désinvolture (1). »

La situation est tellement grave, visible, que M. G. Monod ne peut s'empêcher de s'écrier : « Ce qui est urgent, ce qui me semble nécessaire, c'est de faire cesser le divorce qui existe entre répétiteurs et professeurs; il faut qu'ils cessent de se considérer comme des corps tout à fait différents, et parfois même hostiles (2). »

Plusieurs fois M. Ribot a posé la question :

« Est-ce que les professeurs ont des relations régulières avec les répétiteurs? Y a-t-il entente entre eux pour diriger le travail des élèves ?

M. Manoin. *professeur au lycée Louis-le-Grand.* — Cela se fait dans beaucoup d'établissements.

M. le président. — Et pas dans d'autres!

M. Manoin. — C'est une question d'espèce (3). »

A M. Piquois, répétiteur général au lycée Condorcet :

« Vous avez de bons rapports avec les professeurs?

M. Piquois. — Ils sont bons en général quand on reste un certain temps dans le même lycée. Pour

(1) *Enquête*, t. I, p. 196.
(2) *Enquête*, t. I, p. 115.
(3) *Enquête*, t. I', p. 95.

ma part, j'en ai eu de très bons au lycée Saint-Louis, où je suis resté très longtemps ; mais il y a, en général, plutôt froideur ou indifférence. Il ne peut guère y avoir, d'ailleurs, de rapports officiels ni de tous les jours, parce que le professeur ne s'intéresse guère à l'internat ; il s'occupe de sa classe et trouve que c'est bien assez (1). »

A M. Kortz, proviseur du lycée Montaigne :

« Les professeurs et les répétiteurs ont-ils des conférences pour marcher d'accord? Ont-ils des liens entre eux?

M. KORTZ. — Les professeurs sont toujours prêts à accueillir les répétiteurs.

M. COUYBA. — Les répétiteurs n'oseront jamais. Lorsque j'étais répétiteur, c'est à peine si j'ai trouvé un professeur sur vingt qui voulût me serrer la main.

M. LE PRÉSIDENT. — Les proviseurs s'emploient-ils à les faire marcher les uns avec les autres d'accord? N'y aurait il pas moyen d'associer les répétiteurs et les professeurs dans l'intérêt des élèves?

M. KORTZ. — Au lycée Montaigne, voici ce qui se passe : Les rapports entre professeurs et répétiteurs sont fréquents et faciles ; car nous n'avons qu'une entrée avec un large vestibule où les professeurs se rencontrent forcément avec les répétiteurs ; des relations mutuelles finissent ainsi par s'établir ; la fréquentation de la salle commune de lecture favorise aussi ces relations (2). »

(1) *Enquête*, t. II, p. 101.
(2) *Enquête*, t. I, p. 510.

Ainsi, voilà ce que l'on a trouvé de mieux : les forcer à entrer par la même porte. Tels deux locataires passant journellement sur le même palier, et qui vivront ainsi des années entières sans s'être adressé un mot de sympathie.

Qu'est-ce donc que ces hommes que l'on méprise ainsi? Qu'ont-ils fait pour exercer cette « fonction déprimante et abrutissante » (1), comme s'exprime l'un d'eux, M. Micouleau, répétiteur général au lycée Carnot?

Jadis, et pourrait-on dire, naguère, il y avait de ces « *pions*, vieux, fatigués, usés, souvent alcooliques et vicieux » (2). (E. Manuel.)

Du reste, il y en a encore trop, dit M. Péquignat.

« Il faut avouer, cependant, que tous les répétiteurs ne sont pas irréprochables. Pas plus qu'aux professeurs, il ne peut leur être permis d'être impunément intempérants. On ne fait pas une sélection assez sévère à l'entrée de la profession, et c'est grand dommage.

M. LE PRÉSIDENT. — Vous venez de dire que le personnel est excellent dans son ensemble : on a la main heureuse, alors ?

M. PÉQUIGNAT. — En effet. Mais, bien que le personnel des répétiteurs soit, en général, digne d'égards, il y en a parmi nous qui sont loin d'être parfaits et qu'il faudrait éliminer franchement dès l'entrée dans la carrière ou même après dans le cas

(1 *Enquête*, t. II, p. 123.
(2) *Enquête*, t. I, p. 413.

d'indignité. La présence de ces collègues parmi nous nous nuit vis-à-vis des élèves.

M. LE PRÉSIDENT. — Ce sont des cas exceptionnels.

M. PÉQUIGNAT. — Il y en a trop encore.

M. LE PRÉSIDENT. — Vous trouvez qu'on n'a pas la main assez énergique?

M. PÉQUIGNAT. — On ne leur inflige même pas de blâme, d'avertissement.

« D'ailleurs, on a l'habitude, dans l'Université, de ne pas nous dire ce qu'on pense de nous (1). »

Et le grand malheur, c'est que l'on ne puisse pas s'en débarrasser, dit l'abbé Follioley.

« ... Il y a. dit-il, dans chaque académie, où le personnel est excellent pris dans son ensemble, une dizaine ou une douzaine de vieux maîtres, qui constituent un élément détestable et dont on ne sait que faire.

» Jadis. quand nous étions nous-mêmes les maîtres des répétiteurs, nous avions le pouvoir de les remercier. J'ai vécu sous le régime où le proviseur choisissait ses répétiteurs, où les répétiteurs n'avaient d'existence que par lui — je ne regrette pas ce régime, remarquez-le ; — mais, lorsqu'un répétiteur s'était oublié, qu'il avait manqué à son service, qu'il avait fait des libations un peu trop publiques, (*Sourires.*) on lui disait : « Mon ami. cherchez une autre position; dans un mois vous partirez. » Nous n'étions obligés de leur donner que ce délai.

(1) *Enquête, t. II, p. 120.*

» Cet exutoire n'existe plus aujourd'hui ; il y a toute une procédure à suivre pour déplacer un répétiteur et le renvoyer, et cette procédure est très compliquée, je vous prie de le croire.

» Voici ce qui se passe : un maître répétiteur fait quelques fredaines à Nantes, je suppose. Le recteur de Rennes le prend à Nantes et l'envoie réfléchir à Quimper; dans cette ville, s'il recommence, le recteur l'envoie à Saint-Brieuc ; de Saint-Brieuc à Angers et ainsi de suite. J'en connais qui refont, pour la seconde fois le tour de l'académie. (*Rires.*) Vraiment ce n'est pas honorable pour l'Université.

» Ce sont eux qui, lorsqu'un jeune maître arrive à l'établissement plein de bonnes intentions, vont le trouver tout de suite, se font ses instructeurs bénévoles, en cherchant à le mettre en garde, dès le début, contre les exigences de « l'Administration ».

» Il y a là un vieux fonds que l'on conserve par humanité, mais qui gâte le corps (1). »

M. Kortz, proviseur du lycée Montaigne, confirme l'existence de ces procédés :

« Si je demande le changement d'un maître, même pour des raisons très sérieuses, j'engage une correspondance qui s'étoffe, se prolonge jusqu'au moment où, pour des raisons semblables, un de mes collègues demande, lui aussi, le déplacement d'un de ses maîtres.

M. LE PRÉSIDENT. — Et on vous satisfait tous les deux. (*Rires.*)

_____

(1) *Enquête*, t. I, p. 172.

M. Kortz. — Oui, on donne satisfaction à l'un et à l'autre en opérant une permutation. J'aime encore mieux, comme je le disais, garder mon borgne que d'être exposé à recevoir un aveugle (1). »

Et M. Kortz dit ailleurs : « Il est certain que leur qualité s'est notablement améliorée ; leur tenue est meilleure, ils ont souci de leur dignité. Certainement ils peuvent être très utiles pour donner aux enfants l'éducation qui convient. Le tout sera de savoir en tirer le meilleur parti possible et de ne pas les laisser en état de continuer à faire le mal qu'ils ont fait. On dit bien que la crise est passée, mais je crains bien que le venin soit resté dans la plaie. »

M. Kortz, on le sent, n'a pas confiance dans les améliorations actuelles ; il craint qu'elles ne recouvrent le mal ancien qui, se développant, infecterait à nouveau le corps des répétiteurs, et par contre-coup gagnerait les enfants.

Il y a là, en effet, un danger. Mais rien ne dit qu'il se réalisera, surtout si on a soin de l'enrayer.

Pour le moment, voyons ce qu'est, en général, le répétitorat. M. Rambaud, ancien ministre de l'instruction publique, va nous renseigner :

« Comment devient-on répétiteur? Après avoir conquis certains grades, après avoir subi certains examens, des jeunes hommes sont arrêtés par l'impossibilité d'en enlever de plus hauts, de conquérir l'entrée de certaines carrières; ils sont entravés dans leur essor; et alors, des connaissances déjà

(1) *Enquête*, t. I, p. 533.

13.

acquises ils ne voient d'autre usage à faire que celui que leur offre l'Etat dans certaines fonctions d'enseignement qui sont les plus modestes.

» Que l'on considère la notable disproportion qui existe entre le nombre des candidats aux places de répétiteur qui sont élèves des lettres et le nombre de ceux qui sont élèves des sciences : il y a trois ou quatre fois plus de « scientifiques » que de « littéraires » ; ce sont donc surtout les écoles dont l'entrée exige des études scientifiques, l'École polytechnique, l'École Saint-Cyr, même l'École centrale, qui arrêtent sur le seuil le plus grand nombre de candidats. Ils se rabattent, peut-être sans vocation enthousiaste, à solliciter l'entrée dans le répétitorat. La plupart n'ont que le grade de bachelier. D'autres ont pu conquérir un grade plus élevé : la licence; et beaucoup ont deux licences de sciences. C'est l'Etat qui les a engagés dans cette voie en leur accordant des bourses d'enseignement secondaire, ou bien c'est la loi militaire qui les y a poussés. L'Etat n'a pu ensuite les placer dans les chaires de ses collèges, où le nombre des vacances est en rapport dérisoire avec celui des candidats. La plupart doivent borner leurs ambitions, du moins provisoirement, au répétitorat.

» De ceux qui, licenciés ou simples bacheliers, y sont entrés, il convient de faire deux catégories. Dans la première se rangent ceux qui, entrés dans le répétitorat, espèrent en sortir par une autre porte. Les uns, comme je l'ai dit, aspirent au professorat dans les collèges s'ils ne sont que licenciés, dans les lycées s'ils arrivent à conquérir l'agréga-

tion. Les autres poursuivent des études de droit ou
de médecine.

» Les uns et les autres, c'est ce qu'on pourrait
appeler les passants dans le répétitorat ; ils sont
souvent les plus distingués ; mais surtout ceux qui
étudient la médecine ou le droit ne restent pas longtemps chez nous ; durant ce temps ils ont été aussi
des éducateurs en un certain sens, car ils ont donné
à nos élèves le meilleur exemple, celui du travail.

» Dans l'autre catégorie il convient de ranger ceux
qui, par la force des circonstances, restent dans la
carrière : à mesure que certaines illusions s'éva-
nouissent, ils se résignent. Ils deviennent répétiteurs de profession (1). »

Les répétiteurs sont donc de deux sortes : ceux
qui font du répétitorat une occupation momentanée, ceux qui en feront l'occupation de toute leur
vie, mais forcément. Les uns et les autres doivent
être, par conséquent, de piètres éducateurs d'enfants.

Les premiers restent peu de temps en fonction.
Ils sont répétiteurs dans un collège, avant de passer
dans un lycée — c'est la règle, — mais ils n'y demeu-
rent guère. Quand il y aura un poste de professeur, on le leur donnera ; mais quand ?

Les seconds sont les désabusés, les « sacrifiés,
les parias » (2), les « opprimés (3) ».

En effet, on leur a fait entrevoir des places su-

(1) *Enquête*, t. I, p. 255.
(2) *Enquête*, t. I, p. 115.
(3) *Enquête*, t. I, p. 231.

perbes, et on ne leur offre rien, qu'une situation abaissée, avilie.

« Il y a beaucoup de répétiteurs licenciés, il y en a au moins 700. Dans la statistique des candidats aux chaires de collèges en 1897, on compte environ 500 répétiteurs licenciés, dont 300 de l'ordre des sciences, et dans ces derniers, 130 bi-licenciés (1). »

Et puis, à ces candidats, on n'a pas cent places à donner par an. « On a plus de licenciés qu'on en a besoin »

Ainsi parle M. Ernest Dupuy, l'inspecteur.

M. Bourgeois, ancien ministre, explique par quelle aberration on en est arrivé là. Nous y retrouvons le défaut ordinaire : aller de l'avant sans savoir où on aboutira.

« On a dit : les répétiteurs sont dans une impasse ; il faut leur donner des débouchés, un avenir dans l'Université ; il faut donc s'assurer qu'ils seront capables d'exercer plus tard d'autres fonctions que celles de maîtres répétiteurs. C'est ainsi qu'on a fait intervenir les grades : il faudra qu'ils soient licenciés, parce qu'une fois licenciés on pourra les nommer professeurs. On a eu alors l'espoir de créer un corps de maîtres pleins d'ardeur et d'entrain, passant seulement quelques années dans les cadres du répétitorat, y complétant leurs études, et devenant ensuite professeurs.

» Mais quels débouchés leur donner ? Il n'y a pas que les répétiteurs qui aient leur licence : on peut s'y préparer librement ou au moyen d'une bourse ;

_______

(1) *Enquête*, t. I, p. 213.

et une fois qu'on a obtenu une ou deux licences, on réclame sa place dans l'enseignement. Le nombre des places a fini par se restreindre tellement que les deux licences elles-mêmes n'ont plus suffi à assurer un poste. Aujourd'hui la concurrence est telle que des agrégés doivent accepter des chaires dans les collèges. Et le répétitorat s'est trouvé redevenir une carrière sans issue suffisante, avec cette aggravation que ses membres, munis de diplômes élevés, ont légitimement accru leurs ambitions et ressenti d'autant plus vivement les déceptions inévitables.

» On a dit alors : le répétitorat doit être une carrière, se suffisant à elle-même. Je ne suis pas pour le répétiteur âgé, restant répétiteur toute sa vie. Je crois qu'au bout d'un certain nombre d'années de cette vie, inférieure après tout, et très-pénible si elle n'est pas éclairée par l'espoir d'un au delà, le fonctionnaire se décourage ; il se résigne à tourner sa meule ; il se désintéresse de toutes choses et même, dans les petites villes, s'abandonne peu à peu (1). »

C'est une situation déplorable et pour les répétiteurs, et pour l'Université, et pour les enfants.

« Il y a urgence à tenter une réforme dit M. Berthelot. Ce sont là des cloisons étanches qui maintiennent les gens qui n'ont pas franchi dès leurs débuts les premières étapes dans une situation inférieure et souvent imméritée, sans jamais leur permettre d'en sortir. Quels que soient leurs services professionnels, ils y restent désormais comme

(1) *Enquête*, t. II, p. 690.

emprisonnés toute leur vie ; ils s'y aigrissent et y prennent souvent de mauvais sentiments.

» C'est là une chose funeste pour la société et qui ne se produirait pas, s'ils voyaient toujours un avenir ouvert devant eux.

» A cet égard, on a commis, à mon avis, une faute grave en créant toute une classe fermée de maîtres répétiteurs, avec une carrière complète, depuis les débuts jusqu'à l'âge de la retraite. Rien n'exaspère davantage ces malheureux ; car c'est leur dire que jamais, même à l'âge de soixante ans et après trente ou quarante ans de service, ils n'arriveront à avoir qu'un traitement et une situation misérables. Je sais qu'on leur assure, ou qu'on prétend leur assurer, par compensation, la situation de proviseurs. Mais jusqu'à quel point cette prétention est-elle réelle ? A combien d'entre eux s'appliquera-t-elle et avec quelle autorité ? Si les maîtres répétiteurs avaient en vue un avancement progressif, qui les assimile réellement aux professeurs, il n'est pas douteux que l'on pourrait obtenir d'eux beaucoup plus qu'aujourd'hui, surtout au point de vue moral.

» Aujourd'hui, on fait du maître répétiteur une sorte de non-valeur maintenue éternellement, pendant toute sa vie, dans une situation inférieure dont il ne peut jamais sortir. C'est là ce qui produit des mécontents, des exaspérés, publiant toutes sortes de journaux, qui ne sont certainement pas le type de la bienveillance et de la moralité (1). »

(1) *Enquête*, t. I, p. 20.

Qu'arrive-t-il ? Nous l'avons déjà vu ; on forme une classe de mécontents qui crient, qui réclament, et dont les doléances se font jour en public et sont commentées dans les familles et très défavorablement appréciées. Ce qui est juste, d'ailleurs.

Nous ne citerons que celle rapportée par M. Gabriel Monod : « Vous vous rappelez, dit-il, cette réunion de l'Association des Répétiteurs (aujourd'hui disparue, mais qui avait su s'assurer le patronage de membres du Parlement) dans laquelle le président s'est élevé contre le refus d'une liberté de vingt-quatre heures par semaine pour chaque répétiteur, parce que c'était, disait-il, vouloir imposer aux répétiteurs le vœu de chasteté (1). »

On comprend l'impression désastreuse de ces paroles et d'autres semblables sur les parents et sur les enfants. Ces paroles et des faits corrélatifs sont bien de nature à jeter le discrédit sur l'enseignement gouvernemental.

Soit, les répétiteurs sont plus à plaindre qu'à blâmer. Ils réclament, et, peut-être, ont-ils parfois raison.

Leur situation matérielle n'est pas toujours enviable si l'on accepte la réalité du tableau tracé par l'un d'eux, M. Péquignat :

« Les répétiteurs divisionnaires font le dortoir, c'est la grande misère de leur métier. De plus, ils sont contraints à l'internat; ils mangent la même nourriture que les élèves, et elle ne va guère à leurs estomacs fatigués. Il serait bon qu'à un certain âge

_______________

(1) *Enquête*, t. I, p. 108.

on pût avoir un autre régime alimentaire que le régime de nos lycées.

» Dans les collèges, les répétiteurs n'ont pas une
chambre particulière où ils puissent se retirer, ils
n'ont qu'une chambre commune; c'est tout ce qu'il
y a de plus misérable, on n'y peut ni travailler, ni
se reposer. Même dans les lycées, le logement est
extrêmement défectueux. A Caen, j'étais logé dans
une soupente, en face des domestiques, dans une
chambre semblable à la leur; impossible à chauffer
l'hiver, trop chaude l'été; il était absolument impossible d'y rien faire.

» Les divisionnaires, au dortoir, sauf exceptions
très rares, sont placés sur une petite estrade très
étroite qui supporte une installation odieusement
sommaire. Une table et une table de nuit sales, un
lit qui est le même que celui des élèves, et dans lequel on est atrocement couché.

» M. LE PRÉSIDENT. — On vous laisse le plus
longtemps possible l'illusion de la jeunesse. (Sourires.)

» M. PÉQUIGNAT. — Cette illusion se perd bien vite.

» Au lycée de Rouen, il y a quatre ou cinq ans, le
lit du répétiteur au dortoir n'était même pas en-
touré de rideaux. Cela a de gros inconvénients.

» Le fait de vivre de la vie physique avec les élèves
nous retire beaucoup d'autorité. Autant il faudrait
mêler de plus en plus la vie intellectuelle et morale
du maître à celle de l'élève, autant il faudrait séparer la vie physique de l'un et de l'autre.

» M. LE PRÉSIDENT. — Il faudrait donner une
chambre au maître répétiteur?

« M. Péquignat. — Ce serait très simple : une cloison en planches remplacerait ces rideaux sur lesquels nous faisons, en nous couchant, de ridicules ombres chinoises. On ne devrait même pas nous faire coucher au dortoir, tant la surveillance de nuit par nous est illusoire (1). »

Sont-ils au moins bien payés? « A vingt-cinq, vingt-six ans, dit M. Gaston Boissier, ils sont là dans un collège gagnant 55 francs par mois, et travaillant vingt heures par jour, car il faut bien compter les heures de nuit pendant lesquelles ils sont avec leurs élèves (2). »

Nous nous permettons de rectifier les chiffres apportés par M. Gaston Boissier; ainsi présentés, ils ne donnent pas un aperçu exact de la réalité.

Il y a deux ordres de répétiteurs, les bacheliers et les licenciés, dont les traitements sont différents.

A Paris, les répétiteurs licenciés ont :

2.700 fr., pour la 1<sup>re</sup> classe ;
2.400 fr., pour la 2<sup>e</sup>     —
2.100 fr., pour la 3<sup>e</sup>     —
1.800 fr., pour la 4<sup>e</sup>     —
1.500 fr., pour la 5<sup>e</sup>     —

plus 1.000 francs d'indemnité de nourriture et de logement.

Pour le second ordre, les répétiteurs bacheliers ont :

(1) *Enquête*, t. II, p. 419.
(2) *Enquête*, t. I, p. 67

> pour la 1[re] classe...... 2.000 fr.;
> pour la 2[e]    —    ..... 1.700 —
> pour la 3[e]    —    ..... 1.400 —
> pour la 4[e]    —    ..... 1.100 —
> pour la 5[e]    —    .....  900 —

plus toujours les 1.000 francs; et en province, il faut diminuer toutes ces classes de 300 francs (1).

Leurs réclamations ont abouti sur certains points; en particulier, on leur accorde plus de temps libre.

Mais, grosse objection, n'est-ce pas au détriment des élèves?

« On ne parle que des droits des répétiteurs, mais jamais de leurs devoirs. C'est la discipline du lycée, ce sont les élèves qui souffrent des exigences croissantes des répétiteurs. Dans chaque division, il y a souvent quatre répétiteurs qui se succèdent dans le cours de la journée, de sorte que les élèves, passant en des mains diverses, ne sont plus surveillés (2). »

Ainsi s'exprime M. Mangin, professeur à Louis-le-Grand.

« C'est vrai, appuie M. Gallois, surveillant général à Janson-de-Sailly. C'est vrai, et c'est la plaie de l'internat; certains élèves ont trois maîtres-répétiteurs dans la journée et cinq ou six professeurs; la direction morale n'existe pas et ne peut pas exister. Et, prenez les enfants les plus doux, ils restent doux, mais ils n'ont pas de caractère; ils sont flottants, ils sont mous, et ils se laissent conduire par l'un et par l'autre, ils ne se forment pas.

(1) *Enquête*, t. II, p  103.
(2) *Enquête*, t. II, p. 97.

» M. LE PRÉSIDENT. — Cela n'existe que depuis la réforme de 1880 ?

» M. GALLOIS. — Oui. Avant il n'y avait qu'un répétiteur par étude ; alors il était trop surmené et il succombait à la tâche ; c'était un autre inconvénient, mais pour les élèves l'ancien régime valait mieux que le régime nouveau (1). »

M. Bernès, professeur à Lakanal, confirme les dires de ses collègues : « Avec le système actuel, qui a étendu, avec juste raison, les heures de liberté accordées à chaque répétiteur, les suppressions de postes opérées pour cause d'économie ont compromis, en plus d'une maison, le bon fonctionnement des services, la discipline et le travail même. Les faits que j'ai cités le prouvent. Que penser de cet autre fait que, non seulement les élèves de classes très diverses, dans les lycées où il y a peu d'internes, sont réunis dans une même étude, mais qu'ils peuvent, dans la journée, être une ou deux fois tirés de leur étude, parce que l'heure du loisir de leur répétiteur est arrivée, et conduits dans une autre, hors de leur milieu habituel, loin de leurs livres, de leurs instruments de travail ? Que, dans de grands lycées même, deux ou trois répétiteurs différents peuvent quelquefois, au cours d'une journée, se succéder devant les mêmes élèves ? Quelle peut être dans ces conditions l'autorité du répétiteur ? Quel peut être son zèle, quelles peuvent être ses lumières pour surveiller de près le travail des élèves ? (2). »

(1) *Enquête*, t. II, p. 399.
(2) *Enquête*, t. II, p. 128.

Notre dernier témoignage sera emprunté à M. Pruvost, inspecteur général de l'Université : « Dans l'organisation actuelle, il faut donner beaucoup de liberté aux répétiteurs ; il n'y a plus, comme autrefois, un seul répétiteur chargé d'une étude, surveillant l'étude et le dortoir ; plusieurs répétiteurs se succèdent dans la même étude. On en a externé un certain nombre qui doivent venir à leur tour surveiller le dortoir. Il y a donc des variations dans la surveillance, et par suite, une diminution d'autorité et quelques désordres qui ont éloigné bien des familles de l'internat. C'est là encore une des causes de la diminution de l'internat (1). »

Que font les répétiteurs en face de ces désordres ? Rien : ils sont désarmés, dit M. Dalimier, proviseur de Buffon : « On a retiré aux maîtres un peu brusquement le droit de punir les élèves et on peut se demander si on n'est pas allé trop loin. En tout cas, la réforme s'est faite avec beaucoup trop d'éclat et de publicité (2). »

M. Piquois, surveillant général au lycée Condorcet : « Le répétiteur sentant qu'il n'est soutenu par rien, qu'il est plutôt tenu à l'écart, qu'il n'a pas de représentants dans les Conseils de l'Université et qu'il n'a pour appui que le recours au conseil de discipline (qui n'est pas souvent efficace), se trouve dans une situation délicate. Il s'en tire comme il peut et parfois se décourage. Réduit au rôle assez ingrat de signaler les fautes qui peuvent amener

<hr>

(1) *Enquête*, t. I, p. 420.
(2) *Enquête*, t. I, p. 560.

uno punition, il n'a même pas à sa disposition des récompenses à offrir, sinon quelque exemption assez peu recherchée en général.

« Pour punir un élève il est obligé de faire un rapport, et ces rapports ne sont pas toujours suivis d'effet. Il y a là quelque chose de fâcheux.

M. LE PRÉSIDENT. — Et c'est à cela que vous attribuez la difficulté de la situation actuelle des répétiteurs ?

M. PIQUOIS. — Oui, et aussi le malaise des internats. Les difficultés du côté des élèves seraient assez faciles à surmonter pour des répétiteurs expérimentés, si on leur laissait plus d'autorité, s'ils étaient sûrs de trouver auprès de l'Administration un appui sérieux. Je ne demande pas et personne ne demande de rétablir la vieille discipline féroce dont on a beaucoup parlé — pour ma part, je n'en ai jamais qu'entendu parler. Je ne l'ai point connue comme élève, ni pratiquée comme maître. J'ai toujours, au contraire, vu une discipline assez douce, parfaitement acceptable. Mais dans les grandes agglomérations d'enfants, il en faut une (1). »

Au surplus les répétiteurs auraient bien tort de se gêner; on ne tient aucun compte de ce qu'ils peuvent dire relativement aux élèves.

Écoutez M. Béjambes, répétiteur général au lycée Voltaire : « Il y a des établissements où l'on a créé deux tableaux d'honneur : un pour la classe, l'autre pour l'étude. Les élèves se moquent du tableau d'honneur des études; il y a une vieille tra-

(1) *Enquête*, t. II, p. 402.

dition qui veut qu'on s'amuse impunément avec le répétiteur, tandis qu'il faut être sage avec le professeur. Les familles attachent une importance très faible aux notes que nous donnons.

» On nous demande des notes trimestrielles comme aux professeurs, nous donnons des notes de conduite, nous pouvons parler du caractère, du tempérament de l'enfant. Jamais nos notes ne sont communiquées aux parents, on communique celles des professeurs. Nous le savons parce qu'on nous fait recopier les bulletins trimestriels pendant les études, il n'y a pas trace des notes des répétiteurs ; du reste, ce sont des imprimés, et il n'y a pas de place pour ces notes. Cependant, d'après le décret du 5 juillet 1890, « les notes des bulletins trimestriels ne doivent être arrêtées qu'après une réunion dans laquelle tous les maîtres qui ont affaire aux mêmes élèves auront échangé leurs impressions ». Ces réunions ont eu lieu au lycée Voltaire, deux ou trois fois après la promulgation du décret. Le décret dit que « ces notes exprimeront l'opinion propre de chaque maître, de façon à renseigner exactement les familles ; elles seront accompagnées d'une note générale, rédigée par le proviseur ». Il y a un point que les notes trimestrielles négligent presque toujours : le proviseur ne parle jamais du caractère de l'élève, excepté si c'est un enfant mal doué, auquel cas, pour ne pas dire qu'il n'est pas trop fort, on dit qu'il a un caractère excellent. Le répétiteur, qui a l'élève toute la journée, qui pourrait donner des renseignements plus sérieux peut-être sur le tempérament et le caractère de l'enfant, donne des

notes qui ne sont jamais transmises aux familles.
Les élèves le savent, si bien que, sauf dans certains
cas où le répétiteur a une certaine autorité morale,
il n'a pas l'autorité suffisante (1). »

Ajoutez encore que certain proviseur, pour se
faire bien coter par l'autorité supérieure, voudra
montrer que sa maison va bien ; et comme preuve,
il exhibera des tableaux vierges de punitions.

Nous n'inventons pas ; nous parlons d'après
M. Bernès : « Actuellement, un chef d'établissement, insuffisamment pénétré des nécessités disciplinaires, ou qui pense se faire bien  enir en pous-
sant à l'excès le régime d'indulgenc  — cela peut
arriver : il m'a passé sous les yeux,  n province,
après la réforme de 1890, une circulai   exigeant
l'envoi hebdomadaire, à l'Académie, du  ompte des
punitions demandées par chaque profe seur, et
prévenant les professeurs qu'ils seraie   jugés
d'après leur empressement à s'inspirer d   principes nouveaux, d'après le nombre, par cons  uent,
des punitions qu'ils auraient demandées ;    un
chef d'établissement, dis-je, à l'esprit chiméri  ue,
maladroit, ou simplement timoré, peut faire é  ec
à l'autorité disciplinaire de ses professeurs et  e
ses répétiteurs. Je sais que ce n'est pas l'habitude
que de plus en plus, en fait, pour ce qui concerne
les professeurs tout au moins, on en revient aux
anciens usages. Mais c'est la condamnation, par
l'expérience même, des règlements nouveaux. Et
les professeurs parfois encore, les répétiteurs sou-

_______

(1) *Enquête*, t. II, p. 411.

vent, se plaignent d'être désarmés, et peuvent, par découragement, en venir à laisser tout aller. Ce n'est pas sans exemple (1). »

Aussi les répétiteurs n'ont-ils aucune influence sur les élèves : « A leurs yeux d'enfants ils ont une infériorité marquée. Ce sont des hommes sans prix. Au contraire, une autorité morale très grande est indispensable à celui qui veut donner une éducation (2). » (M. Rocafort, professeur au lycée de Nîmes.)

« Or, dit M. Boutmy, membre de l Institut, directeur de l'Ecole des Sciences politiques, il y a deux parties dans l'instruction : l'instruction proprement dite et l'éducation. L'éducation est, sans contredit, la première et la plus importante des deux : elle est confiée en ce moment *à ce qu'il y a de plus infime* dans l'enseignement secondaire, aux maîtres d'études (3). »

* * *

Fidèle à notre habitude de demander aux rapports nos faits et nos preuves, nous leur emprunterons aussi notre conclusion de ce long chapitre.

Il est impossible que les « Mauvais Bergers », qui ont charge de conduire le troupeau des enfants confiés à leur soins, leur donnent une bonne éducation. « Ils sont inaptes à donner une bonne éducation qu'ils n'ont pas (4). »

(1) *Enquête*, t. II, p. 126.
(2) *Enquête*, t. II, p. 650.
(3) *Enquête*, t. I, p. 218.
(4) *Enquête*, t. I, p. 650.

De plus, leur antipathie, leur défiance réciproque les maintient dans un état d'anarchie continuelle.

M. LE PRÉSIDENT RIBOT. — Les proviseurs nous disent que tout est devenu difficile dans les rapports intérieurs de la maison que les professeurs montrent une indépendance quelquefois ombrageuse.

M. MALAPERT, *professeur de philosophie au lycée Louis-le-Grand.* — Il n'y a pas de doute. Mais interrogez les proviseurs : ils vous diront aussi que l'administration supérieure n'a guère confiance en eux; sans doute, ils vous diront que les professeurs montrent un esprit d'indépendance regrettable, qu'ils sont en général un peu révolutionnaires.

M. LE PRÉSIDENT. — Non, ils n'ont pas dit cela.

M. MALAPERT. — Ils diront au moins qu'ils manquent de confiance à l'égard de l'administration. Si vous interrogez les professeurs, ils tiendront à peu près le même langage, et penseront aussi qu'on leur témoigne trop peu de confiance.

M. LE PRÉSIDENT. — En somme, l'état de choses actuel n'est pas satisfaisant?

M. MALAPERT. — Actuellement, on a évidemment à notre égard beaucoup de réserve; on se méfie trop de nous.

M. LE PRÉSIDENT. — Il n'y a que la confiance qui appelle la confiance.

M. MALAPERT. — Malheureusement la défiance règne à tous les degrés de la hiérarchie et elle vient de haut (1). »

_________

(1) *Enquête*, t. II, p. 221.

Étonnez-vous, maintenant, de cette parole de M. V. Bérard, qui n'est pas le premier venu, puisqu'il est maître de conférences à l'Ecole des Hautes-Etudes, à la Sorbonne, maître de conférences à l'Ecole supérieure de la marine et examinateur d'entrée à l'Ecole navale.

« Je connais, dit-il, un certain nombre de lycées par la tournée annuelle que je fais en France pour les examens de l'Ecole navale. Vous trouverez, je crois, qu'il y en a qui marchent très mal, la moitié ; d'autres qui marchent à peu près mal, un quart ; un huitième qui va tant bien que mal, et dix ou douze qui vont à peu près bien (1). »

(1) *Enquête*, t. I, p. 292.

# CHAPITRE VIII

## LA FAILLITE DE L'ATHLÉTISME UNIVERSITAIRE

Il y a douze ans, je ne sais à quel propos, une campagne fut menée, vivement et allègrement, contre l'absence d'exercices physiques dans l'enseignement gouvernemental. Ce fut sans doute en cette période où l'on trouva que les jeunes collégiens étaient surmenés.

Des gens surgirent, entre autres M. de Coubertin et Ph. Daryl (pseudonyme de M. Paschal Grousset), qui furent tout heureux et tout fiers d'importer chez nous des jeux inconnus, d'en infuser l'amour au cœur de la jeunesse et d'espérer ainsi sauver les générations futures.

Je le répète, la campagne fut vive et bruyante.

J'y pris part — on m'excusera de rappeler ces choses — dans une série d'article parus au journal *Le Monde*, (décembre 1888), et que je commençais par cette phrase reproduite bien des fois alors :

« Nous sommes tout simplement en train de découvrir l'Amérique ! » J'insinuais par là que ces jeux et ces exercices physiques prétendus nouveaux existaient depuis longtemps, étaient encore en honneur, vivants et bien vivants, visibles et bien visibles, et qu'il n'était pas besoin de les aller emprunter à l'Angleterre.

Si l'on ne jouait pas dans les collèges de l'Université, on jouait dans les maisons ecclésiastiques ; si, aujourd'hui, d'après les dépositions faites à l'enquête, si l'on ne joue pas ou si l'on joue mal dans les lycées, on joue et on joue bien dans les établissements religieux.

Ce que je disais en 1888 est bon en 1900.

Je viens de relire mes articles d'alors : je n'y trouve presque rien à changer. Je ne dis point cela par sot orgueil, mais pour montrer que l'enseignement gouvernemental, malgré ses promesses et ses rodomontades, n'a rien fait pour les exercices du corps.

Tout le monde, en effet, a pu lire dans les journaux l'entrefilet suivant : « *L'Ecole normale des jeux scolaires* a commencé au Bois de Boulogne la série de ses exercices. Les deux jeux inaugurés sont la *barette française* et la *grande thèque*. La barette française est le *football* des Anglais, débarrassé de tout ce qui rend ce sport quelque peu brutal, c'est à-dire des mêlées confuses et des luttes corps à corps. Quand à la grande thèque, c'est un vieux jeu français qui a servi de modèle au criquet, avec la pomme au battoir, et qu'on jouait encore à Chartres il y a une trentaine d'années ; jeu très vif, très animé, très salutaire, qui possède l'inestimable avantage de pouvoir s'organiser dans une cour de collège, et cela presque sans frais. »

Or, je prétends que ces deux jeux sont encore en usage, et, qui plus est, en usage dans les collèges — non ceux de l'Université, — mais dans les collèges ecclésiastiques, à qui on va les emprunter, comme bien d'autres choses d'ailleurs.

Quiconque n'a pas été élevé dans une maison religieuse n'aura, pour se convaincre de l'existence continuelle, en France, des jeux *découverts* en Angleterre et importés par Th. Daryl et *tutti quanti*, qu'à se procurer un petit livre intitulé : *Des jeux de collège*, par C. de Nadaillac et J. Rousseau. Voulez-vous la *barette*, la *rabotte*, le *ballon au camp*, le *football français*, car c'est tout un ? Ouvrez à la page 9 et lisez. Je copie textuellement :

1. Les joueurs se partagent en deux partis d'égale force et choisissent, aux extrémités de la cour, deux camps bien déterminés.

2. Le ballon est *lancé ;* chacun alors cherche à le mettre dans le camp opposé, tout en empêchant qu'il ne vienne dans le sien.

3. La partie complète est gagnée et les joueurs changent entre eux de camp, lorsqu'un des partis est parvenu à mettre trois fois de suite le ballon dans le camp ennemi.

4. Pendant le jeu, il n'est jamais permis de prendre le ballon avec les mains.

5. Le ballon est *faux* lorsqu'un des joueurs l'a fait sortir des limites du jeu ; un élève du camp opposé le prend alors avec les mains et, de l'endroit même où il est sorti, le relance au milieu du jeu.

6. Lorsque le ballon est lancé dans le camp à deux mains, ou qu'il y pénètre, soit grâce à une mêlée, soit en roulant, le coup est nul et le ballon est faux.

Si maintenant vous préférez la *grande thèque*, qui n'est que la *balle au camp* sur un plus vaste terrain, vous en trouverez les règles à la page 23. Il serait trop long de les citer ; mais ces exemples suffisent amplement.

Dans le *Temps* du 18 octobre, M. Th. Daryl n'a pas d'éloges assez hyperboliques pour un pasteur protestant de Montauban, qui, dans une lettre, lui relate comment il a introduit le *football* mitigé parmi la jeunesse de ce pays :

« M. Bost a cent fois raison d'être fier de ce souvenir de jeunesse. Il a simplement fait là une des œuvres les plus méritoires (nous serions tenté de dire les plus pies) qu'il soit donné, même à un pasteur d'hommes, d'accomplir en sa vie : arracher au tombeau et à l'oubli cette part charmante du patrimoine national, cette œuvre d'art traditionnelle, cette chose respectable et sainte entre toutes, un jeu français de plein air. » (*Temps*, 18 octobre 1888.)

Quels compliments flatteurs vous seraient donc

décernés, ô nos vieux maîtres, prêtres et religieux, qui, par toute la France, depuis plus d'un demi-siècle, avez entretenu en de nombreuses générations ce goût, cet amour des bienfaisants exercices de plein air !

Voulez-vous jouir de ce spectacle d'une cour de collège où règnent, avec l'animation, l'entrain du jeu, la bonne santé et la bonne humeur? Entrez dans un établissement ecclésiastique quelconque ou dans un petit séminaire.

Le repas va prendre fin ; deux élèves chargés des jeux, les *questeurs de jeu,* ont préparé le ballon ; pendant que sur deux rangs silencieux les enfants défilent, il est là déjà, au milieu de la cour. D'un mot bref, le surveillant attribue à chaque camp le côté qui lui appartient; les élèves, partagés à l'avance, pour une période déterminée, en deux groupes d'égale force, savent où se rendre, les *bleus* d'un côté, les *rouges* de l'autre. Les vestes, rapidement enlevées, sont suspendues aux patères clouées sous le préau ; les combattants sont là, sur la limite du camp, et regardent le ballon, dont la parfaite rotondité invite le coup de pied.

Un coup de sonnette ou de sifflet; les dernières vibrations ne sont pas éteintes, que le ballon est en l'air, bondissant, rebondissant, lancé ici par un coup de poing, là par un coup de pied. De ce côté, un élève au torse herculéen dédaigne le pied ou le poing : d'un coup d'épaule vigoureux bien dirigé il envoie le ballon par-dessus ses adversaires. Et ce sont des cris, des bravos, des lazzis. Petits et grands se mêlent, usant du ruse, de force ou d'adresse.

Tenez, le ballon est tombé tout à coup dans un espace vide ; un grand ramène son bras en arrière et va frapper ; là, ce pauvre petit, aux bras et aux jambes en fuseau, s'est faufilé ; une chiquenaude de sa main frêle sur le ballon, et le poing de son adversaire frappe dans le vide. Tantôt, dans sa course folle, le ballon traverse la cour en diagonale, et tous de s'élancer, les uns faisant retraite, les autres avançant. Ah ! mais voici qu'il est dans une encoignure ; rouges et bleus sont acculés : il y a une mêlée. Le surveillant, qui, sonnette ou sifflet en main, n'a perdu aucun des détails du jeu, donne un signal rapide ; le rassemblement s'est, en un clin d'œil, dissipé, et le jeu recommence, jusqu'au moment où le ballon touche le but.

De-ci de-là quelque horion : tel joueur inattentif reçoit le ballon en pleine figure : « Oh ! oh ! dit-il, je saigne ! » Vite quelques lotions d'eau fraîche à la pompe, et c'est fini ; quelques gouttes d'arnica et un peu de taffetas pour celui-là, et l'écorchure de sa jambe sera refermée.

Au bout de trois victoires, on change de camp, car il n'est pas indifférent d'être de tel ou tel côté ; on peut, en effet, avoir contre soi le vent, la poussière, le soleil ou la déclivité du terrain. Défense de *prendre* et de garder le ballon dans ses mains, car les plus grands l'auraient toujours, au détriment des petits et de l'animation du jeu.

Une heure est ainsi vite passée, sans ennui, mais au contraire avec grand profit pour l'intelligence qui se détend, pour le corps qui se développe et se fortifie. Huit ou dix minutes avant la rentrée à l'étude, la cloche sonne la cessation du jeu ; de cette façon, les enfants ont le temps d'essuyer leur front en sueur, de laver leurs mains poudreuses, d'être plus calmes pour le travail.

Ce n'est pas là un tableau *fait de chic*, comme diraient les peintres, mais d'après nature.

Vous parlerai-je de la *balle au camp*, de la *thèque*, avec ses courses rapides de but en but, arrêtées par un coup de balle soudain ; de la *balle au chasseur* et de ses surprises ; des *barres* et de la gloire de faire des prisonniers ; des *échasses*, des *boucliers*, de leurs manœuvres et de leurs batailles ? Tous jeux bruyants qui dilatent les poumons et la cage thoracique ; jeux violents qui mettent en mouvement tous les membres, font circuler le sang et transportent aux extrémités les parties nutritives débarrassées par la transpiration de leurs éléments délétères et des déchets nuisibles de la combustion organique.

Car, malgré le dire de Feuerbach, l'homme n'est pas ce qu'il mange, mais bien plutôt ce qu'il digère ; or, dit Trousseau, on digère avec ses jambes autant qu'avec son estomac.

Et ce n'est pas une fois, deux fois par semaine qu'ont lieu ces récréations dans les collèges ecclésiastiques : c'est deux et trois fois au moins par jour, après chaque repas et chaque classe principalement. Et l'on voit cette chose, curieuse d'après V. de Laprade, les maisons religieuses l'emporter sur les collèges de l'État par le souci qu'elles prennent de la santé de l'enfant. Chose curieuse? Non : la raison en est bien simple : le prêtre est éducateur dans la plus haute et plus noble acception du terme : il *n'instruit* pas seulement *l'esprit*, il *élève l'homme* tout entier.

Le corps, dit un proverbe oriental, est un coursier sur lequel l'âme chevauche dans son voyage à travers le monde ; c'est, en termes à peu près semblables, la définition de l'homme que Platon nous donne dans le *I<sup>er</sup> Alcibiade*, « une âme qui se sert d'un corps ». Sans doute, considéré dans la meilleure partie de son être, considéré surtout dans sa destinée, l'homme n'est autre que l'âme elle-même, et le corps n'est et ne doit être qu'un instrument. Mais, si nous examinons l'homme réel, l'homme concret, tel qu'il existe ici-bas, nous voyons qu'il n'est pas un *esprit pur*, lié au corps *par accident;* il est, comme le disent les scolastiques, un *composé* et, pour employer l'expression de Bossuet, « un tout naturel ».

Le grand tort des éducateurs modernes, ou plutôt des instructeurs de l'État, c'est d'avoir totalement oublié ce principe primordial de l'éducation ; ils n'ont eu en vue que la partie intellectuelle de l'homme, l'esprit, et l'ont développée à outrance, au grand détriment de la partie spirituelle, l'âme, et de la partie matérielle ou physique, le corps.

Il n'en va pas de même des éducateurs religieux : ceux-ci ont pris l'homme tout entier, sans faire abstraction de la partie inférieure, le corps, qui est, tout aussi bien que l'âme, le chef-d'œuvre du Créateur divin. Si d'aucuns ont voulu donner à l'âme leurs soins les plus assidus, force leur fut également de ne point négliger le corps, qui est le domicile, l'organe, l'instrument, la puissance extérieure de l'âme, et qui trop souvent fait ressentir à son imma-térielle compagne le douloureux contre-coup de sa faiblesse ou de ses misères.

Sans doute, le religieux a pu faire un usage im-modéré du cilice, de la discipline, des mortifications et de la haire : en sa qualité d'ascète, il peut avoir sur son corps les idées de Philaminte :

> Le corps, cette guenille, est-il d'une importance,
> D'un prix à mériter seulement qu'on y pense,
> Et ne devons-nous pas laisser cela bien loin ?

Mais le religieux, comme éducateur, a toujours eu pour le corps des enfants confiés à ses soins les sentiments de Chrysale :

> Oui, mon corps est moi-même, et j'en veux prendre soin :
> Guenille si l'on veut, ma guenille m'est chère.

M. Compayré n'est pas de cet avis : « Nous n'a-vons jamais vu, dit-il, que dans les ordres religieux, où l'on a le plus recommandé l'obéissance et où ré-gnait la maxime *perinde ac cadaver*, on ait beau-coup songé à fortifier le corps : l'ascétisme y floris-sait, et non la gymnastique (1) ».

Et pourtant il faut reconnaître que les instituteurs religieux se préoccupent beaucoup plus que les ins-tituteurs laïques des soins et de la direction person-nelle à donner à chaque élève, de la nécessité phy-sique et *morale* des jeux du premier âge, des

(1) G. Compayré. *Cours de pédagogie*, p. 52.

exercices qui stimulent l'activité musculaire et détendent l'esprit chez les écoliers. « Ils savent, dit
V. de Laprade, qu'au moment de la puberté, ce
qu'il y a le plus à craindre, c'est que le système
nerveux ne vienne à prédominer ; ils comprennent
enfin que chez les enfants, la vigueur de la santé
est à la fois une preuve et une cause de bonnes
mœurs. Ils pensent que la récréation est pour l'éco-
lier un devoir, parce qu'elle est un besoin ; et ils
veillent à ce qu'elle soit aussi complète et active que
possible. »

M. Compayré récusera ce témoin, comme trop
entaché de cléricalisme ; il ne voudra probablement
être jugé que par ses pairs. Il est facile de lui
donner cette satisfaction, et je citerai un auteur
dont il ne saurait renier ni les idées, ni la science
pédagogique :

« Un trait caractéristique du régime des collèges
des Jésuites, c'est le souci qu'on y prenait de la santé
des élèves. La société de Jésus n'est jamais tombée
dans l'erreur, trop commune chez les mystiques, de
croire qu'on travaille pour l'âme en mortifiant le
corps, en le soumettant à des excès de privation et
d'austérité. Les *Constitutions* sont formelles sur ce
point. Loyola, qui avait eu cependant sa crise de
mysticisme et qui avait passé par les macérations,
écrivait en 1548 à François Borgia : « Pénétrez-
vous de cette pensée que l'âme et le corps ont été
créés par la main de Dieu ; nous lui devons compte
de ces deux parties de notre être et nous ne sommes
pas tenus d'affaiblir l'une d'elles pour l'amour du
Créateur. Nous devons aimer le corps dans la me-

sure où il sut l'aimer. » Dans le même sens, les *Constitutions* disent : « Il ne faut pas renouveler trop souvent les mortifications, les prières et les longues méditations. » On voit combien les Jésuites étaient en progrès sur le moyen âge. « Il faut, disent-ils encore, écarter les obstacles qui détournent l'esprit de l'étude, qu'ils viennent des dévotions, des mortifications excessives, ou de toute autre cause. »

« D'autre part, il ne faut pas imposer à l'intelligence un travail excessif. Le travail prolongé et fatigant, le travail à la façon des Bénédictins, n'a jamais été en honneur chez les Jésuites. Défense était faite aux écoliers de travailler plus de deux heures de suite. — Vous devez veiller avec un soin particulier, est-il recommandé aux maîtres, à ce que les élèves n'étudient pas au temps où leur santé pourrait en souffrir, donnant au sommeil le temps nécessaire et gardant une juste mesure dans les travaux de l'esprit. » Conseils sages, inspirés par une idée exacte de l'équilibre qu'il convient d'établir entre les forces morales et les forces physiques. Ordre militant avant tout, les Jésuites ne songeaient pas à imiter les ordres purement monastiques ; ils savaient le prix d'un corps robuste et estimaient, comme elle le mérite, la santé du corps, nécessaire pour le service de Dieu non moins que pour le service des hommes.

« Rien n'était négligé pour fortifier le corps. On profitait des vacances, des jours de fête, pour faire des excursions dans les maisons de campagne de la Société. La plupart des exercices physiques étaient en honneur : par exemple, la natation, l'équitation, l'escrime. Il semble tout simple aujourd'hui de faire rentrer les arts dans un cours complet d'éducation. Qu'on lise les statuts de l'Université publiés en 1600 par ordre de Henri IV, et l'on se convaincra qu'il y avait, au seizième siècle, quelque originalité à les recommander. Voici d'abord l'article 18 : — Il n'y aura pas de récréation avant le dîner ; il n'y en aura pas non plus après le dîner » ; puis l'article 19 : « Les écoliers ne pourront apprendre l'escrime, et, afin de retrancher toute occasion propre à les détourner de leurs études et à les jeter dans les dérèglements, les maîtres d'armes, les joueurs de flûte, les danseurs videront les lieux qui dépendent de l'Académie et seront relégués au delà des ponts.» « Tout le monde ne savait pas alors combien le mélange modéré du jeu et du travail est propice aux progrès généraux de l'esprit ? »

Cette citation est peut-être un peu longue, mais elle demandait d'être faite dans toute son intégrité, car elle prouve péremptoirement que, « dans les ordres religieux, où l'on a le plus recommandé l'obéissance et où régnait la maxime *perinde ac cadaver*, on a beaucoup (*et dès longtemps*) songé à fortifier le corps ». Et cet auteur qui, textes en mains, prête l'appui de sa science à notre thèse n'est pas un clérical, pas même un conservateur ; c'est... *risum, teneatis, amici*... c'est M. Compayré lui-même qui, dans son *Histoire critique des Doctrines de l'éducation*, se donnait, par avance, le plus net démenti (1).

(1) G. Compayré. *Histoire des Doctrines de l'éducation*, t. I, p. 179. Hachette, 1883.

Or, il est convenu, dans un certain monde, que de la Société des Jésuites il ne peut rien sortir de bon ; si donc on est forcé d'avouer que, dans cette question de l'éducation physique, ils ont toujours eu le plus grand souci de la santé de leurs élèves, on en peut légitimement conclure que les autres ordres et le clergé séculier voués à l'éducation ne sont pas non plus restés en arrière.

On peut aussi en déduire ce fait : si les exercices musculaires, les jeux, étaient en honneur dans les collèges ecclésiastiques alors que dans l'Université ils étaient non-seulement négligés, mais interdits, à plus forte raison y doivent-ils être florissants aujourd'hui que tout le monde les prône et les réclame. Et cependant, au milieu de cette avalanche d'articles suscités par la campagne de M. Ph. Daryl, aucun journal n'a, même incidemment, tranché la question. Je me trompe, le *Voltaire* écrit ceci : On peut citer tel établissement tenu par des prêtres où ceux-ci, enlevant crânement leur soutane, se mêlent aux jeux des enfants et les entraînent à passer le temps des récréations d'une manière active. »

Ces témoignages d'ennemis avérés ne manquent pas d'un certain poids, et suffiraient seuls pour corroborer toute autre affirmation.

.·.

On ne saurait cependant toucher cette question sans parler d'un des premiers éducateurs de notre siècle : je veux dire Mgr Dupanloup, qui, dans deux longs chapitres de son ouvrage sur l'*Education*, a magistalement traité des « *Soins physiques* (1) et des *Jeux*.

« L'éducation physique, dit-il, n'a certes pas pour but de flatter ici-bas les sens et leurs mauvaises inclinations, mais bien de rendre l'homme, corps et âme, aussi fort, aussi sain, aussi indépendant que possible des accidents extérieurs... En effet, sans une constitution forte, l'homme le plus intelligent et le plus laborieux est réduit à l'impuissance. Triste jouet des maladies, il se trouve arrêté à chaque pas dans la carrière. » Et l'illustre évêque fait rentrer parmi les soins physiques : le bon air, la bonne nourriture, la vie réglée, l'exercice et les jeux, une température convenable, la propreté, les soins médicaux.

« Dans tout système d'éducation, et *surtout dans le système des maisons chrétiennes*, les jeux tiennent nécessairement une grande place et ont sur tout le reste une influence considérable, dont il faut se rendre compte et savoir user...

» La première chose à obtenir, c'est qu'on joue pendant les récréations. Il faut de toute nécessité, en récréation, faire jouer ; c'est là et ce doit être un point de la règle. Il faut que les enfants sachent qu'ils sont positivement en faute quand ils ne jouent pas... Qu'on joue, qu'on coure, qu'on s'amuse, que le sang circule, que l'esprit se détende, que le mouvement et la vie soient partout... »

(1) Dupanloup. *L'Education*, t. I, liv. III, ch. 5; t. III, liv. IV, ch. 8.

Et longtemps avant M. Ph. Daryl, Mgr Dupanloup avait recommandé la liberté des jeux : « Toutefois, en ordonnant le jeu, en mettant les jeux en train, il ne faut pas chercher à les imposer, à y dominer : le jeu doit être à la fois commandé et libre. C'est aux enfants à choisir selon leur goût et même leurs caprices, selon la fantaisie du moment. Ce qui devrait les agréer le mieux n'est pas toujours ce qui leur plaît le plus ; rien ne doit être spontané comme le plaisir. Toute apparence de contrainte dans leurs jeux est odieuse aux enfants. Ils aiment à s'amuser comme ils l'entendent ; il leur semble que leurs amusements, du moins, sont l'asile de leur liberté : qu'on leur laisse cet asile. »

.*.

Mais il ne s'agit pas ici du jeu vivifiant ; il s'agit de tout autre chose.

M. Ph. Daryl va nous expliquer lui-même sa pensée :

« J'imagine, chaque année, au printemps, un grand concours athlétique à la course, au saut, à la balle, à la nage, à l'aviron — où seraient appelés les délégués des écoles de France, par voie de sélection régionale. Je vois ces champions lutter successivement les uns contre les autres, dans une suite de réunions préparatoires qui feraient les délices et la fortune de Paris ; puis, progressivement, un nombre limité de vainqueurs restant seuls en lice pour l'effort final : et, le jour de la fête nationale, les triomphateurs recevant comme prix, en séance solennelle, devant les troupes assemblées et les grands corps élus, des bourses de voyage, des diplômes d'*ago-nothètes* ou chefs des jeux publics, des réductions et dispenses de service en temps de paix... »

Que vous en semble? Cette idée a chance de réussir. M. Ph. Daryl connaît à fond le caractère français, ce mélange d'esprit généreux, chevaleresque et, disons-le, théâtral, qui se laisse d'autant plus vivement séduire par une idée qu'elle lui apparaît sous une forme plus voyante, primesautière, et quelque peu agrémentée de pose. Voyez les bataillons scolaires, les sociétés de gymnastique : là était le salut de la France, tout d'abord : ce fut une idée de génie, disait-on, que d'avoir imaginé ces galopins sortis à peine du maillot et cheminant, béret en tête, fusil sur l'épaule, au son du fifre et du tambourin. A quoi ont-ils servi? Les *Scolos* sont, aujourd'hui, remisés avec les vieilles lunes, et leurs fusils garnissent les râteliers des Invalides.

Nous allons voir maintenant les jeux scolaires... qui remplaceraient avantageusement le Concours général.

Jadis, le professeur poussait sa tête de classe et négligeait absolument le reste. « Récitez votre Cicéron », disait-on autrefois; aujourd'hui l'on dira : « Montrez-moi vos biceps »; on avait les forts en thème, on aura les forts de la balle et du canot : les premiers étaient couronnés, les seconds seront primés. Le proviseur ne demandera plus : « Votre fils est-il intelligent? » L'enfant, à son entrée au collège, devra passer à la visite, étaler ses « performances » devant le conseil de revision et abattre son poing sur le dynamomètre. Comme en Angleterre, les enfants malingres devront présenter un certificat constatant qu'ils ne peuvent prendre part aux luttes et aux courses.

Oh! le beau temps où *le rempart de Sainte-Barbe* défiera en champ clos, sous le regard humide des papas et des mamans, *la terreur de Louis-le-Grand.* Il y aura désormais deux Grands-Prix : celui de Longchamps où l'on verra courir des chevaux, celui du Pré-Catelan où l'on verra courir des lycéens : à tous deux il y aura foule.

Je m'arrête : voilà ce que je disais dès 1888.

Aujourd'hui, qu'est-il advenu?

Faisons appel à la Commission d'enseignement.

Si vous en croyez M. Gréard, vice-recteur de l'Académie de Paris, vous serez persuadé que tout est pour le mieux — ou presque — dans le meilleur des mondes scolaires :

« On fait de la gymnastique dans les lycées et on aime les sports; chaque année, nous avons nos matchs : à Paris, d'établissement à établissement; en province, d'un lycée au lycée d'un département voisin. Chartres et Orléans ont de fréquentes rencontres, de même Orléans et Bourges ou Tours. Le goût de ces concours se propage. On sent aussi le besoin de se préparer à la vie militaire. D'autre part, les professeurs de gymnastique ont part aux distinctions dont nous disposons et place dans les conseils des lycées. On a fait quelque chose, en un mot ; on peut, on doit faire davantage. Le temps manque, malheureusement, je ne l'ignore pas, et c'est une des raisons pour lesquelles il est nécessaire de s'en ménager, en allégeant les programmes (1). »

M. Espinas est un peu du même avis, avec quelques réserves, néanmoins :

« Il n'y a pas non plus grand' place, dans notre système d'enseignement secondaire, pour les exercices physiques, pour les jeux. Le jeu, dira-t-on, n'a pas besoin d'être réglementé ; s'il cesse d'être libre, il devient insupportable. Je crois cependant que le jeu a besoin d'une organisation ; il faut qu'on le suscite, qu'on le favorise, qu'on lui fournisse le temps, l'emplacement, les appareils ; une épreuve à laquelle j'ai assisté dans le ressort de Bordeaux me paraît avoir eu les plus heureux effets.

« A Paris, nous ne voyons que ce qui se fait à Paris ; il y a une tendance à oublier ce qui se fait en province. M. Manœuvrier a fait un article fort intéressant sur la question des jeux ; il n'y est question que des jeux pratiqués par une seule ligue. Une ligue d'éducation physique, qui embrasse presque tout le sud-ouest, a été involontairement passée sous silence par l'auteur à qui des renseignements incomplets avaient été fournis. J'ai envoyé à la Commission d'enseignement une notice sur ce qu'a fait cette ligue, *quorum pars aliqua fui* pendant les dix dernières années ; nous avions organisé des lendits qui avaient donné des résultats

(1) *Enquête*, t. I, p. 11.

merveilleux. Non seulement les muscles ont été développés, j'ai des photographies de très beaux dos et de très belles cuisses de lutteurs pendus à la corde de traction (1)... »

Avec les suivants nous entendrons un autre son de cloche :

« En fait, dit M. Boutroux, l'éducation physique n'existe pas, et c'est une lacune déplorable. Je voudrais que l'éducation physique fût mise sur la même ligne et même, dans les premières années, au-dessus de l'éducation intellectuelle.

M. LE PRÉSIDENT. — En Allemagne, qu'est cette éducation physique ?

M. BOUTROUX. — Elle y est très développée. Elle est mise sur la même ligne que l'enseignement du grec, des mathématiques ou de telle autre branche. Elle est obligatoire pour tous. Mais elle a un caractère militaire et coactif qui ne répond pas à ce que nous visons. Il s'agit surtout, pour nous, de développer chez nos enfants la vigueur, la souplesse, l'entrain, l'esprit de camaraderie, la joie de vivre, en somme la santé physique et morale.

« Il faudrait faire moins de place à la gymnastique aux agrès qu'aux mouvements d'ensemble et aux jeux organisés. Je voudrais que les maîtres d'études et les professeurs prissent part à ces jeux. J'ai vu en Allemagne le professeur de grec être en même temps professeur de gymnastique, et il me semble que c'est d'un bon exemple (2). »

(1) *Enquête*, t. I, p. 323.
(2) *Enquête*, t. I, p. 310.

M. Chauvelon critique davantage : « J'ai assisté dit-il, il y a quelques mois, à un concours de gymnastique, à Boulogne ; j'ai vu que la gymnastique à laquelle se livraient ces jeunes gens était un simple dressage et visait surtout la préparation au service militaire. Ce n'est pas suffisant (1). »

M. Frédéric-Passy : « En ce qui concerne l'éducation physique, elle est nécessaire. Mais je crois qu'on a été d'un excès à un autre, et que l'on n'a pas, comme on se le proposait, remédié à un surmenage par un autre, mais plutôt ajouté un surmenage à un autre. J'ai entendu, au congrès de Pau, un médecin russe de la plus haute valeur, dire que la fatigue du surmenage physique est du même ordre que la fatigue de l'excès de travail intellectuel, et que tous deux exigent impérieusement du repos. Il faudrait, dans ces deux ordres de travaux, de la modération, et un juste équilibre (2). »

« Peut-être a-t'on poussé trop loin, dit M. Ernest Dupuy, inspecteur général, la mode des sports athlétiques dans certains lycées (3). »

On a eu tort, dit de son côté M. Berthelot, « il ne faut pas faire des athlètes en s'occupant uniquement de sport (4) ».

Je ne croyais pas être un si bon prophète, en 1888, en écrivant que nous aurions des matchs interscolaires où l'on verrait le *Rempart de Sainte-Barbe défier la Terreur de Louis le-Grand*, on

(1) *Enquête*, t. II, p. 230.
(2) *Enquête*, t. I, p. 193.
(3) *Enquête*, t. I, p. 244.
(4) *Enquête*, t. I, p. 21.

parlant des « performances » et de « biceps ». Nous y sommes arrivés ; nous sommes allés plus loin, jusqu'aux photographies de « dos » et de « cuisses ! »

Mais ce n'est point là de l'éducation physique ; c'est de l' « entraînement » aux luttes foraines.

Ce qu'il faut ? M. Passy le rappelait en citant une parole de M. Marion : ce qu'il faut, c'est « le jeu libre au grand air (1) ».

Or, dit M. Potot, surveillant général à Sainte-Barbe, « les exercices physiques tels qu'ils sont compris aujourd'hui, sont insuffisants et presque un non-sens ». Là-dessus, M. Ribot lui demande : « Vous trouvez qu'ils ne sont pas pratiqués d'une façon suffisante ? »

M. Potot. — Ils n'existent même pas.

« Il est nécessaire que, dans nos internats, les exercices physiques, les jeux surtout soient rendus obligatoires, comme l'assistance aux classes ; ils faut qu'ils soient quotidiens, largement organisés et aussi attrayants que possible (2). »

Nous avons entendu, dans un chapitre précédent, M. Péquignat, répétiteur divisionnaire au lycée Henri IV, dire que, au lycée, les heures de récréations étaient, actuellement, les plus tristes et les plus dangereuses pour les élèves.

Sur quoi, le dialogue suivant s'établit entre lui et le président, M. Ribot :

« M. le président. — On ne peut pas obtenir d'eux qu'ils jouent ?

(1) *Enquête*, t. I, p. 196.
(2) *Enquête*, t. II, p. 325.

» M. Péquignat. — C'est très difficile ; nous n'avons pas le droit de les y obliger.

» M. le président. — Vous ne pouvez pas jouer avec eux ?

» M. Péquignat. — C'est impossible : les proviseurs nous le défendent absolument. D'ailleurs, si les maîtres s'y prêtaient, les élèves ne l'accepteraient pas. Ils n'y sont pas habitués. Comme nous y serions fort maladroits en général, nous serions ridicules et notre autorité en souffrirait.

» M. le président. — Les jeunes même ne jouent pas ?

» M. Péquignat. — Si, presque toujours. J'ai pu jouer avec les enfants, bien que ce fût assez difficile. Ils abusent généralement de la familiarité qu'implique le jeu.

» M. le président. — Votre autorité en souffrait-elle beaucoup ?

» M. Péquignat. — Dans une certaine mesure.

» Et si cela vous semble peu vraisemblable, c'est qu'il faut vivre avec les enfants dans les conditions où nous vivons avec eux pour s'en apercevoir. Sur ce point, vous pouvez en croire notre expérience (1). »

Et pourquoi ce qui ne se fait pas, ne peut pas se faire dans les lycées, se fait-il facilement dans les établissements ecclésiastiques ?

(1) *Enquête*, t. II, p. 118.

Jadis, quand on critiquait l'absence des jeux dans les établissements universitaires, on s'entendait immédiatement opposer, comme circonstance atténuante, l'exiguïté des cours, l'entassement irraisonnable d'une multitude d'enfants dans des espaces restreints. On en faisait une affaire d'administration matérielle ; il aurait suffi, semblait-il, de mander l'architecte et l'entrepreneur, d'abattre quelques pans de mur, de sabler, et... les enfants auraient joué.

Illusion profonde ! les lycées ont été agrandis monstrueusement, ont dit certains, et les élèves ne jouent pas davantage. Et cependant, d'après une parole assez répandue : l'enfant est naturellement porté au jeu. Dans la bouche de certains parents, elle est un euphémisme pour faire comprendre que leur fils n'a guère le goût de l'étude ; mais, entendue au sens propre, elle comporte des exceptions assez nombreuses pour absorber la règle. L'enfant est mobile et variable ; sa frêle ardeur ne tient pas contre l'exemple, et parfois il suffit de cinq ou six enfants de nature peu vive pour empêcher toute une division de se livrer à ses ébats. Ajoutez à cela que nos générations contemporaines reçoivent une éducation première si délicate et si molle, qu'elles y regardent à deux fois pour se procurer un plaisir dont la recherche leur demanderait quelque effort ou quelque travail.

L'enfant a besoin, même dans ses amusements, d'une voix qui l'excite sans cesse d'une main ferme et douce, qui le guide et le soutienne. Les éducateurs chrétiens l'ont si bien compris, qu'ils recommandent et parfois ordonnent aux maîtres de prendre part aux jeux des enfants, pour les diriger et les entraîner.

Il faudrait donc que les maîtres-répétiteurs pussent jouer avec leurs élèves suivant l'usage des maisons ecclésiastiques; il faudrait, pour cela, qu'ils fussent assez protégés, soutenus, encouragés par leurs chefs. Mais, comme le dit M. Péquignat, cela est impossible dans les conditions où ils vivent avec les enfants. Aussi, quelques-uns se laissent-ils aller à prononcer cette stupéfiante parole, où l'on sent autant de dépit que de dégoût, et qui fut rapportée, en son temps, par M. Francisque Sarcey :

« Nous ne sommes jamais plus contents que lorsque nous voyons les collégiens se promener sagement dans la cour, en causant *de omni re scibili et de quibusdam aliis !* (1) ». C'est en ces termes exacts que s'exprime un maître répétiteur dans un entretien avec le célèbre critique.

Tout étrange qu'elle paraît au premier abord, cette parole s'explique et se comprend. Pour qu'il en fût autrement, il faudrait bien des choses, et, en résumé, d'après le même, il faudrait « que tout le système de la discipline universitaire fût changé ».

Il est donc avéré que le défaut d'espace n'est pas le principal obstacle qui s'oppose au succès de l'éducation physique par les jeux dans les collèges de l'État. Et nous sommes d'autant plus en droit d'ajouter foi à cette constatation, que l'aveu en est fait par les maîtres eux-mêmes.

(1) *Le XIXᵉ Siècle*, 6 janvier 1888.

« On nous parle de nous associer aux jeux des écoliers, dit le confident de M. Sarcey; mais, si l'on est d'une partie, comment surveillera-t-on ceux qui n'en sont pas? Et puis, voyez-vous, ajouta-t-il en baissant la voix, *nous n'avons pas assez d'autorité sur nos élèves* pour jouer avec eux aux boules de neige : ils se feraient un malin plaisir de nous cribler de projectiles très durs, et nous n'aurions rien à dire. Aux barres, on s'arrangerait toujours pour que nous fussions prisonniers. A saute-mouton, on plongerait d'un poids énorme sur notre dos et l'on rirait sous cape. »

Eh bien! ce maître répétiteur s'épanchait ainsi en 1888; depuis lors, la discipline universitaire a été changée... et les choses . ont dans le même état, absolument. M. Péquignat parle comme son prédécesseur.

Quelle différence entre ce pauvre maître répétiteur de lycée, objet de la risée de ses élèves, et le surveillant d'une maison ecclésiastique! J'emprunte le portrait suivant à un petit livre, qui devrait être le Manuel de tout maître sérieux (1).

« Au jeu, le surveillant paie de sa personne : sa bonne humeur et son entrain, même à défaut de l'adresse dans ces exercices, soutiennent tout le monde. Fût-il empêché de se mêler à la partie, c'est encore lui qui tient tout dans sa main et qui met tout en mouvement. En effet, pas un beau coup qu'il n'applaudisse, pas un effort qu'il n'encourage,

_________

(1) *La Discipline dans quelques écoles libres*, par le R. P. Em. Barbier, de la Compagnie de Jésus, 2ᵉ édition. Palmé, 1888.

pas une violation de la règle du jeu qu'il ne relève, qu'il ne répare et qu'il ne punisse au besoin, car le jeu ne présente d'intérêt qu'autant qu'on en suit les règles. Aussi a-t-il le talent d'intéresser les meilleurs élèves à en faire la police. Il tranche sans contestation les cas les plus douteux et les plus discutés, parce qu'on sait que personne ne suit la partie avec plus d'attention que lui et que son équité ne se dément jamais ; on l'a même vu, dans des cas incertains, se prononcer contre son propre camp pour éviter tout soupçon de partialité. Au milieu des cris et du bruit qui l'entourent, il garde toute la dignité de sa situation : les élèves n'oublieront pas qu'il est leur maître, car s'il s'abandonne sans fierté, s'il subit de bonne grâce tous les petits inconvénients auxquels le jeu l'expose, il ne permet jamais qu'on le traite avec familiarité, qu'on le tire et qu'on le pousse comme un camarade. Le respec t qu'il a pour tous ses élèves, même dans l'ardeur du jeu, lui donne droit d'exiger qu'on ne lui manque jamais d'égards.

« A le voir courir avec tant d'entrain, vous croiriez qu'il n'a pas d'autre souci. Observez-le cependant. Pendant qu'il va, emporté par le mouvement de la partie, il jette de l'un à l'autre un encouragement, un avertissement, un reproche ; parfois, il a glissé à l'insu de tous le mot du cœur qui adoucit une peine ou qui rend le courage. Il est tout entier à la partie qui se déroule, et cependant il ne perd pas des yeux les élèves qui s'abstiennent de jouer. Sans emportement, sans éclats, mais sans relâche, il les excite chacun en particulier, je dirais : il les harcèle avec un tel mélange de fermeté et de bonhomie, avec une telle persistance et un tel entrain, qu'il est presque impossible de lui résister. »

Ah ! sans doute, c'est certainement un art diffi-cile de savoir, quand on joue, quand on rit avec les enfants, ménager sa dignité et sauvegarder son influence, être à la fois ferme et souriant, caresser d'un regard et réprimander de l'autre. Mais serait-il paradoxal d'affirmer que cette participation au jeu de la part des maîtres, loin d'ébranler leur au-torité, l'affermit au contraire, et la conserve ? Une preuve de fait est évidente : nulle part les maîtres n'ont autant d'autorité, ne s'attirent un plus grand respect, que dans les maisons ecclésiastiques, où ils ont le dévouement — car c'est un acte de dévoue-ment — de se plier aux mille détails des jeux en-fantins, de s'adonner à un exercice fatigant pour un homme mûr.

Le raisonnement, d'ailleurs, ne contredit pas le fait. L'autorité du surveillant ne doit ressembler en rien à l'autorité de l'officier sur ses soldats, moins encore à la domination brutale exercée par les chefs des compagnies de discipline sur les condamnés soumis à leur garde.

Aussi bien, n'est-ce pas de cette façon que doit s'exercer une des plus nobles fonctions de l'éduca-tion. Non, certes ; surveiller, c'est veiller sur quel-qu'un. L'on ne veille que sur ce que l'on aime. Sur-veiller, c'est donc avant tout un acte d'affection ; voilà le vrai sens de la surveillance. La surveillance, c'est le contrôle exercé par le dévouement, c'est la préservation procurée par la tendresse. Les maîtres doivent être au milieu des élèves comme des pères et des mères, dont la sollicitude est toujours en éveil pour les préserver, pour prévenir la faute afin de n'avoir point à la punir.

La souveraine habileté consiste donc à savoir allier, par un sage tempérament, une force qui retienne les enfants sans les rebuter, et une douceur qui les gagne sans les amollir. Tel est, je crois, le mot de Rollin. C'est de ce mélange de la crainte et de l'amour, les deux grands mobiles de tout gouvernement, en particulier de celui de la jeunesse, que naît le respect, fondement de l'autorité.

Or, sans la récréation, les maîtres chargés de faire respecter une discipline qui semble tyrannique aux enfants finiraient par devenir odieux. « Si les enfants, dit M. Dupanloup dans une allocution à ses professeurs, ne voient jamais en vous que la compression et les rigueurs de l'autorité, leurs cœurs ne s'ouvriront guère. Du moins, de temps à autre, soyez aussi pour eux la personnification de l'aménité, de la bienveillance, de la charité affectueuse.

» Si vous ne leur parlez jamais que pour les corriger, pour les reprendre, pour les gronder, pour leur imposer silence, que voulez-vous qu'ils pensent, qu'ils sentent, qu'ils disent de vous et de la maison ? Ce n'est vraiment qu'en récréation que vous pouvez prévenir ces tristes et quelquefois funestes impressions. La récréation permet de dépouiller la sévère austérité d'un maître, pour revêtir la cordialité d'un ami ; et cette condescendance montre aux enfants que, si vous employez quelquefois la rigueur, c'est malgré vous et qu'elle n'exclut jamais l'affection (1). »

Dans l'impossibilité où ils se trouvent, et où ils seront toujours, c'est à craindre, de participer aux jeux de leurs élèves, les maîtres répétiteurs des lycées perdent un grand moyen d'affermir leur autorité. Il reste à savoir encore cependant si ce manque d'autorité dont ils gémissent ne leur est point imputable, en partie, à eux-mêmes.

Depuis plusieurs générations, l'Université ou plutôt l'Etat, dans ses établissements que M. Daryl nomme « les Mazas de l'enseignement », laisse s'étioler, par la privation d'exercices physiques, ces enfants forcément confiés à ses soins. La faute en retombe tout entière sur une organisation défectueuse non pas des bâtiments scolaires, mais de la discipline. Les proviseurs ne veulent pas, les maîtres ne peuvent pas faire jouer : et la santé des enfants en pâtit.

(1) Mgr Dupanloup, *de l'Education*, t. III, p. 629.

# CHAPITRE IX

## LE REMÈDE — LES ÉTABLISSEMENTS ECCLÉSIASTIQUES

Le chapitre précédent a commmencé à nous indiquer où l'on pourrait trouver le remède à la crise de l'enseignement gouvernemental.

Les indications vont se préciser.

M. Léon Bourgeois, ancien ministre de l'instruction publique, auteur des fameuses Instructions de 1890 sur le changement de la discipline, gémit de la situation fâcheuse ; il n'y voit pas de remède ; il le dit à propos des répétiteurs, ou plutôt, il n'en voit qu'un : remplacer le père de famille.

Laissons-lui la parole : « Aujourd'hui, toujours par le fait d'une trop grande centralisation, nous avons mis en deux catégories distinctes le professeur et le répétiteur. Il n'y a entre eux aucune communication ; l'un est chargé de l'instruction, l'autre de la discipline, et il n'y a personne pour relier leurs actions parallèles. Il y a bien le proviseur ou principal, mais il est trop loin. Chacun d'eux, précisément à cause de cette séparation réglementaire, absolue, de leurs deux fonctions, considère l'autre, je me garderais bien de dire comme un ennemi, mais comme une personne inconnue, étrangère, n'ayant rien à faire dans son service à lui. Ne devraient-ils pas, au contraire, se considérer comme des collègues étroitement associés pour l'éducation des enfants? Je déplore profondément cet état de choses.

» J'ai beaucoup réfléchi sur la question des répétiteurs. Elle est complexe et semble presque à tous insoluble. On s'est placé successivement à divers points de vue pour apporter une réforme à cet état de choses. Mais rien n'est plus difficile; ce n'est point un simple problème d'organisation administrative, il ne s'agit de rien moins que de remplacer le père de famille (1). »

Voilà une belle parole! Il ne s'agit plus que de la mettre en pratique!

Ce qu'il faudrait? M. Beck, directeur de l'École Alsacienne, le dit en excellents termes :

« Il faudrait, en second lieu, se donner la peine d'étudier les enfants, et c'est ce que nous faisons à l'École Alsacienne, aussi bien le directeur, le sous-directeur que les professeurs; nous étudions les élèves. Nous cherchons à pénétrer jusqu'au fond de leur individualité, pour bien en connaître les capacités, les dispositions, les penchants, afin de pouvoir exercer sur eux une influence plus directe et plus efficace.

(1) *Enquête*, t. II, p. 630.

» Il n'est pas moins nécessaire qu'il existe entre l'administration, les professeurs et les élèves un courant de sympathie et d'affection ; il faut que l'enfant se sente aimé : alors il aimera davantage aussi le travail et le devoir en général.

» L'élève ne doit pas avoir le sentiment qu'il est un numéro ; il ne doit pas se décourager ou se désintéresser de ses études parce qu'on n'a pas l'air de s'intéresser à lui. Il est indispensable, d'autre part, que le professeur ait pleinement conscience de sa mission d'éducateur, qu'il ait le sentiment d'avoir charge d'âme vis-à-vis de chacun de ses élèves.

» Il faut que ceux-là ne se voient pas perdus, noyés dans la masse, négligés, oubliés, mais qu'au contraire ils sentent bien nettement que leur existence fait partie de l'existence de leurs maîtres, que leurs professeurs ne sont indifférents à rien de ce qui les touche, qu'ils s'occupent d'eux aujourd'hui et s'occuperont d'eux demain avec affection, avec tendresse, en vue de leur avenir et de leur bonheur.

» Ce sont là des points sur lesquels je ne saurais assez insister. Il faut traiter chacun pour soi, selon ses besoins personnels ; c'est le devoir suprême de l'éducateur.

» Vous voyez, messieurs, ce que nous entendons par ce traitement individuel, qui est la première condition d'une éducation sérieuse (1). »

M. Rambaud pose et résoud un peu trop à la légère la question suivante :

(1) *Enquête*, t. II, p. 2.

« Peut-être la question doit-elle être ainsi interprétée : les professeurs, pour s'associer à l'éducation de leurs élèves, devraient complètement mêler leur vie à la leur, habiter la maison même où ils donnent l'enseignement?

» Ce serait revenir à une conception de l'Université antérieure à Napoléon, qu'il eut en grande faveur, puisqu'il concevait ses lycées avec des proviseurs, des censeurs, des professeurs célibataires et vivant dans la maison. C'est là un idéal qui s'éloigne un peu de celui qu'aujourd'hui nous avons en vue.

M. LE PRÉSIDENT. — Un clergé laïque (1). » (Sourires.)

L'idée de Napoléon était très profonde et très juste, quoique son application dans le système universitaire fût d'une application difficile, pour ne pas dire impossible.

En effet, comme le dit Mgr Péchenard, « les professeurs de l'Etat ne peuvent que très peu de chose pour l'éducation des enfants. L'éducation est une question de pratique et de contact habituel. Il faut être constamment avec les enfants pour agir sur eux, pour faire appel à leur conscience et influer sur leur esprit et sur leur cœur. Le professeur qui ne les voit qu'en classe, du haut de la chaire, lorsqu'ils sont réunis en groupe nombreux, ne peut guère avoir d'influence éducatrice (2). »

Où trouverons-nous donc cet éducateur idéal ?

_______

(1) *Enquête*, t. I, p. 251.
(2) *Enquête*, t. II, p. 249.

Dois-je le dire? Dans les établissements ecclésiastiques.

Pour répondre aussi affirmativement, il me faut des garants de valeur.

Les voici. Commençons par M. Mézières :

« Ce qui manque à l'Université, pour l'éducation, c'est le principe de dévouement et d'obéissance disciplinaire qui inspire les congrégations religieuses.

» J'ai eu l'honneur de préparer, pendant plusieurs années, la licence des maîtres répétiteurs, qu'on appelait autrefois des maîtres d'étude.

» Je ne puis dire d'eux que du bien.

» Je n'ai trouvé parmi eux que des hommes sérieux, honorables, remplissant leur devoir, mais enfin des hommes préoccupés avant tout de leur avancement, considérant la position secondaire et un peu infime qu'ils occupaient comme un couloir d'attente dont ils songeaient à sortir le plus rapidement possible.

» Nous les aidions à se préparer à la licence, afin qu'ils pussent devenir des professeurs; c'était leur ambition légitime et nous ne pouvions que leur en faire notre compliment.

» Mais il y a loin de là à ce qui se passe dans les maisons religieuses; il y a loin de l'esprit d'ambition légitime des maîtres répétiteurs à l'esprit d'abnégation que développe, qu'entretient le sentiment religieux.

» N'oublions pas, je vous en prie, que dans les maisons religieuses, le maître d'étude, celui qui vit au milieu des élèves, qui participe à leurs repas, à leurs promenades, qui couche dans leurs dortoirs, peut être et est souvent le plus distingué des professeurs.

» Si une congrégation religieuse avait la bonne fortune de posséder dans ses rangs un homme de la valeur de mon ami M. Lachelier, qui siège en ce moment à côté de moi, elle aurait demandé à ce philosophe supérieur de garder les élèves, de les conduire en promenade, de coucher dans leur dortoir.

» Je vais vous citer l'exemple d'un homme que vous connaissez tous, au moins de réputation ; je veux parler d'un membre de la compagnie de Jésus qui y tient la plus grande place par son talent de professeur, le père Du Lac.

» Le père Du Lac, dans ses années de brillante jeunesse, au moment où il pouvait donner le plus d'efforts intellectuels, a couché pendant dix ans au dortoir, a conduit les élèves en promenade, a parcipé à leurs repas.

M. LE PRÉSIDENT. — Croyez-vous que ce soit possible dans l'Université?

M. MÉZIÈRES. — Je ne le crois pas facile.

» M. LE PRÉSIDENT. — Vous citez cet exemple pour en arriver aux améliorations possibles.

» Croyez-vous qu'on puisse associer davantage les maîtres répétiteurs aux professeurs dans leur mission d'éducation?

» M. MÉZIÈRES. — On peut essayer d'y arriver par des moyens de persuasion, mais j'estime que ce serait difficile à imposer par une loi ou même par des règlements (1). »

(1) *Enquête*, t. I, p. 321.

M. Gabriel Monod est un protestant de haute marque, très militant ainsi que l'ont montré des événements connus. Voici ce qu'il dit :

« Le point le plus délicat, au sujet de l'internat, c'est évidemment la question des maîtres répétiteurs. Est-il possible de leur donner une participation plus effective à l'instruction et à l'éducation ?

» La question des répétiteurs est extrêmement grave, car, il faut le dire, c'est à cause d'elle que la concurrence de l'enseignement libre est si difficile à soutenir par l'enseignement de l'État. Il est bien certain que pour un grand nombre de familles, le fait d'avoir des prêtres comme maîtres surveillants leur paraît une garantie très utile ; sans compter que ceux qui ont vu d'un peu près les établissements ecclésiastiques savent que les prêtres qui jouent le rôle de surveillants, d'abord font très souvent partie de l'enseignement, sont en même temps professeurs, et que, de plus, ils se mêlent beaucoup plus que nos maîtres d'étude à la vie des enfants. On les voit courir, jouer avec eux, et, peut-être cela tient-il à leur robe, cette participation aux jeux des enfants ne nuit pas à la gravité de leur caractère. Je n'oserais sans doute pas proposer à l'État de recruter ses maîtres surveillants indifféremment parmi les prêtres et parmi les laïques sans se soucier d'autre chose que de leurs grades et de leurs aptitudes. Je sais que cette proposition n'aurait aucune chance de succès. Mais, personnellement, quand je vois les merveilleux résultats obtenus à Laval, à Caen et à Nantes par l'abbé Folliolcy, je verrais certains avantages à prendre parfois des prêtres comme proviseurs, professeurs ou surveillants, pourvu qu'ils eussent les grades universitaires, et fussent bien qualifiés pour ces fonctions... Il n'est pas possible de faire cette proposition, mais il est possible cependant de profiter en quelque chose de l'exemple des établissements ecclésiastiques (1). »

M. Henry Bérenger n'est pas suspect de cléricalisme ; oh non ! et cependant, il va indiquer à M. Léon Bourgeois où l'on peut rencontrer ces éducateurs qui remplacent le père de famille.

« L'internat permet, par sa constitution actuelle, de recruter de la meilleure façon un grand nombre d'élèves. Il crée une famille aux élèves. Or, les professeurs de l'Université, les répétiteurs sont des hommes libres qui, une fois leur devoir rempli, rentrent dans leur famille personnelle. Ils ne peuvent ni ne doivent constituer pour leurs élèves une famille, puisque, dans une constitution républicaine, jamais la famille ne doit se désintéresser de son enfant, tandis qu'elle le peut dans une constitution cléricale. C'est là l'idéal des congréganistes : reconstituer, pour les quelques centaines d'enfants qu'on leur met dans les mains, la famille, s'y appliquer avec un zèle admirable. Chaque jésuite, qu'il soit supérieur ou simple éducateur, a vraiment l'enfant tout entier dans ses mains, il remplace la famille. Aussi lorsqu'on pénètre à certaines heures dans les écoles de jésuites, ou qu'on voit leurs élèves se promener dans la rue, on leur trouve un air gai, satisfait, qu'on ne trouve pas à nos malheureux collé-

_______________

(1) *Enquête*, t. I, p. 114.

giens. Le congréganiste crée pour l'enfant une famille, la famille religieuse, et lui inculque les habitudes mentales qu'il veut que cet enfant conserve toute sa vie (1). »

M. Mangin est professeur de philosophie au lycée Louis-le-Grand :

« Si les maisons religieuses réussissent si bien, c'est parce qu'elles savent choisir leurs hommes et leur laissent une très grande liberté. Imitons-les et nous réussirons comme elles (2). »

Tous, on le voit, crient ceci : « Faisons comme les maisons ecclésiastiques, et nous réussirons comme elles ! »

M. Rocafort, professeur au lycée de Nîmes, ne parle pas autrement. Il réclame, en certain endroit, une formation pédagogique sérieuse pour les jeunes professeurs. Et il continue ainsi son argumentation :

« Je pourrais illustrer ce que je viens de dire par l'exemple opposé de l'enseignement congréganiste. Dans les maisons religieuses, les professeurs sont très souvent improvisés : à peine deux ou trois qui ont voulu être professeurs et qui ont leurs grades. En revanche, l'entraînement particulier qu'ils subissent en vue de l'apostolat sacerdotal les prépare admirablement au métier d'éducateur. Les pensées élevées sur lesquelles on les tient attachés, les sentiments de dévouement et de sacrifice dont on les pénètre, les leçons de psychologie pratique et de

_________

(1) *Enquête*, t. I, p. 192.
(2) *Enquête*, t. II, p. 93.

direction spirituelle qu'on leur enseigne, tout cela constitue des ressources pédagogiques de premier ordre, utilisables dès leur entrée en fonctions.

» C'est dans ce sens que je voudrais voir nos jeunes maîtres recevoir eux-mêmes une éducation préalable. Il ne s'agit pas, bien entendu, d'une éducation cléricale, dont je serais le premier à me méfier. Mon vœu se borne à demander qu'on appelle leur attention sur le côté moral de leur mission, qu'on leur en fasse sentir l'importance, afin qu'ils ne se prennent plus seulement pour des vulgarisateurs des connaissances humaines, mais pour des modèles de vie et des formateurs de caractères. L'éducation se fait un peu par l'esprit, mais si peu ! La formation de la conscience, voilà toute l'éducation, et dans la conscience, le cœur se trouve intéressé autant que la raison. Pour s'adresser à elle avec succès, il faut une autorité morale, dans laquelle la supériorité intellectuelle n'entre pas pour rien, mais qui est faite surtout d'une doctrine élevée, de mœurs irréprochables et d'un dévouement sans bornes (1). »

Et il vient de nous dire, ne l'oublions pas, que ces qualités se trouvent chez les éducateurs ecclésiastiques.

M. Bellaz, professeur au lycée Buffon, assure que : « Il faudrait faire, dit-il, dans les lycées ce que j'ai vu faire alors que j'étais élève d'une maison religieuse, par les confesseurs, les directeurs de conscience : les maîtres s'y occupent de très près des

_______

(1) *Enquête*, t. II, p. 651.

enfants qui leur ont été confiés ; ils remplacent la famille absente (1). »

« Il est de notoriété, ajoute M. Brunot, maître de conférences à la Faculté des Lettres de Paris, il est de notoriété qu'une des raisons qui entraînent beaucoup de familles vers l'enseignement congréganiste, c'est qu'elles sont rassurées, touchées même par la manière dont leurs enfants sont suivis, surveillés, amusés en dehors des classes.

» Sans accepter ces pratiques comme des dogmes pédagogiques, il est incontestable qu'il y aurait certains progrès à réaliser en ce qui concerne le personnel des maîtres d'études (2). »

Terminons cette longue série de citations par celle de M. Berthelot, ancien ministre de l'instruction publique, et imbu d'idées qui n'ont rien de clérical :

« La solution me paraîtrait être de se rapprocher de l'organisation adoptée par les établissements ecclésiastiques et les institutions analogues, dans lesquels ce sont les mêmes personnes, ou plus exactement les mêmes catégories de maîtres qui participent à l'éducation des enfants pour ses divers degrés (3). »

Et maintenant, si l'on veut voir le fonctionnement d'une maison ecclésiastique, que l'on suive ce dialogue entre M. Ribot et M. l'abbé Vié, supérieur du petit séminaire de la Chapelle-Saint-Mesmin (près d'Orléans).

(1) *Enquête*, t. II, p. 107.
(2) *Enquête*, t. I, p. 365.
(3) *Enquête*, t. I, p. 19.

M. LE PRÉSIDENT — Comment recrutez-vous vos professeurs?

M. VIÉ. — Ils sont nommés par Mgr l'évêque d'Orléans.

M. LE PRÉSIDENT. — Sans doute, mais comment est composé votre personnel?

M. VIÉ. — D'une façon toute particulière et qui a de réels avantages. Tous nos professeurs à peu près sont anciens élèves de la maison : j'ai pour collègues mes élèves, et les élèves de mes élèves; j'ai été moi-même le subordonné de mes anciens professeurs. Nous nous connaissons tous et nous nous intéressons à la maison qui est vraiment la nôtre.

Quand un de nos élèves manifeste des aptitudes pour l'enseignement, nous le suivons, nous demandons à l'administration diocésaine de l'envoyer, à Paris pour préparer ses grades, et il nous revient ensuite comme professeur, tout initié d'avance à l'esprit et aux traditions de la maison.

Il s'établit ainsi dans le personnel une hiérarchie toute naturelle ; les plus anciens deviennent directeurs ; les autres sont professeurs dans les différentes classes, selon leurs aptitudes. L'autorité du supérieur s'exerce d'une manière toute naturelle et très facile.

Les relations avec les anciens élèves ont un caractère plus cordial. Chacun d'eux, quand il revient à la Chapelle, y trouve quelque ancien camarade, et nos réunions d'anciens élèves sont de véritables fêtes de famille.

Si ce régime pouvait être généralisé et appliqué à

tous les internats, le chef de l'établissement aurait plus d'autorité, les maîtres seraient plus unis entre eux, plus attachés à leur maison, et l'œuvre de l'éducation se ferait avec plus de succès.

M. LE PRÉSIDENT. — Quels grades ont vos professeurs ?

M. VIÉ. — Huit ou neuf sont licenciés, les autres sont bacheliers.

M. LE PRÉSIDENT — Ils sont professeurs et en même temps répétiteurs ?

M. VIÉ. — Ils sont à la fois professeurs et surveillants ; ils ont, outre leurs classes, des fonctions disciplinaires.

M. LE PRÉSIDENT. — N'avez-vous pas de surveillants distincts des professeurs ?

M. VIÉ. — Nous avons des présidents d'études. Nos études sont très nombreuses ; un seul président suffit pour surveiller cent et quelquefois cent vingt enfants, et les études marchent bien tant pour la tenue que pour le travail.

Cela tient à deux causes : d'abord à un moyen d'émulation très efficace qui consiste dans les notes proclamées solennellement chaque semaine et dans les éloges ou blâmes publics décernés aux élèves, aux classes ou aux études qui les méritent ; ensuite à l'autorité des présidents d'étude. Nous faisons tout ce que nous pouvons pour relever leur prestige aux yeux des enfants. Un professeur qui a fait la seconde ou la rhétorique peut redevenir maître d'étude. Le président d'étude a, dans nos maisons, un rang hiérarchique égal à celui des professeurs.

M. LE PRÉSIDENT. — Pas à tous ?

M. VIÉ. — D'après les règlements de Mgr Dupanloup, le président d'étude prend rang dans la première division après le professeur de rhétorique dans la deuxième division après le professeur de quatrième.

M. LE PRÉSIDENT. — C'est Mgr Dupanloup qui a fait vos règlements ?

M. VIÉ. — Mgr Dupanloup a rédigé dans les moindres détails des règlements et des coutumiers dans lesquels nos fonctions à tous sont prévues et déterminées depuis le premier jusqu'au dernier jour de l'année scolaire.

M. LE PRÉSIDENT. — Pourriez-vous nous communiquer ces règlements ? Sont-ils secrets ?

M. VIÉ. — Ils forment une compilation de détails techniques assez peu intéressants pour qui n'est pas du métier.

M. LE PRÉSIDENT. — Il ne serait pas inutile qu'on pût les voir néanmoins.

M. VIÉ. — Une grande partie se trouve dans l'ouvrage de l'*Education*.

M. LE PRÉSIDENT. — Ils sont imprimés ?

M. VIÉ. — Les coutumiers détaillés ne le sont pas, (*Sourires.*) mais ils ne renferment rien de secret.

M. LE PRÉSIDENT. — Vous pouvez les adresser à la Commission : c'est ainsi qu'on pénètre dans les détails d'une organisation et qu'on l'étudie sur le vif.

M. VIÉ. — Nous n'avons rien à cacher de nos méthodes et je les communiquerais très volontiers à la Commission.

M. LE PRÉSIDENT. — Avez-vous un conseil?

M. VIÉ. — Les règlements de Mgr Dupanloup en instituent plusieurs : le conseil des directeurs, le conseil des professeurs qui se réunit tous les dimanches.

M. LE PRÉSIDENT. — Et qui s'occupe de l'enseignement?

M. VIÉ. — Pas uniquement : les questions de méthodes et de programmes de classes sont plutôt traitées par le conseil du préfet des études ; le conseil du dimanche traite toutes les questions qui intéressent la marche de la maison, on s'y occupe spécialement des élèves qui ont besoin d'être suivis particulièrement.

M. LE PRÉSIDENT. — L'évêque vous laisse une grande liberté pour les questions d'organisation et d'enseignement.

M. VIÉ. — Mgr Dupanloup s'est beaucoup occupé de l'organisation de son petit séminaire. Ses successeurs conservent avec soin ce qu'il a organisé avec une rare compétence. Mgr l'évêque d'Orléans nous confie la direction de la maison mais il nous demande de lui garder ses traditions.

M. LE PRÉSIDENT. — Oui, vous êtes responsable, mais vous êtes libre.

M. MASSÉ. — Avez-vous un personnel distinct de répétiteurs pour le jour et pour la nuit ?

M. VIÉ. — Ce sont les professeurs eux-mêmes qui sont surveillants de dortoirs. Un professeur de philosophie, un licencié ès-sciences mathématiques, dans notre maison, couchent dans le dortoir des élèves.

M. LE PRÉSIDENT. — Les dortoirs comprennent moins d'élèves que les études ?

M. VIÉ. — Il y a cinquante-cinq lits par dortoir et chaque dortoir a deux professeurs pour surveillants.

M. HENRI BLANC. — Les répétiteurs, qui ont à surveiller un nombre considérable d'élèves, ne s'occupent pas de leurs devoirs ?

M. VIÉ. — Pas ordinairement ; ils se bornent à surveiller l'étude et les récréations.

Il y a, dans chaque division, un professeur et un président d'études chargés de la surveillance, sous la direction du préfet de discipline qui assiste, en cette qualité, à toutes les récréations et à toutes les promenades.

M. HENRI BLANC. — Qui aide aux enfants à faire leurs devoirs si des difficultés les arrêtent ?

M. VIÉ. — Le président d'étude le fait pour les plus jeunes enfants ; mais on ne le fait pas habituellement dans les études des grands.

M. MASSÉ. — Pratique-t-on chez vous les exercices physiques ?

M. VIÉ. — Notre maison se prête à ce genre d'exercices ; elle comprend une superficie de 18 hectares ; les cours sont très spacieuses et très bien exposées.

M. LE PRÉSIDENT. — Vos enfants peuvent-ils aller dans toute la propriété ?

M. VIÉ. — Nous leur donnons tout l'espace suffisant pour leurs jeux. Le parc est réservé à certaines fêtes. Nous avons, d'ailleurs, à quelques kilomètres de La Chapelle, une maison de campagne, où ils peuvent prendre librement leurs ébats.

M. LE PRÉSIDENT. — Seize hectares ne suffisent pas ?

M. VIÉ. — Il faut bien sortir de l'établissement pour qu'une récréation paraisse extraordinaire aux enfants.

M. MASSÉ. — Ce sont les professeurs qui dirigent les jeux ?

M. VIÉ. — Les professeurs de discipline les organisent et les professeurs y prennent souvent part (1). »

Ce que vient de révéler le supérieur du petit séminaire de la Chapelle-Saint-Mesmin se passe dans tous les petits séminaires et dans les établissements ecclésiastiques, à quelques détails près.

Les maîtres s'occupent de tout : classes, récréations, réfectoires, dortoirs, promenades, ils sont là en contact constant avec leurs élèves.

Et pour ce travail et ces soins absorbants, quelle rétribution reçoivent-ils ? Une rétribution dérisoire, souvent, au point de vue humain : 300 francs certains; d'autres, 600 francs; et le supérieur, 1.000 ou 1.200 francs, au maximum.

Il est vrai qu'ils ont en plus une chose « qui manque à l'Université » dit M. Mézières, « le principe de dévouement et d'obéissance disciplinaire. » (2)

Prenez modèle sur les établissements ecclésiastiques si vous voulez réussir.

(1) *Enquête*, t. II, p. 316 et ssq.
(2) Voir ci-dessus, p. 276.

# CHAPITRE X

STATISTIQUE, PAR DÉPARTEMENTS, DES ÉTABLISSE-
MENTS LAÏQUES OFFICIELS ET DES ÉTABLISSEMENTS
LIBRES D'INSTRUCTION SECONDAIRE.

Nous empruntons les matériaux de ce chapitre
au III<sup>e</sup> volume des *Rapports de la Commission
d'enquête* ; nous lui laissons donc la responsabilité
des chiffres présents (1), ainsi que la division, en
trois catégories, des établissements ecclésiastiques.
Seule la classification par départements est notre fait.

## AIN

### ÉTABLISSEMENTS PUBLICS

#### *Lycée.*

| | |
|---|---|
| Bourg, | 300 |

#### *Collèges.*

| | |
|---|---|
| Nantua, | 172 |
| Pont de Vaux, | 54 |

(1) Les chiffres sont portés comme datant du 31 décembre 1893. Ils indiquent le nombre des élèves à cette
époque.

Fontaine-lès-Vervins. — Saint-Joseph,     94
Saint-Quentin. — Saint-Jean,             182

*Petits séminaires.*

Soissons,                                 91
Liesse,                                   83


# ALLIER

### ÉTABLISSEMENTS PUBLICS

*Lycée.*

Moulins,                                 292

*Collège.*

Cusset,                                   99

### ÉTABLISSEMENTS LIBRES ECCLÉSIASTIQUES

*Dirigés par des prêtres séculiers.*

Moulins. — Institution du Sacré-Cœur,    131
   —        Maîtrise de la Cathédrale,    72

*Appartenant ou ayant appartenu à des congrégations.*

Moulins. — Pensionnat Saint-Gilles,      195
Montluçon. — Institution Saint-Joseph,   205
Yzeure. — École libre de Notre-Dame
          de Bellevue-Yzeure,            193

*Petit séminaire.*

Le Reray,                                 81


# BASSES-ALPES

### ÉTABLISSEMENTS PUBLICS

*Lycée.*

Digne,                                   182

*Collèges.*

Barcelonnette, 104
Manosque, 98
Seyne, 133
Sisteron, 82

ÉTABLISSEMENT LIBRE LAÏQUE

Forcalquier. — Institution Saint-Louis, 16

ÉTABLISSEMENTS LIBRES ECCLÉSIASTIQUES

*Dirigé par l'autorité diocésaine.*

Annot. — Institution de Saint-Vincent-
de-Paul, 72

*Petit séminaire.*

Digne, 140

# HAUTES-ALPES

ÉTABLISSEMENTS PUBLICS

*Lycée.*

Gap, 233

*Collèges.*

Briançon, 107
Embrun, 93

ÉTABLISSEMENTS LIBRES ECCLÉSIASTIQUES

*Dirigé par des prêtres séculiers.*

Le Lans. — Institution Notre-Dame, 19

*Petit séminaire.*

Embrun, 112

# ALPES-MARITIMES

ÉTABLISSEMENTS PUBLICS

*Lycée.*

Nice, 701

*Colléges.*

| | |
|---|---|
| Antibes, | 93 |
| Grasse, | 149 |
| Menton, | 165 |

ÉTABLISSEMENTS LIBRES ECCLÉSIASTIQUES

*Appartenant ou ayant appartenu à des congrégations.*

| | |
|---|---|
| Nice. — Institution Saint-Louis, | 294 |
| Cannes. — Patronage Saint-Pierre, | 239 |

*Petit séminaire.*

| | |
|---|---|
| Nice, | 200 |

# ARDÈCHE

ÉTABLISSEMENTS PUBLICS

*Lycée.*

| | |
|---|---|
| Tournon, | 238 |

*Collège.*

| | |
|---|---|
| Privas, | 106 |

ÉTABLISSEMENT LIBRE LAÏQUE

| | |
|---|---|
| Tournon. — École protestante, | 33 |

ÉTABLISSEMENTS LIBRES ECCLÉSIASTIQUES

| | |
|---|---|
| Annonay. — Institution du Sacré-Cœur, | 160 |
| Viviers. — Institution Saint-Vincent, | 33 |

*Petits séminaires.*

| | |
|---|---|
| Vernoux, | 68 |
| Aubenas, | 123 |

# ARDENNES

ÉTABLISSEMENTS PUBLICS

*Lycée.*

| | |
|---|---|
| Charleville, | 258 |

# AUBE

### ÉTABLISSEMENTS PUBLICS

*Lycée.*

Troyes,                                         122

*Collège.*

Bar-sur-Aube,                                   123

### ÉTABLISSEMENTS LIBRES LAÏQUES

Chaource. — Ecole Saint-Louis,                   10
Troyes. — Institution Bruno,                     155

### ÉTABLISSEMENTS LIBRES ECCLÉSIASTIQUES

*Appartenant ou ayant appartenu à des congrégations.*

Saint-André. — Ecole Saint-Bernard,             161
Troyes. — Externat Saint-Bernard,                98

*Petit séminaire.*

Troyes,                                         101


# AUDE

### ÉTABLISSEMENTS PUBLICS

*Lycée.*

Carcassonne,                                    105

*Collèges.*

Castelnaudary,                                   87
Narbonne,                                        288

### ÉTABLISSEMENTS LIBRES LAÏQUES

Carcassonne. — Institution Montès,               90
Bire. — Institution Pigassou,                     7
Carcassonne. — Institution Massé,                 2

### ÉTABLISSEMENTS LIBRES ECCLÉSIASTIQUES

*Dirigés par des prêtres séculiers.*

Carcassonne. — Maîtrise,                          75
Narbonne. — Ecole du Sanctuaire,                 30

*Appartenant ou ayant appartenu à des congrégations.*



*Petits séminaires.*



## AVEYRON

### ÉTABLISSEMENTS PUBLICS

*Lycée.*



*Collège.*



### ÉTABLISSEMENTS LIBRES ECCLÉSIASTIQUES

*Dirigés par des prêtres séculiers.*



*Petits séminaires.*

# BELFORT (TERRITOIRE DE)

## ÉTABLISSEMENT PUBLIC

### *Lycée.*

Belfort, 276

## ÉTABLISSEMENTS LIBRES ECCLÉSIASTIQUES

### *Dirigé par des prêtres séculiers.*
Delle. — École Saint-Benoît, 77

### *Appartenant ou ayant appartenu à des congrégations.*
Belfort. — Sainte-Marie, 336

# BOUCHES-DU-RHONE

## ÉTABLISSEMENTS PUBLICS

### *Lycées.*

Aix, 303
Marseille, 1 501

### *Collèges.*

Arles, 143
Tarascon, 29

## ÉTABLISSEMENTS LIBRES LAÏQUES

Aix. — Institution Fabre, 35
Baurecueil. — Institution Notre-Dame, 95
Marseille. — Institution Bossuet, 22
— — Ampère, 16
— — Rollin, 33
— — Saint-Antoine-de-Padoue, 12
— — Saint-Louis, 08
— — Saint-Paul, 4
— — Saint-Joseph, 14
— — Fleury, 38
— — Gas, 07

| Marseille. — Institution Chevreul, | 21 |
| — — Millons, | 18 |
| — — Berthollet, | 6 |
| — — Lavoisier, | 30 |
| — — Saint-Pierre, | 218 |

ÉTABLISSEMENTS LIBRES ECCLÉSIASTIQUES

*Dirigés par l'autorité diocésaine.*

| Marseille. — Pensionnat du Sacré-Cœur, | 313 |
| Aix. — École du Sacré-Cœur, | 199 |
| Arles. — Maîtrise Saint-Trophime, | 62 |
| Saint-Pierre-de-Canon, | 70 |

*Dirigés par des prêtres séculiers.*

| Aix. — Institution Sainte-Croix, | 88 |
| Marseille. — École du Sacré-Cœur, | 134 |
| — Juvénat du Sacré-Cœur, | 53 |
| — Oratoire Saint-Léon, | 240 |
| — École Salvien, | 77 |

*Appartenant ou ayant appartenu à des congrégations.*

| Marseille. — École Saint-Ignace, | 315 |

*Petits séminaires.*

| Marseille, | 102 |
| Aix, | 69 |

## CALVADOS

ÉTABLISSEMENTS PUBLICS

*Lycée.*

| Caen, | 522 |

*Collèges.*

| Bayeux, | 93 |
| Falaise, | 77 |
| Honfleur, | 102 |

| | |
|---|---|
| Lisieux, | 148 |
| Vire, | 141 |

### ÉTABLISSEMENTS LIBRES LAÏQUES

| | |
|---|---|
| Rouen. — Institution Marc Guernet, | 56 |
| — — Rivage, | 21 |
| Le Havre. — Institution Coty, | 88 |
| Fécamp. — Institution Varoquet, | 65 |

### ÉTABLISSEMENTS LIBRES ECCLÉSIASTIQUES

*Dirigé par l'autorité diocésaine.*

| | |
|---|---|
| Vire, | 128 |

*Dirigés par des prêtres séculiers.*

| | |
|---|---|
| Caen. — Grand Sainte-Marie, | 101 |
| — Petit Sainte-Marie, | 90 |
| — Institution Saint-Louis, | 41 |
| Douvres. — Maîtrise de la Délivrande, | 42 |

*Appartenant ou ayant appartenu à des congrégations.*

| | |
|---|---|
| Caen. — Pensionnat Saint-Joseph, | 230 |
| Pont-l'Evêque.— Institution Sainte-Croix, | 82 |

*Petits séminaires.*

| | |
|---|---|
| Villiers-le-Sec, | 187 |
| Lisieux, | 146 |

# CANTAL

### ÉTABLISSEMENTS PUBLICS

*Lycée.*

| | |
|---|---|
| Aurillac, | 317 |

*Collèges.*

| | |
|---|---|
| Mauriac, | 102 |
| Thiers, | 131 |

### ÉTABLISSEMENTS LIBRES ECCLÉSIASTIQUES

*Appartenant ou ayant appartenu à des congrégations.*

Aurillac. — Institution Saint-Eugène, 170

#### *Petits séminaires.*

Saint-Flour, 200
Plaux, 142

## CHARENTE

### ÉTABLISSEMENTS PUBLICS

#### *Lycée.*

Angoulême, 413

#### *Collèges.*

Barbezieux, 98
Cognac, 203
Confolens, 58
La Rochefoucauld, 82

### ÉTABLISSEMENT LIBRE LAÏQUE

Angoulême. — Institution Raballet, 47

### ÉTABLISSEMENTS LIBRES ECCLÉSIASTIQUES

*Dirigé par des prêtres séculiers.*

Angoulême. — Saint-Paul, 178

#### *Petit séminaire.*

Richemont, 126

## CHARENTE-INFÉRIEURE

### ÉTABLISSEMENTS PUBLICS

#### *Lycées.*

Rochefort, 518
La Rochelle, 235

*Collèges.*

Charente-Inférieure,                          204
Saint-Jean-d'Angély,                          109

ÉTABLISSEMENT LIBRE LAÏQUE

Royan. — Institution Fahrwerk,                 46

ÉTABLISSEMENTS LIBRES ECCLÉSIASTIQUES

*Dirigés par l'autorité diocésaine.*

Pons,                                         351
La Rochelle,                                   70
Saintes,                                       25

*Dirigés par des prêtres séculiers.*

Saint-Jean-d'Angély,                           58
Jonzac,                                        85

*Appartenant ou ayant appartenu à des congrégations.*

La Rochelle,                                  278

*Petit séminaire.*

Montjeu,                                       70


# CHER

ÉTABLISSEMENTS PUBLICS

*Lycée.*

Bourges,                                      259

*Collèges.*

Sancerre,                                      57
Saint-Amand,                                  109

ÉTABLISSEMENTS LIBRES ECCLÉSIASTIQUES

*Dirigés par l'autorité diocésaine.*

Bourges. — Institution Sainte-Marie,          145
Chézal-Benoît. — Institution libre
                     de C.-B..                 30

*Petit séminaire.*

Bourges, 200

## CORRÈZE

ÉTABLISSEMENTS PUBLICS

*Lycée.*

Tulle, 304

*Collège.*

Treignac, 213

ÉTABLISSEMENTS LIBRES ECCLÉSIASTIQUES

*Dirigé par des prêtres séculiers.*

Ussel. — Le Theil, 37

*Petits séminaires.*

Servières, 168
Brive, 237

## CORSE

ÉTABLISSEMENTS PUBLICS

*Lycée.*

Bastia, 543

*Collèges.*

Ajaccio, 589
Calvi, 47
Corte, 183

ÉTABLISSEMENTS LIBRES ECCLÉSIASTIQUES

*Dirigé par des prêtres séculiers.*

Bastia. — Institution Saint-Louis, 50

*Petits séminaires.*

Ajaccio, 197
Corte, 207

# COTE-D'OR

### ÉTABLISSEMENTS PUBLICS

*Lycée.*

| | |
|---|---|
| Dijon, | 695 |

*Collèges.*

| | |
|---|---|
| Arnay-le-Duc, | 59 |
| Auxonne, | 90 |
| Beaune, | 141 |
| Châtillon, | 110 |
| Saulieu, | 62 |
| Semur, | 73 |

### ÉTABLISSEMENT LIBRE LAÏQUE

| | |
|---|---|
| Dijon. — Institution Michaud, | 31 |

### ÉTABLISSEMENTS LIBRES ECCLÉSIASTIQUES

*Dirigés par des prêtres séculiers.*

| | |
|---|---|
| Dijon. — Petite école Saint-François-de-Sales, | 120 |
| — Grande école Saint-François-de-Sales, | 183 |
| — Maîtrise, | 66 |
| Beaune. — École Notre-Dame, | 19 |

*Appartenant ou ayant appartenu à des congrégations.*

| | |
|---|---|
| Dijon. — Saint-Ignace, | 187 |
| — Saint-Joseph, | 298 |

*Petit séminaire.*

| | |
|---|---|
| Plombières, | 172 |

# COTES-DU-NORD

### ÉTABLISSEMENTS PUBLICS

*Lycée.*

| | |
|---|---|
| Saint-Brieux, | 330 |

*Collèges.*

| | |
|---|---|
| Dinan, | 182 |
| Lannion, | 142 |

ÉTABLISSEMENT LIBRE LAÏQUE

| | |
|---|---|
| Dinan. — Institution Liazard, | 98 |

ÉTABLISSEMENTS LIBRES ECCLÉSIASTIQUES

*Dirigés par des prêtres séculiers.*

| | |
|---|---|
| Sarzeau. — Sacré-Cœur, | 70 |
| Dinan. — Cordeliers, | 315 |
| Guingamp. — Notre-Dame, | 213 |

*Petits séminaires.*

| | |
|---|---|
| Plouguernevelle, | 320 |
| Tréguier, | 350 |

## CREUSE

ÉTABLISSEMENTS PUBLICS

*Lycée.*

| | |
|---|---|
| Guéret, | 260 |

*Collège.*

| | |
|---|---|
| Aubusson, | 95 |

*Petit séminaire.*

| | |
|---|---|
| Ajain, | 215 |

## DORDOGNE

ÉTABLISSEMENTS PUBLICS

*Lycée.*

| | |
|---|---|
| Périgueux, | 347 |

*Collèges.*

| | |
|---|---|
| Bergerac, | 170 |
| Sarlat, | 90 |

ÉTABLISSEMENT LIBRE LAÏQUE

Nontron. — Institution Dubut,                    »

ÉTABLISSEMENTS LIBRES ECCLÉSIASTIQUES

*Dirigés par des prêtres séculiers.*

Périgueux. — Saint-Joseph,                 150
—                     École cléricale,             114
Sarlat. — École Saint-Joseph,              257

*Petit séminaire.*

Bergerac,                                   165


# DOUBS

ÉTABLISSEMENTS PUBLICS

*Lycée.*

Besançon,                                   453

*Collèges.*

Baume-les-Dames,                             86
Montbéliard,                         .      184
Pontarlier,                                  95

ÉTABLISSEMENT LIBRE LAÏQUE

Glay. — Institut protestant,                 22

ÉTABLISSEMENTS LIBRES ECCLÉSIASTIQUES

*Dirigé par l'autorité diocésaine.*

Besançon,                                    35

*Dirigé par des prêtres séculiers.*

Besançon. — École Saint-François,           264

*Appartenant ou ayant appartenu à des congrégations.*

Besançon. — Sainte-Marie,                   396

*Petits séminaires.*

Ornans,                                     105
Consolation,                                 93

## DROME

### ÉTABLISSEMENTS PUBLICS

#### *Collèges.*

| | |
|---|---|
| Montélimar, | 119 |
| Nyons, | 51 |
| Romans, | 145 |
| Valence, | 210 |

### ÉTABLISSEMENTS LIBRES ECCLÉSIASTIQUES

#### *Dirigé par l'autorité diocésaine.*

| | |
|---|---|
| Valence. — Maîtrise, | 62 |

#### *Dirigé par des prêtres séculiers.*

| | |
|---|---|
| Romans. — Institution Saint-Maurice, | 40 |

#### *Appartenant ou ayant appartenu à des congrégations.*

| | |
|---|---|
| Grave. — Alumnat, | 40 |
| Borny-lès-Valence, | 80 |

#### *Petits séminaires.*

| | |
|---|---|
| Valence, | 182 |
| Crest, | 50 |

## EURE

### ÉTABLISSEMENTS PUBLICS

#### *Lycée.*

| | |
|---|---|
| Evreux, | 263 |

#### *Collèges.*

| | |
|---|---|
| Bernay, | 96 |
| Verneuil, | 40 |

### ÉTABLISSEMENT PRIVÉ LAÏQUE

| | |
|---|---|
| Vernon. — Institution Dubois, | 1 |

ÉTABLISSEMENTS LIBRES ECCLÉSIASTIQUES

*Dirigé par l'autorité diocésaine.*

Ecouis, 97

*Appartenant ou ayant appartenu à des congrégations.*

Evreux. — École Saint-François,
de Sales, 254

*Petits séminaires.*

Evreux, 115
Pont-Audemer, 72

## EURE-ET-LOIR

ÉTABLISSEMENTS PUBLICS

*Lycée.*

Chartres, 263

*Collèges.*

Châteaudun, 90
Dreux, 115
Nogent-le-Rotrou, 83

ÉTABLISSEMENTS LIBRES ECCLÉSIASTIQUES

*Dirigé par l'autorité diocésaine.*

Chartres. — Maîtrise de la Cathédrale, 80

*Dirigé par des prêtres séculiers.*

Chartres. — Institution Notre-Dame, 180

*Appartenant ou ayant appartenu à des congrégations.*

Dreux. — Pensionnat Saint-Pierre, 255

*Petits séminaires.*

Nogent-le-Rotrou, 133
Saint-Chéron, 131

## FINISTÈRE

ÉTABLISSEMENTS PUBLICS

*Lycées.*

Brest, 697
Quimper, 253

*Collèges.*

Lesneven, 362
Morlaix, 320
Saint-Pol-de-Léon, 320

ÉTABLISSEMENTS LIBRES ECCLÉSIASTIQUES

*Dirigés par des prêtres séculiers.*

Brest. — Institution du Bon-Secours, 186
Quimper. — Institution Saint-Yves, 89

*Petit séminaire.*

Pont-Croix, 366.

## GARD

ÉTABLISSEMENTS PUBLICS

*Lycées.*

Alais, 294
Nîmes, 637

*Collège.*

Uzès, 57

ÉTABLISSEMENTS LIBRES LAÏQUES

Nîmes. — Institution Martin, 8
— — Gilly, 3
— — Saint-Vincent, 32

ÉTABLISSEMENTS LIBRES ECCLÉSIASTIQUES

*Dirigés par l'autorité diocésaine.*

Sommières. — Immaculée-Conception, 81
Nîmes. — Saint-Stanislas, 290

*Appartenant ou ayant appartenu à des congrégations.*

Alais. — École Chrétienne,     201
Nîmes. — Assomption,     182
Prime-Combe. — Maîtrise,     55

*Petit séminaire.*

Beaucaire,     119

## HAUTE-GARONNE

*Lycée.*

Toulouse,     1.126

*Collèges.*

Revel,     61
Saint-Gaudens,     250
Villefranche,     128

### ÉTABLISSEMENTS LIBRES LAÏQUES

Toulouse. — Institution Rollin,     5
—     —     Saint-Jean,     31
—     —     Lacordaire,     11

### ÉTABLISSEMENTS LIBRES ECCLÉSIASTIQUES

*Dirigés par des prêtres séculiers.*

Toulouse. — Saint-Stanislas,     106
—     Immaculée-Conception,     325
—     Avignon,     15
—     Ecole Bossuet,     34
—     Ecole Sainte-Barbe     112

*Appartenant ou ayant appartenu à des congrégations.*

Toulouse. — Saint-Joseph,     412

*Petits séminaires.*

Polignan,     206
Toulouse,     366

## GERS

ÉTABLISSEMENTS PUBLICS

*Lycée.*

| | |
|---|---|
| Auch, | 171 |

*Collèges.*

| | |
|---|---|
| Condom, | 74 |
| Lectoure, | 69 |

ÉTABLISSEMENTS LIBRES ECCLÉSIASTIQUES

*Dirigé par des prêtres séculiers*

| | |
|---|---|
| Gemont. — Institution Saint-Nicolas, | 141 |

*Petits séminaires.*

| | |
|---|---|
| Auch, | 200 |
| Eauze, | 96 |

## GIRONDE

ÉTABLISSEMENTS PUBLICS

*Lycée.*

| | |
|---|---|
| Bordeaux. | 1.330 |

*Collèges.*

| | |
|---|---|
| Blaye, | 146 |
| La Réole, | 67 |
| Libourne, | 233 |

ÉTABLISSEMENTS LIBRES LAÏQUES

| | | | |
|---|---|---|---|
| Bordeaux. — | Institution | Saint-Sernin, | 32 |
| — | — | Courdurié, | 14 |
| — | — | Protestante, | 9 |
| — | — | Saint-Pierre, | 165 |
| — | — | Commerciale, | 111 |
| — | — | Lacoste, | 36 |
| — | — | Lafontaine, | 75 |
| — | — | Préparatoire, | 3 |

Bordeaux. — Institution. — Pont-de-
                    Bayonne,     53
     —           —     Duplessis-
                    Mornay,     23
     —           —     Condorcet,     46
     —           —     Davlau     65
Mérignac. — Institution Notre-Dame,     16
Langon. — Institution Ausone,     24
Eynesse. —     —     Protestante,     11
Sainte-Foi. — Institution Protestante,     25

ÉTABLISSEMENTS LIBRES ECCLÉSIASTIQUES
*Dirigés par l'autorité diocésaine.*

Saint-André-de-Cubzac. — Institution
  Sainte-Marie,     189
Bazas. — Institution Diocésaine,     158

*Dirigé par des prêtres séculiers.*

Bordeaux. — Institution Delarc,     15

*Appartenant ou ayant appartenu à des congrégations.*

Bordeaux. — Sainte-Marie,     50
    —     Saint-Joseph-de-Tivoli,     400
    —     Saint-Joseph,     50
    —     Sainte-Marie,     70
    —     Ecole Séraphique,     42
    —     J.-B.-de-la-Salle,     481
Caudéran. — Sainte-Marie,     284
Arcachon. — Saint-Elme,     148

*Petit séminaires.*

Bordeaux,     290
Sainte-Foix-la-Grande,     103

HÉRAULT
ÉTABLISSEMENTS PUBLICS
*Lycée.*

Montpellier,     958

### ÉTABLISSEMENTS LIBRES ECCLÉSIASTIQUES
*Dirigés par des prêtres séculiers.*

| | |
|---|---:|
| Rennes. — Saint-Vincent. | 279 |
| — Saint-Martin, | 318 |
| Saint-Malo. — Saint-Malo, | 290 |
| Vitré. — Saint-Augustin, | 176 |
| Redon. — Saint-Sauveur, | 247 |
| Montfort. — Saint-Lazare, | 45 |
| Saint-Méen. — Juvénat, | 25 |
| Saint-Servan. — Villa-Expédit, | 13 |
| Saint-Malo. — Institution de la Grève, | 8 |

*Appartenant ou ayant appartenu à des congrégations.*

| | |
|---|---:|
| Vitré. — Sainte-Marie, | 408 |

*Petit séminaire.*

| | |
|---|---:|
| Saint-Méen, | 177 |

# INDRE

### ÉTABLISSEMENTS PUBLICS

*Lycée.*

| | |
|---|---:|
| Châteauroux, | 330 |

*Collèges.*

| | |
|---|---:|
| Issoudun, | 119 |
| La Châtre, | 99 |
| Le Blanc, | 123 |

### ÉTABLISSEMENTS LIBRES ECCLÉSIASTIQUES
*Dirigé par des prêtres séculiers.*

| | |
|---|---:|
| Lourdoueix. — Ecole catholique, | 123 |

*Appartenant ou ayant appartenu à des congrégations.*

| | |
|---|---:|
| Issoudun. — Sacré-Cœur, | 152 |

*Petit séminaire.*

| | |
|---|---:|
| Saint-Gaultier, | 118 |

# INDRE-ET-LOIRE

### ÉTABLISSEMENTS PUBLICS

*Lycée.*

Tours,                                                     427

*Collège.*

Chinon,                        .                           52

### ÉTABLISSEMENTS LIBRES LAÏQUES

Loches. — Institution Alfred-de-Vigny,   25
Tours. — Institution Charlemagne,        105

*Appartenant ou ayant appartenu à des congrégations.*

Tours. — Institution Saint-Grégoire,     210

*Petit séminaire.*

Tours,                                   105


# ISÈRE

### ÉTABLISSEMENTS PUBLICS

*Lycée.*

Grenoble,                                615

*Collèges.*

Bourgoin,                                135
La Mure,                                 68
Saint-Marcellin,                         53
Vienne,                                  168

### ÉTABLISSEMENT LIBRES LAÏQUES

Saint-Joseph-de-Rivière. — Institution de
                             la jeunesse
                             ouvrière,   7
Mens. — École protestante,               52

### ÉTABLISSEMENTS LIBRES ECCLÉSIASTIQUES
*Dirigés par des prêtres séculiers.*

Corps. — Institution Saint-Joseph,       35

Grenoble. — Institution Sainte-Marie,	40
—	Externat Notre-Dame,	140
Miribel. — Institution Saint-Rosaire,	40
Sassenage,
Saint-Antoine. — Institution Saint-
Antoine,	43
Vienne. — Institution Robin,	48

*Appartenant ou ayant appartenu à des congrégations.*
Seyssinet. — Saint-Joseph,	61

*Petits séminaires.*
Le Rondeau,	290
La Côte-Saint-André,	190


# JURA

## ÉTABLISSEMENTS PUBLICS

*Lycée.*
Lons-le-Saulnier,	220

*Collèges.*
Arbois,	64
Dôle,	135
Poligny,	75
Saint-Claude,	100
Salins,	62

## ÉTABLISSEMENT LIBRE LAÏQUE
Azans. — Ecole de la Valcombe,	15

## ÉTABLISSEMENTS LIBRES ECCLÉSIASTIQUES
*Dirigé par l'autorité diocésaine.*
Saint-Claude,	22

*Dirigés par des prêtres séculiers.*
Dôle. — Ecole des Orphelins,	41
Champagnolle. — Ecole du Sacré-Cœur,	38
Moirans. — Ecole Saint-Maurice,	42

*Petit séminaire.*

Blois,                                      75

# LOIRE

### ÉTABLISSEMENTS PUBLICS

*Lycées.*

Roanne,                                    300
Saint-Etienne,                             463

### INSTITUTION LIBRE LAÏQUE

Saint-Etienne. — Ecole secondaire,          39

### ÉTABLISSEMENTS LIBRES ECCLÉSIASTIQUES

*Dirigés par des prêtres séculiers.*

Saint-Etienne. — Pensionnat Saint
        Michel,                    286
Saint-Etienne. — Manécanterie Notre-
        Dame,                        7
Saint-Etienne. — Manécanterie Saint-
        Charles,                     9
Saint-Chamond. — Manécanterie Saint-
        Pierre,                     23
Usson. — Manécanterie,                      11
Les Salles. — Manécanterie,                 37
Saint-Galmier. — Manécanterie,              11
Marlhes. — Manécanterie,                    21

*Appartenant ou ayant appartenu à des congrégations.*

Saint-Julien-en-Jarez. — Sainte-Marie,    201
Saint-Etienne. — Saint-Louis,             232
     —          Sainte-Marie,             232

*Petits séminaires.*

Montbrison,                               158
Verrières,                                201
Saint-Jodard,                             190

## HAUTE-LOIRE

### ÉTABLISSEMENTS PUBLICS

*Lycée.*

Le Puy, 262

*Collège.*

Brioude, 82

### ÉTABLISSEMENTS LIBRES ECCLÉSIASTIQUES

*Appartenant ou ayant appartenu à des congrégations.*

Le Puy. — Pensionnat Notre-Dame-de-France, 452

Espaly-Saint-Marcel. — Cours secondaires de Paradis, 15

Clermont-Ferrand. — Établissement d'enseignement secondaire, 70

Riom. — Institution Sainte-Marie, 186

*Petits séminaires.*

La Chartreuse, 230
Monistrol, 120

## LOIRE-INFÉRIEURE

### ÉTABLISSEMENTS PUBLICS

*Lycée.*

Nantes, 1.002

*Collège.*

Saint-Nazaire, 234

### ÉTABLISSEMENTS LIBRES ECCLÉSIASTIQUES

*Dirigés par des prêtres séculiers.*

Nantes. — Maîtrise Saint-Don, 46
— Psalette Saint-Don, 69

Châteaubriant. — Sainte-Marie, 72
Pont-Rousseau. — Notre-Dame-des-Mis-
sions, 33
Nantes. — Enfants Nantais, 291
Ancenis. — Saint-Stanislas, 268

*Appartenant ou ayant appartenu à des congrégations.*

Nantes. — Saint-Joseph, 447

*Petits séminaires.*

Les Couëts, 186
Guérande, 133

## LOIRET

### ÉTABLISSEMENTS PUBLICS

*Lycée.*

Orléans, 477

*Collège.*

Montargis, 120

### ÉTABLISSEMENTS LIBRES LAÏQUES

Orléans. — Institution Etienne, 11
— — Riché, 77

### ÉTABLISSEMENTS LIBRES ECCLÉSIASTIQUES
*Dirigés par des prêtres séculiers.*

Gien. — Externat Saint-Joseph, 176
Pithiviers. — École Saint-Grégoire, 188

*Appartenant ou ayant appartenu à des congrégations.*

Orléans. — École Saint-Euverte, 337
Gien. — École Saint-François-de-Sales, 132
Montargis. — Institution Sainte-Made-
leine, 125

*Petits séminaires.*

La Chapelle-Saint-Mesmin, 270
Orléans, 234

## LOT

### ÉTABLISSEMENTS PUBLICS

*Lycée.*

Cahors,                                           301

*Collège.*

Figeac,                                           125

### ÉTABLISSEMENT LIBRE ECCLÉSIASTIQUE

*Dirigé par des prêtres séculiers.*

Cahors. — Ecole du Sacré-Cœur,                    62

*Petit séminaire.*

Montfaucon,                                       200


## LOT-ET-GARONNE

### ÉTABLISSEMENTS PUBLICS

*Lycée.*

Agen,                                             314

*Collèges.*

Marmande,                                         76
Villeneuve-sur-Lot,                               100

### ÉTABLISSEMENTS LIBRES ECCLÉSIASTIQUES

*Dirigés par des prêtres séculiers.*

Agen. — Saint-Caprais,                            171
Villeneuve. — Belzunce,                           70

*Appartenant ou ayant appartenu à des congrégations.*

Miramont. — Sainte-Marie,                         53

*Petit séminaire.*

Agen,                                             123

# LOZÈRE

### ÉTABLISSEMENT PUBLIC

#### *Collège.*

| | |
|---|---|
| Mende, | 124 |

### ÉTABLISSEMENT LIBRE ECCLÉSIASTIQUE

#### *Dirigé par des prêtres séculiers.*

| | |
|---|---|
| Langogne. — Sacré-Cœur, | 136 |

#### *Petits séminaires.*

| | |
|---|---|
| Mende, | 167 |
| Marvejols, | 120 |

# MAINE-ET-LOIRE

### ÉTABLISSEMENTS PUBLICS

#### *Lycée.*

| | |
|---|---|
| Angers, | 302 |

#### *Collèges.*

| | |
|---|---|
| Beaufort, | 47 |
| Cholet, | 107 |
| Saumur, | 190 |

### ÉTABLISSEMENT LIBRE LAÏQUE

| | |
|---|---|
| Angers. — Institution Launay, | 26 |

### ÉTABLISSEMENTS LIBRES ECCLÉSIASTIQUES

#### *Dirigés par des prêtres séculiers.*

| | |
|---|---|
| Quintin. — Saint-Joseph, | 51 |
| Angers. — Saint-Maurille, | 214 |
| — Saint-Aubin, | 21 |
| — Saint-Urbain, | 77 |
| Saumur. — Saint-Louis, | 198 |
| Combrée, | 190 |
| Baugé. — Saint-Joseph, | 90 |

*Appartenant ou ayant appartenu à des congrégations.*



*Petits séminaires.*



## MANCHE

### ÉTABLISSEMENTS PUBLICS

*Lycées.*



*Collèges.*



### ÉTABLISSEMENTS LIBRES ECCLÉSIASTIQUES

*Dirigés par des prêtres séculiers.*



*Appartenant ou ayant appartenu à des congrégations.*



*Petits séminaires.*



## MARNE

### ÉTABLISSEMENTS PUBLICS

*Lycée.*

### Collèges.

| | |
|---|---|
| Châlons-sur-Marne, | 388 |
| Epernay, | 170 |
| Sézanne, | 61 |
| Sainte-Menehould, | 95 |
| Vitry, | 131 |

#### ÉTABLISSEMENT LIBRE LAÏQUE

| | |
|---|---|
| Vitry. — Externat Notre-Dame, | 11 |

#### ÉTABLISSEMENTS LIBRES ECCLÉSIASTIQUES

##### Dirigés par des prêtres séculiers.

| | |
|---|---|
| * Châlons. — Institution Saint-Etienne, | 192 |
| Fismes. — Ecole Sainte-Marie, | 96 |
| Montmirail. — Ecole Saint-Vincent-de-Paul, | 52 |
| Esternay. — Ecole Saint-Remy, | 26 |

##### Appartenant ou ayant appartenu à des congrégations.

| | | |
|---|---|---|
| Reims. — Ecole Saint-Joseph, | | 318 |
| — | Ecole Stanislas, | 12 |
| — | Frères de la Doctrine chrétienne, | 452 |

##### Petits séminaires.

| | |
|---|---|
| Saint Memmie, | 105 |
| Reims, | 113 |

## HAUTE-MARNE

#### ÉTABLISSEMENTS PUBLICS

##### Lycée.

| | |
|---|---|
| Chaumont, | 211 |

##### Collèges.

| | |
|---|---|
| Langres, | 139 |
| Vassy, | 71 |

ÉTABLISSEMENTS LIBRES ECCLÉSIASTIQUES

*Dirigé par l'autorité diocésaine.*

Langres. — Maîtrise,                          55

*Dirigé par des prêtres séculiers.*

Saint-Dizier. — Immaculée-Conception, 205

*Petit séminaire.*

Langres,                                     128

## MAYENNE

ÉTABLISSEMENTS PUBLICS

*Lycée.*

Laval,                                       310

*Collège.*

Château-Gonthier,                             69

ÉTABLISSEMENTS LIBRES ECCLÉSIASTIQUES

*Dirigés par des prêtres séculiers.*

Laval. — Immaculée-Conception,      303
Château-Gonthier. — Institution
                   Saint-Michel,    98
Pontmain,                                     38

*Petit séminaire.*

Mayenne,                                      124

## MEURTHE-ET-MOSELLE

ÉTABLISSEMENTS PUBLICS

*Lycée.*

Nancy,                                       273

*Collèges.*

Longwy,                                      103
Lunéville,                                   246
Pont-à-Mousson,                              154
Toul,                                        180

ÉTABLISSEMENTS LIBRES ECCLÉSIASTIQUES

*Dirigés par l'autorité diocésaine.*

Nancy. — École Saint-Sigisbert,                  182
Jarville près Nancy. — Institution de la
                    Malgrange,   203
Nancy. — École Saint-Léopold,                    173
Lunéville. — Institution de Saint-
                    Pierre-Fourier,   201

*Appartenant ou ayant appartenu à des congrégations.*

Nancy. — Pensionnat Saint-Joseph,                188
Longuyon. — Pensionnat de Saint-
                    Joseph,   274

*Petit séminaire.*

Pont-à-Mousson,                                  186


# MEUSE

ÉTABLISSEMENTS PUBLICS

*Lycée.*

Bar-le-Duc,                                      804

*Collèges.*

Commercy,                                        104
Etain,                                             6
Saint-Mihiel,                                     80
Verdun,                                          207

ÉTABLISSEMENTS LIBRES ECCLÉSIASTIQUES

*Dirigé par des prêtres séculiers.*

Bar-le-Duc. — École Fénelon,                     123

*Appartenant ou ayant appartenu à des congrégations.*

Juvigny-sur-Loison. — Pensionnat de
                    Juvigny,   177

*Petit séminaire.*

Verdun, 200

## MORBIHAN
### ÉTABLISSEMENTS PUBLICS.

*Lycées.*

Lorient, 389
Pontivy, 176

*Collèges.*

Josselin, 70
Vannes, 219

### ÉTABLISSEMENTS LIBRES ECCLÉSIASTIQUES

*Dirigés par des prêtres séculiers.*

Chauvé. — Saint-Joseph, 191
Hennebont. — Kerlois, 16
Lorient. — Saint-Louis, 161
Auray. — Saint-Yves, 69
Palais. — Sainte-Croix, 49

*Appartenant ou ayant appartenu à des congrégations.*

Vannes. — Saint-François-Xavier, 410
Langonnet. — Saint-François-Xavier, 130
Plancoët. — Saint-Louis, 52

*Petits séminaires.*

Saint-Anne-d'Auray, 384
Ploërmel, 211

## NIÈVRE
### ÉTABLISSEMENTS PUBLICS

*Lycée.*

Nevers, 310

*Collèges.*

Clamecy,                                    114
Cosne,                                      80

ÉTABLISSEMENTS LIBRES ECCLÉSIASTIQUES

*Dirigés par des prêtres séculiers.*

Nevers. — Institution Saint-Cyr,           230
Château-Chinon. — Institution Saint-
                     Romain,               62

*Appartenant ou ayant appartenu à des congrégations.*

Corbigny. — Institution Saint-Léonard, 112.

*Petit séminaire.*

Pignelin,                                   97

## NORD

ÉTABLISSEMENTS PUBLICS

*Lycées.*

Douai,                                      325
Lille,                                      629
Tourcoing,                                  254
Valenciennes,                               318

*Collèges.*

Armentières,                                265
Avesnes,                                    112
Cambrai,                                    232
Cassel,                                     293
Le Cateau,                                  75
Dunkerque,                                  83
Maubeuge,                                   109
Le Quesnoy,                                 138
Saint-Amand,                                99

ÉTABLISSEMENTS LIBRES LAÏQUES

Bautigny,                                   40

Merville. — Notre-Dame, 122
Sainghin. — Notre-Dame-de-Grâce, 36

*Petit séminaire.*

Cambrai, 190

# OISE

ÉTABLISSEMENTS PUBLICS

*Lycée.*

Beauvais, 267

*Collèges.*

Clermont, 81
Compiègne, 338

ÉTABLISSEMENT LIBRE LAÏQUE

Noyon. — Institution Prevel, 12

ÉTABLISSEMENTS LIBRES ECCLÉSIASTIQUES

*Appartenant ou ayant appartenu à des congrégations.*

Beauvais. — Pensionnat Saint-Joseph, 263
   — Institution des Pères du
     Saint-Esprit, 131
Pont-Sainte-Maxence. — Institution des
     Frères Ma-
     ristes, 286
Senlis. — Institution Saint-Vincent, 174

*Petits séminaires.*

Saint-Lucien, 117
Noyon, 117

# ORNE

ÉTABLISSEMENTS PUBLICS

*Lycée.*

Alençon, 211

Collèges.



ÉTABLISSEMENTS LIBRES ECCLÉSIASTIQUES

Dirigés par des prêtres séculiers.



Appartenant ou ayant appartenu à des congrégations.



Petits séminaires.



## PAS-DE-CALAIS

ÉTABLISSEMENTS PUBLICS

Lycées.



Collèges.



ÉTABLISSEMENTS LIBRES ECCLÉSIASTIQUES

Dirigés par l'autorité diocésaine.

Boulogne. — Saint-Stanislas,          174
Calais. — Saint-Pierre,          230
Fruges. — Saint-Bertulphe,          111
Montreuil. — Sainte-Austreberthe,          80
Saint-Omer. — Saint-Bertin,          170

*Appartenant ou ayant appartenu a des congrégations.*

Boulogne. — Notre-Dame,          261
— Saint-Joseph,          77
Clairmarais. — Alumnat,          38
Saint-Omer. — Saint-Joseph,          337

*Petits séminaires.*

Arras,          258
Boulogne,          135


## PUY-DE-DOME

### ÉTABLISSEMENTS PUBLICS

*Lycée.*

Clermont,          522

*Collèges.*

Ambert,          78
Issoire,          113
Riom,          119
Thiers,          134

### ÉTABLISSEMENT LIBRE LAÏQUE

Clermont-Ferrand. — Institution Massillon,          43

### ÉTABLISSEMENTS LIBRES ECCLÉSIASTIQUES

*Dirigés par des prêtres séculiers.*

Compière. — Institution Saint-Pierre,          170
Chamallières. — Institution Saint-Joseph-
de-Richelieu,          88

*Petits séminaires.*



## BASSES-PYRÉNÉES

### ÉTABLISSEMENTS PUBLICS

*Lycées.*



### ÉTABLISSEMENTS LIBRES LAÏQUES



### ÉTABLISSEMENTS LIBRES ECCLÉSIASTIQUES

*Dirigés par l'autorité diocésaine.*



*Dirigés par des prêtres séculiers.*



*Appartenant ou ayant appartenu à des congrégations.*



*Petits séminaires.*

## HAUTES-PYRÉNÉES

ÉTABLISSEMENTS PUBLICS

*Lycée.*

Tarbes,                                       348

*Collég·s.*

Bagnères-de-Bigorre,                          97
Vic-Bigorre,                                  128

ÉTABLISSEMENT LIBRE LAÏQUE

Lannemazay. — Institution Baye,              48

ÉTABLISSEMENTS LIBRES ECCLÉSIASTIQUES

*Dirigé par des prêtres séculiers.*

Tarbes. — Ecole Jeanne-d'Arc,                51

*Appartenant ou ayant appartenu à des congrégations.*

Garaison. — Institution,                     233
Lourdes. — Institution de la Grotte,         28
Ossun. — Institution de Laval,               92

*Petit séminaire.*

Saint-Pé,                                     209


## PYRÉNÉES-ORIENTALES

ÉTABLISSEMENT PUBLIC

*Collège.*

Perpignan,                                    579

ÉTABLISSEMENT LIBRE LAÏQUE

Perpignan. — Institution Saint-Louis-
                    de-Gonzague,              117

ÉTABLISSEMENTS LIBRES ECCLÉSIASTIQUES

*Petits séminaires.*

Prades,                                       160
Perpignan,                                    223

# RHONE

## ÉTABLISSEMENTS PUBLICS

### *Lycée.*

| | |
|---|---|
| Lyon, | 1.400 |

### *Collège.*

| | |
|---|---|
| Villefranche, | 185 |

## ÉTABLISSEMENTS LIBRES LAÏQUES

| | | |
|---|---|---|
| Lyon. — Institution Barbier, | | 9 |
| — | — Bourdin, | 6 |
| — | Ecole Ampère, | 5 |
| — | Institution Franck, | 2 |
| — | — Gollot, | 2 |
| — | Ecole préparatoire, | 53 |
| — | Institution Nollot, | 33 |
| — | — Imbert, | |
| — | — Vismara, | 16 |

## ÉTABLISSEMENTS LIBRES ECCLÉSIASTIQUES

### *Dirigés par l'autorité diocésaine.*

| | |
|---|---|
| Lyon. — Institution des Chartreux, | 224 |
| Les Sauvages. — Notre-Dame de la Roche, | 35 |
| — Institution des Minimes, | 170 |

### *Dirigés par des prêtres séculiers.*

| | |
|---|---|
| Lyon. — Institution Notre-Dame-de-Fourvières, | 30 |
| — Ecole Ozanam, | 217 |
| — Sainte-Marie, | 91 |
| — Ecole J.-G. Perboyre, | 20 |
| — Institution de l'Annonciation, | 59 |

| | | |
|---|---|---|
| Lyon. — Manécanterie Saint-Eucher, | | 14 |
| — | — | Sainte-Croix, | 20 |
| — | — | Saint-Bruno, | 22 |
| — | — | Saint-François, | 32 |
| — | — | Saint-Martin-d'Ainay, | 20 |
| Claveisolles. — Institution Faubert, | | 22 |
| Pomeys. — Institution Bonhomme, | | 16 |

*Appartenant ou ayant appartenu à des congrégations.*

| | |
|---|---|
| Lyon. — Institution des Lazaristes, | 162 |
| — Externat Saint-Joseph, | 419 |
| — — Trinité, | 169 |
| Villefranche. — Ecole Notre-Dame-de-Mongré, | 301 |
| Oullins. — Ecole Saint-Thomas-d'Aquin, | 162 |
| Caluire et Cuire. — Ecole apostolique, | 40 |

*Petits séminaires.*

| | |
|---|---|
| Lyon, | 147 |
| Argentière, | 180 |

## HAUTE-SAONE

### ÉTABLISSEMENTS PUBLICS

*Lycée.*

| | |
|---|---|
| Vesoul, | 328 |

*Collèges.*

| | |
|---|---|
| Gray, | 114 |
| Lure, | 91 |
| Luxeuil, | 110 |

### ETABLISSEMENTS LIBRES ECCLÉSIASTIQUES

*Appartenant ou ayant appartenu à des congrégations.*

| | |
|---|---|
| Saint-Remy, | 119 |

*Petits séminaires.*

Luxeuil, 135
Mornay, 75

## SAONE-ET-LOIRE

ÉTABLISSEMENTS PUBLICS

*Lycée.*

Mâcon, 286

*Collèges.*

Autun, 202
Chalon-sur-Saône, 273
Charolles, 101
Louhans, 102
Tournus, 81

ÉTABLISSEMENTS LIBRES ECCLÉSIASTIQUES

*Dirigés par des prêtres séculiers.*

Chalon-sur-Saône. — Ecoles des
Minimes, 85
Chauffayes. — Maîtrise, 11
Fley. — Ecole cléricale de Rimont, 123
Tournus. — Ecole du Sacré-Cœur, 25

*Appartenant ou ayant appartenu à des congrégations.*

Mâcon. — Ecole Saint-François-de-
Sales, 55

*Petits séminaires.*

Autun, 122
Semur, 110

## SARTHE

ÉTABLISSEMENTS PUBLICS
*Lycée.*

Le Mans, 425

*Collèges.*

| | |
|---|---|
| Sablé, | 56 |
| Sillé-le-Guillaume, | 51 |

ÉTABLISSEMENTS LIBRES ECCLÉSIASTIQUES

*Dirigés par l'autorité diocésaine.*

| | |
|---|---|
| Le Mans. — Institution Saint-Louis, | 186 |
| —     Psallette de la cathédrale, | 36 |
| —     Psallette de la couture, | 22 |

*Dirigés par des prêtres séculiers.*

| | |
|---|---|
| Saint-Calais. — Institution Notre-Dame, | 90 |
| Mamers. — Institution Saint-Paul, | 148 |

*Appartenant ou ayant appartenu à des congrégations.*

| | |
|---|---|
| Le Mans. — Institution Sainte-Croix, | 326 |

*Petit séminaire.*

| | |
|---|---|
| Précigné, | 108 |

# SAVOIE

ÉTABLISSEMENT PUBLIC

*Lycée.*

| | |
|---|---|
| Chambéry, | 323 |

ÉTABLISSEMENT LIBRE LAÏQUE

| | |
|---|---|
| Albertville. — Institution Fontaine, | 26 |

ÉTABLISSEMENTS LIBRES ECCLÉSIASTIQUES

*Dirigé par des prêtres séculiers.*

| | |
|---|---|
| Chambéry. — Externat Saint-François, | 95 |

*Appartenant ou ayant appartenu à des congrégations.*

| | |
|---|---|
| Beaufort — Alumnat de Beaufort, | 35 |

*Petits séminaires.*

| | |
|---|---|
| Pont-de-Beauvoisin, | 191 |
| Saint-Jean-de-Maurienne, | 81 |
| Moutier, | 92 |

## HAUTE-SAVOIE

### ÉTABLISSEMENTS PUBLICS

*Lycée.*

| | |
|---|---|
| Annecy, | 216 |

*Collèges.*

| | |
|---|---|
| Bonneville, | 81 |
| Thonon, | 100 |

### ÉTABLISSEMENTS LIBRES ECCLÉSIASTIQUES

*Dirigé par l'autorité diocésaine.*

| | |
|---|---|
| Evian-les-Bains, | 162 |

*Dirigés par des prêtres séculiers.*

| | |
|---|---|
| La Roche. — Sainte-Marie-de-la-Roche, | 132 |
| Rumilly. — Ecole Sainte-Marie, | 185 |
| Thônes. — Ecole Saint-Joseph, | 47 |

*Appartenant ou ayant appartenu à des congrégations.*

| | |
|---|---|
| Thonon. — Pensionnat Saint-Joseph, | 30 |

*Petit séminaire.*

| | |
|---|---|
| Melan, | 82 |


## SEINE

### ÉTABLISSEMENTS PUBLICS

*Lycées.*

PARIS :

| | |
|---|---|
| Buffon, | 580 |
| Carnot, | 943 |
| Charlemagne, | 948 |
| Concorcet, | 1.523 |
| Henri IV, | 709 |
| Janson-de-Sailly, | 1.908 |
| Lakanal, | 369 |
| Louis-le-Grand, | 819 |
| Michelet, | 540 |

Montaigne,                                      682
Saint-Louis,                                    630
Voltaire,                                        455

*Collèges.*

PARIS :
Chaptal,                                       1.202
Rollin,                                        1.230

ÉTABLISSEMENTS LIBRES LAÏQUES

PARIS :
Institution Hutin,                              59
        —       Lasnier-Lachaise,              17
Ecole Richelieu,                                39
Institution Laedlin,                            45
        —       Casaubon,                       30
        —       Roger-Momenheim,                80
        —       Lelarge,                        70
Collège Sainte-Barbe,                          395
Institution Chevallier,                        264
        —       du docteur Le Noir,              2
Ecole Ampère,                                   16
Ecole Alsacienne,                              262
Institution Coste,                               4
        —       Debeauve,                       19
        —       Duvignau de Lanneau,           232
        —       Garrigue,                        3
Conférence Parmentier,                           9
Ecole d'Assas,                                   9
Institution Josso,                               5
        —       Saint-Charles,                 113
        —       Bœchlin,                        64
Cours du soir, (Poimbœuf)                       60
Institution J.-B. Dumas,                        16
        —       Rudy,                          175
        —       Lagarrigue,                     10

ÉTABLISSEMENTS LIBRES ECCLÉSIASTIQUES

*Dirigés par des prêtres séculiers.*

*Appartenant ou ayant appartenu à des congrégations.*

| | |
|---|---|
| Oratoire Saint-Pierre-Saint-Paul, | 268 |
| Collège Stanislas, | 1.481 |
| Arcueil. — Ecole Albert-Le-Grand, | 421 |
| Saint-Ouen. — Ecole Sainte-Anne, | 69 |

*Petits séminaires.*

Paris

| | |
|---|---|
| Saint-Nicolas-du-Chardonnet, | 190 |
| Notre-Dame-des-Champs, | 286 |

## SEINE-INFÉRIEURE

ÉTABLISSEMENTS PUBLICS

*Lycées.*

| | |
|---|---|
| Le Havre, | 472 |
| Rouen, | 683 |

*Collèges.*

| | |
|---|---|
| Dieppe, | 201 |
| Eu, | 183 |

ÉTABLISSEMENTS LIBRES ECCLÉSIASTIQUES

*Dirigé par l'autorité diocésaine.*

| | |
|---|---|
| Yvetot. — Institution ecclésiastique, | 287 |

*Dirigés par des prêtres séculiers.*

| | |
|---|---|
| Rouen. — Externat Join-Lambert, | 159 |
| — Institution Bossuet, | 80 |
| Elbeuf. — Ecole Fénelon. | 126 |
| Bois-Guillaume. — Institution Join-Lambert, | 92 |
| Le Havre. — Externat Saint-Joseph, | 257 |

*Appartenant ou ayant appartenu à des congrégations.*

| | |
|---|---|
| Rouen. — Pensionnat J.-B. de la Salle, | 372 |

*Petit séminaire.*

| | |
|---|---|
| Rouen, | 319 |

## SEINE-ET-MARNE

### ÉTABLISSEMENTS PUBLICS

#### *Colléges.*

| | |
|---|---|
| Coulommiers, | 125 |
| Fontainebleau, | 184 |
| Meaux, | 206 |
| Melun, | 204 |
| Provins, | 127 |

### ÉTABLISSEMENTS LIBRES ECCLÉSIASTIQUES

#### *Dirigés par des prêtres séculiers.*

| | |
|---|---|
| Melun. — Ecole Saint-Aspais, | 158 |
| Meaux. — Ecole Saint-Etienne, | 137 |

#### *Appartenant ou ayant appartenu à des congrégations.*

| | |
|---|---|
| Juilly. — Collège libre. | 241 |

#### *Petit séminaire.*

| | |
|---|---|
| Meaux, | 90 |

## SEINE-ET-OISE

### ÉTABLISSEMENTS PUBLICS

#### *Lycée.*

| | |
|---|---|
| Versailles, | 780 |

#### *Colléges.*

| | |
|---|---|
| Etampes, | 109 |
| Pontoise, | 165 |
| Saint-Germain-en-Laye, | 270 |

### ÉTABLISSEMENTS LIBRES LAÏQUES

| | |
|---|---|
| Versailles. — Institution Grandmontagne, | 78 |
| Versailles. — Institution Bellemanière, | 39 |
| — Ecole professionnelle industrielle, | 151 |

Corbeil. — Institution Castagné, 85
Montlhéry. — Institution Lemaire, 168
Mantes. — Institution Noiré, 39
Beaumont. — Institution Michel, 61
Le Raincy. — — Choné, 171
Sarcelles. — — Minel, 61
Rueil. — Institution Fargier, 35

ÉTABLISSEMENTS LIBRES ECCLÉSIASTIQUES

*Dirigé par l'autorité diocésaine.*

Etampes. — Ecole Notre-Dame, 27

*Dirigés par des prêtres séculiers.*

Mantes. — Institution Notre-Dame, 7
Aunay-lès-Bondy. — Ecole Jeanne-
d'Arc, 42
Le Vésinet. — Institution Sainte-Mar-
guerite, 40

*Appartenant ou ayant appartenu à des congrégations.*

Versailles. — Ecole Saint-Jean, 314
Rueil. — Oratoire Saint-Maurice, 38
Le Vésinet. — Ecole Sainte-Croix, 136
Chaville. — Institution des Frères de
Saint-Vincent-de-Paul, 40
Morangis. — Ecole Saint-Sauveur, 48

*Petit séminaire.*

Versailles, 290

# DEUX-SÈVRES

ÉTABLISSEMENTS PUBLICS

*Lycée.*

Niort, 290

*Collèges.*

Melle, 36
Saint-Maixent, 81

ÉTABLISSEMENTS LIBRES ECCLÉSIASTIQUES

*Dirigés par des prêtres séculiers.*

Châtillon-sur-Sèvres. — Ecole cléricale, 66
Thouars. — Ecole Saint-François, 69
Niort. — Ecole Saint-Hilaire, 126
Aigonnay, — Notre-Dame-du-Breuil, 39
Rom. — Ecole Saint-Paulin, 83

*Appartenant ou ayant appartenu à des congrégations.*

Châtillon. — Ecole cléricale, »
Thouars. — Saint-François d'Assise, »
Rom. — Ecole Saint-Paulin, »

*Petit séminaire.*

Bressuire, 189

## SOMME

ÉTABLISSEMENTS PUBLICS

*Lycée.*

Amiens, 455

*Collèges.*

Abbeville, 183
Péronne, 126

ÉTABLISSEMENTS LIBRES ECCLÉSIASTIQUES

*Dirigés par des prêtres séculiers.*

Amiens. — Saint-Martin, 238
Doullens. — Notre-Dame, 93
Roye, 83

*Appartenant ou ayant appartenu à des congrégations.*

Amiens. — Providence, 352
— Saint-Joseph, 238
Montdidier. — Saint-Vincent, 139

*Petits séminaires.*

| | |
|---|---|
| Saint-Riquier, | 242 |
| Abbeville, | 165 |

# TARN

## ÉTABLISSEMENTS PUBLICS

*Lycée.*

| | |
|---|---|
| Albi, | 277 |

*Collèges.*

| | |
|---|---|
| Castres, | 228 |
| Gaillac, | 104 |

## ÉTABLISSEMENTS LIBRES ECCLÉSIASTIQUES

*Dirigé par l'autorité diocésaine.*

| | |
|---|---|
| Valence-d'Albi. — Institution Saint-Étienne, | 122 |

*Dirigés par des prêtres séculiers.*

| | |
|---|---|
| Albi. — Institution Sainte-Marie, | 120 |
| Gaillac. — Institution Saint-Michel, | 41 |

*Appartenant ou ayant appartenu à des congrégations.*

| | |
|---|---|
| Ambialet. — Institution Saint-Jean, | 28 |
| Sorèze. — École secondaire, | 183 |
| Dourgne. — Institution Saint-Benoît. | 7 |

*Petits séminaires.*

| | |
|---|---|
| Castres, | 254 |
| Lavaur, | 151 |
| Massals, | 110 |

# TARN-ET-GARONNE

## ÉTABLISSEMENTS PUBLICS

*Lycée.*

| | |
|---|---|
| Montauban, | 305 |

### Collèges.

| | |
|---|---|
| Castelsarrasin, | 125 |
| Moissac, | 87 |

##### ÉTABLISSEMENT LIBRE LAÏQUE

| | |
|---|---|
| Agen (Valence d'). — Pensionnat, | 66 |

##### ÉTABLISSEMENTS LIBRES ECCLÉSIASTIQUES

*Appartenant ou ayant appartenu à des congrégations.*

| | |
|---|---|
| Beaumont de Lomagne, | 103 |

### Petits séminaires.

| | |
|---|---|
| Montauban, | 260 |
| Moissac, | 75 |

## VAR

##### ÉTABLISSEMENTS PUBLICS

### Lycée.

| | |
|---|---|
| Toulon, | 747 |

### Collège.

| | |
|---|---|
| Draguignan, | 203 |

##### ÉTABLISSEMENT LIBRE LAÏQUE

| | |
|---|---|
| La Crau. — Institution Saint-Joseph, | 23 |

##### ÉTABLISSEMENTS LIBRES ECCLÉSIASTIQUES

*Dirigés par l'autorité diocésaine.*

| | |
|---|---|
| Fréjus. — Maîtrise Saint-Eugène, | 60 |
| Toulon. — Externat Saint-Joseph, | 215 |
| La Seyne. — Institution Sainte-Marie, | 303 |

### Petit séminaire.

| | |
|---|---|
| Brignoles, | 146 |

## VAUCLUSE

##### ÉTABLISSEMENTS PUBLICS

### Lycée.

| | |
|---|---|
| Avignon, | 318 |

*Collèges.*

| | |
|---|---|
| Apt, | 79 |
| Carpentras, | 119 |
| Orange, | 82 |
| Pertuis, | 56 |

ÉTABLISSEMENTS LIBRES ECCLÉSIASTIQUES

*Dirigé par des prêtres séculiers.*

| | |
|---|---|
| Avignon. — Ecole Saint-Joseph, | 302 |

*Appartenant ou ayant appartenu à des congrégations.*

| | |
|---|---|
| Goult. — Notre-Dame-des-Lumières, | 50 |

*Petits séminaires.*

| | |
|---|---|
| Avignon, | 134 |
| Saint-Didier, | 84 |

# VENDÉE

ÉTABLISSEMENTS PUBLICS

*Lycée.*

| | |
|---|---|
| La Roche-sur-Yon, | 236 |

*Collèges.*

| | |
|---|---|
| Fontenay-le-Comte, | 133 |
| Luçon, | 106 |

ÉTABLISSEMENTS LIBRES ECCLÉSIASTIQUES

*Dirigés par des prêtres séculiers.*

| | |
|---|---|
| Luçon. — Institution Richelieu, | 158 |
| La Roche-sur-Yon. — Institution Sainte-Marie, | 99 |
| Fontenay-le-Comte. — Institution Saint-Joseph, | 85 |

*Appartenant ou ayant appartenu à des congrégations.*

| | |
|---|---|
| Saint-Laurent. — Institution Saint-Gabriel, | 299 |

# HAUTE-VIENNE
ÉTABLISSEMENTS PUBLICS

### *Lycée.*

| | |
|---|---|
| Limoges, | 558 |

### *Collèges.*

| | |
|---|---|
| Eymoutiers, | 53 |
| Saint-Yrieix, | 62 |

ÉTABLISSEMENT LIBRE LAÏQUE

| | |
|---|---|
| Limoges. — Institution Turgot, | 122 |

ÉTABLISSEMENTS LIBRES ECCLÉSIASTIQUES

### *Dirigé par des prêtres séculiers.*

| | |
|---|---|
| Limoges, École Saint-Martial, | 344 |

*Appartenant ou ayant appartenu à des congrégations.*

| | |
|---|---|
| Limoges. — École Saint-Joseph, | 270 |

### *Petit séminaire.*

| | |
|---|---|
| Le Dorat, | 142 |

# VOSGES
ÉTABLISSEMENTS PUBLICS

### *Collèges.*

| | |
|---|---|
| Bruyères, | 55 |
| Épinal, | 304 |
| Mirecourt, | 98 |
| Neufchâteau, | 131 |
| Remiremont, | 182 |
| Saint-Dié, | 255 |

ÉTABLISSEMENTS LIBRES ECCLÉSIASTIQUES

### *Dirigé par des prêtres séculiers.*

| | |
|---|---|
| Rambervillers. — Institution Jeanne-d'Arc, | 20 |

*Appartenant ou ayant appartenu à des congrégations.*
Epinal. — Institution Saint-Joseph,          225

*Petits séminaires.*
Châtel,                                       58
Autrey,                                       60


# YONNE
## ÉTABLISSEMENTS PUBLICS

*Lycée.*
Sens,                                         328

*Collèges.*
Auxerre,                                       288
Avallon,                                        88
Joigny,                                         88
Tonnerre,                                       82

### ÉTABLISSEMENT LIBRE LAÏQUE
Montfort. — Alumnat,                           15

### ÉTABLISSEMENTS LIBRES ECCLÉSIASTIQUES
*Dirigé par l'autorité diocésaine.*
Sens. — École Saint-Edme,                     124

*Appartenant ou ayant appartenu à des congrégations.*
Auxerre,                                       126

*Petit séminaire.*
Joigny,                                        135


# ALGER
## ÉTABLISSEMENTS PUBLICS

*Lycée.*
Alger,                                       1.110

*Collèges.*

| | |
|---|---|
| Blida, | 231 |
| Médéa, | 95 |

### ÉTABLISSEMENTS LIBRES LAÏQUES

| | |
|---|---|
| Mustapha. — Institution Patry, | 21 |
| — — Decourteix, | 18 |
| Saint-Eugène. — Institution Landrodie, | 23 |

### ÉTABLISSEMENTS LIBRES ECCLÉSIASTIQUES

*Dirigé par des prêtres séculiers.*

| | |
|---|---|
| Blida. — Institution Saint-Charles, | 187 |

*Appartenant ou ayant appartenu à des congrégations.*

| | |
|---|---|
| El-Biar. — Institution Saint-Joseph, | 167 |

*Petit séminaire.*

| | |
|---|---|
| Alger. — Saint-Eugène, | 250 |

# CONSTANTINE

### ÉTABLISSEMENTS PUBLICS

*Lycée.*

| | |
|---|---|
| Constantine, | 397 |

*Collèges.*

| | |
|---|---|
| Bône, | 217 |
| Philippeville, | 268 |
| Sétif, | 97 |

# ORAN

### ÉTABLISSEMENTS PUBLICS

*Lycée.*

| | |
|---|---|
| Oran, | 643 |

*Collèges.*



## ÉTABLISSEMENT LIBRE ECCLÉSIASTIQUE

*Petit séminaire.*



FIN

# TABLE DES MATIERES




ÉMILE COLIN — IMPRIMERIE DE LAGNY

www.ingramcontent.com/pod-product-compliance
Lightning Source LLC
LaVergne TN
LVHW050136030726
842520LV00002B/239